4차산업혁명시대

중소기업 경영전략

저자 김수현

이모션미디어

4차산업혁명시대
중소기업 경영전략

초판인쇄 2018년 4월 10일
초판발행 2018년 4월 10일
초판 2쇄 2018년 6월 30일

지 은 이 김수현

발 행 처 (주)이모션티피에스 TEL : 02-2263-6414 / 홈페이지 : www.emotiontps.com
펴 낸 곳 이모션미디어
주 소 서울시 중구 퇴계로41길 39, 3층 302호(정암프라자)
등 록 2016년 10월 1일 제571-92-00230호
전 화 02)2263-6414 | **팩스** 02)2268-9481
이 메 일 emotion-books@naver.com
홈페이지 www.emotionbooks.co.kr

ISBN 979-11-88145-80-5
값 18,000원

이 도서의 국립중앙도서관 출판예정도서목록(CIP)은 서지정보유통지원시스템 홈페이지(http://seoji.nl.go.kr)와 국가자료공동목록시스템(http://www.nl.go.kr/kolisnet)에서 이용하실 수 있습니다.
(CIP제어번호 : CIP2018009165)

머리말

작지만 아름다운 중소기업! 우리나라 산업의 뿌리인 중소기업에 대한 관심과 정부의 지원은 약 60년의 역사를 가지고 있으며, 제1차 경제개발 5개년 계획이 마무리되는 1966년 12월 6일「중소기업기본법」이 제정됨으로써 우리나라에서 처음으로 중소기업개념이 탄생하게 되었습니다. 1966년에 제정된 「중소기업기본법」은 중소기업에 대해 중점적으로 육성정책을 시행하는 법적기반이 되었습니다.

필자가 중소기업과 더불어 고락을 같이한 기간이 벌써 30여년을 넘어 서는 것 같습니다. 많은 중소기업인과의 만남을 통해서 정말로 중소기업을 위한 경영전략을 알려주는 책의 필요성을 느꼈습니다. 그래서 을이 갑을 이기는 전략, 대기업에 대응한 중소기업의 전략에 대한 고민을 정리해 보았습니다. 중소기업의 문제는 3백만 중소기업의 수만큼 많고, 이를 해결하는 방법도 3백만 가지여야 할 것입니다. 그래서 중소기업 경영전략도 3백만 가지여야 할 것입니다. 그러나 대표적인 경영전략을 정리하고, 분야별로 중소기업이 취해야할 전략들을 살펴보는 것으로 하였습니다. 바쁘게 경영하는 3백만 중소기업 경영인들이 일독을 하고 취해야할 전략들을 정리하였습니다. 각자의 기업에 합당한 경영전략을 펼쳐서 성공하는 중소기업이 되기를 기대하는 마음으로 이 책을 3백만 중소기업 경영인들에게 드리고자 합니다.

'백아절현(伯牙絕絃)'이라는 중국 고사(故事)에 지음(知音)이라는 용어가 있습니다. 이는 중국 춘추전국시대 거문고의 명수 유백아(俞伯牙)와 그의 친구 종자기(種子期)와의 고사로 소리를 안다는 뜻입니다. 백아가 거문고를 들고 높은 산에 오르고 싶은 마음으로 이것을 타면 종자기가 옆에서 "참으로 근사하다. 하늘을 찌를 듯한 산이 눈앞에 나타나있구나"라고 말하였고 합니다. 또 백아가 흐르는 강물을 생각하며 거문고를 타면 종자기는 "기가 막히다. 유유히 흐르는 강물이 눈앞을 지나가는 것 같구나"하고 감탄하였고 합니다. 종자기가 죽자 백아는 거문고를 부수고 줄을 끊은 다음 다시는 거문고를 타지 않았다고 합니다. 이 세상에 다시는 자기 거문고 소리를 들어 줄 사람이 없다고 생각하였던 것이지요. 이 책에는 수많은 경영전략들이 나열되고 있습니다. 그러나 중소기업에 딱 맞는 경영전략은 기업의 상황에 따라 한 두 가지 전략만이 적용 될 수 있을 것입니다. 필자가 정리한 경영전략과 경영학자들이 제시하는 경영전략을 공부하고 연구하여 중소기업경영자 여러분들이 활용할 수 있는 전략을 찾기를 기대해 봅니다. 백아(伯牙)의 거문고 소리를 종자기(種子期)가 알듯이, 수많은 경영전략 중에서 중소기업인 여러분의 처한 상황에 맞는 한 두 가지 전략을 선택하고 활용하여 강소기업과 중견기업으로 성장하는 도구로 활용할 것을 기대해 봅니다.

중소기업경영자 만을 위한 종합적인 경영전략서는 거의 없는 것 같습니다. 그러나 우리 중소기업 경영자도 이제는 경영전략을 알고 이를 고민하고 실천하여야 한다고 생각합니다. 오랜 역사와 깊이가 있는 경영전략을 한권의 책에 정리한다는 것은 많은 무리가 따르는 작업 이었습니다. 그러나 중소기업 경영자가 꼭 소장하고 싶은 한권의 책을 저술하고 싶었던 것이 필자의 비전(vision)이었고, 중소기업 경영자들과 함께 한 동업자로서의 도리라고 생각했습니다. 우선 경영전략을 위주로 저술하고, 세세한 부분의 내용들은 참고사항으로 편집하였습니다. 큰 글씨로 쓰여 진 경영전략의 전반적인 내용을 경영자들이 먼저 살펴본 후, 구체적인 내용은 참고사항으로 보완하면 중소기업을 경영하기 위한 전략을 이해하는데 도움이 될 것으로 생각하였습니다.

본 중소기업경영전략은 철저히 중소기업경영자, 예비창업자 및 중소기업에 관심이 있는 대학생들을 위하여 쓰여 졌음을 밝히고자 합니다. 따라서 중소기업경영전략은 이론적인 내용 보다는 실무적인 내용으로 쓰여 졌음도 밝히고자 합니다.

제4차 산업혁명이 도래한 지금, 우리 중소기업인들이 경영전략을 공부하여 생존하고 발전하여 강소기업으로 성장하는데 본『중소기업 경영전략Strategic Management for Small & Medium Enterprises』이 기여할 것을 기대해 봅니다. 막상 원고를 마무리 하면서 많은 부분이 부족하다는 것을 느낍니다. 앞으로 많은 중소기업 경영자 여러분들의 지도편달을 받아 우리 중소기업에 더 적합한 경영전략을 추가할 것을 약속드립니다.

마지막으로 본 책을 저술할 수 있는 시간과 지혜를 주신 하나님께 감사드립니다. 또한 기꺼이 이 책의 출판을 허락해주신 이모션미디어 김남우대표님 그리고 까다로운 편집 작업을 고도의 전문기술로 수행해 주신 김명희님께 감사의 말씀을 드립니다. 또한 이 책을 출판할 수 있었던 것은 중소기업진흥공단 청년창업사관학교 대표님들과 인덕대학교 창업사관학교 대표님들 그리고 각종 모임의 대표님들과의 교류를 통해 얻은 지혜의 산물임을 밝혀 두고자합니다. 아울러 생존하고 발전하기 위해 혼신을 다하고 있는 많은 대표님들께 지면을 빌어 존경과 격려의 말씀을 드리고자 합니다.

또한 휴일에도 책을 쓴다고 시간을 잘 내지 못하는 남편을 늘 격려해준 아내 권광희님과 사랑스러운 딸 정은이와 질풍노도의 시간을 보내면서도 짬짬이 아빠를 도와주었던 아들 상욱이에게 지면으로나마 감사의 말을 드립니다.

작지만 아름다운 중소기업! 우리나라 경제의 뿌리 중소기업!

이러한 중소기업을 경영하는 3백만 중소기업인 여러분들에게 『중소기업 경영전략』을 드립니다!

2018년 3월

김수현 배상

차례

제 1 장

중소기업 경영전략 개요

수많은 경영전략서는 대기업 위주의 경영전략을 연구하고, 이를 대학교의 경영학과와 경영대학원에서 강의하고 있다. 그러나 중소기업을 위한 종합적인 경영전략서는 거의 없는 것 같다. 필자는 1,000여개 중소기업체를 방문하고 심사하고 컨설팅하면서 느꼈던 중소기업 경영의 문제점과 해결방안에 대해 고민하게 되었다. 중소기업의 생존·유지·발전을 위한 경영전략은 어떤 것일까?

『중소기업 경영전략』은 이러한 고민과 중소기업에 대한 애정에서 탄생되었다고 본다. 중소기업 경영전략은 분명 대기업을 연구대상으로 해서 제시했던 경영전략과는 다르게 적용되고 다른 관점에서 바라 봐야 한다. 본서에서는 3,000년간 인류역사에서 찬란하게 빛나고 명성을 떨쳤던 전략과 최근 100년간 혁신을 이끈 경영전략 중에서 중소기업에서 채택하여 효과가 있을 것으로 판단되는 전략들을 소개하고 이를 적용하는 방법을 서술하고자 하였다.

중소기업 경영전략은 먼저 중소기업에 대해 이해하고 중소기업자들의 특성을 살펴보고자 한다. 이런 다음 중소기업 경영전략을 상세히 기술하고, 중소기업 창업 성공전략에 대해 자세히 기술하였다. 다음으로 인사·노무, 생산, 마케팅, 재무관리 등 경영의 세부사항에 대한 경영전략을 기술하였다. 그리고 성장단계별 자금조달전략, 성장단계별 인증획득전략, 중견기업으로의 성장전략을 살펴보고, 중소기업의 경영승계전략을 기술하였다. 마지막으로 중소기업을 성장시키기 위한 정부의 중소기업정책에 대해 자세히 기술하였다.

제2장 중소기업의 이해와 역할에 대해 자세히 기술하였다. 제1차 경제개발 5개년 계획이 마무리되는 1966년 12월 6일 「중소기업기본법」이 제정되었다. 이로써 우리나라에서 처음으로 중소기업개념이 탄생하게 되었다. 중소기업(Small and Medium Business)의 개념을 정의하는 기준은 국가마다 업종마다 시대상황에 따라 다르다. 따라서 중소기업은 절대적인 개념이 아니라 대기업에 비교한 상대적인 개념으로 이해한다. 우리나라는 양적기준과 질적기준을 정하여 중소기업의 범위를 정하고 있다. 우리나라 헌법 제123조 3항 "국가는 중소기업을 보호·육성하여야 한다."라고 하여 중소기업육성의 중요성을 명문화하고 있다. 이러한 중소기업은 우리나라 경제의 뿌리이다. 이러한 중소기업의 존립이론을 자세히 살펴보았다.

제3장 중소기업경영자의 특성과 기업가정신에 대해 자세히 기술하였다.

기업가(entrepreneur)는 기회를 포착하고 그것을 현실화하기 위해서 필요한 자원을 모아 자신의 이익과 성장을 목표로 위험과 불확실성하에서 새로운 사업을 창조하는 사람이라고 할 것이다.

기업가정신이란 "현재 보유하고 있는 자원이나 능력에 구애받지 않고, 기회를 포착하고 추구하는 사고방식 및 행동약식(A way of thinking and acting to seize and pursue an opportunity without concern for opportunity)"이라고 볼 수 있다. 중소기업 경영자들은 경영환경에 대한 상황판단의 어려움에 직면하게 되고, 결국은 대표자1인의 판단과 경영감각에 의존하는 것이 현실이다. 이러한 상황을 고려할 때 대기업에 비해 중소기업 경영자의 역할은 크고 중요하다고 할 것이다. 이러한 우리나라 중소기업 경영자의 특성을 자세히 살펴보았다.

제4장 중소기업 경영전략을 자세히 살펴보았다. 경영전략(Business Strategy)은 변동하는 기업환경 속에서 기업의 유지와 성장을 위해 환경에 적응 및 대응하기 위한 방향 설정과 그 수단 선택에 관한 의사 결정을 말한다. 피터 드러커는 경영전략은 "어떤 길을 가야 하는가는 전략이고 어떻게 가야 하는가는 전술"이라고 설명하였다. 창업기의 중소기업의 경영전략은 생존전략이다. 또한 을이 갑을 이기는 전략을 구사하여야 한다. 창업기의 경영전략의 핵심은 손자병법의 전승전략(全勝戰略)이 핵심이다. 싸우지 않고 이길 수 있는 전략을 수립하고 시행해야한다. 대기업과 싸우지 않고, 아울러 앞서 사업을 하는 중소기업 선배들과 싸우지 않고 우리의 사업영역을 만들어가는 것이 생존할 수 있는 전략인 것이다. 창업기를 벗어난 중소기업은 성장하는 전략을 수립하여 시행해야 한다. 창업기에 생존한 중소기업은 빠르게 성장하는 전략을 수립하여 시행해야 한다. 물들어 올 때 노를 저어야 한다. 성장하는 여건이 될 때 성장하여, 계속기업으로 지속가능한 경영을 하도록 해야 한다. 중소기업이 창업하여 15년 정도 사업을 하게 되면, 지속가능기업이 되기 위해서는 다각화전략이 필요하다. 사업전환과 구조고도화가 필요하며 기업을 금융시장에 상장하여 자금을 직접 조달하는 등 기업경영의 다각화가 필요한 시기이다. 중소기업을 창업하여 20년 이상 사업을 하게 되면, 다양한 환경에 직면하게 된다. 중소기업이 크게 성장하여 중견기업으로 성장할 수도 있고, 성장을 위해 인수합병이 필요하기도 한때이다. 또한 창업자가 나이가 많을 경우에는 가업을 승계하는 것도 미리 준비하여 세금문제 등의 어려움이 없도록 준비하여야 한다.

제5장 중소기업의 창업전략을 자세히 기술하였다. 우리나라 반만년 역사 중에서 지금처럼 창업을 강조했던 적은 없었던 것 같다. 참신한 아이디어가 있으면 정부의 지원자금으로 시제품을 제작해 볼 수 있는 창업환경이 지금의 우리나라 창업환경이다. 본서에서는 창업의 핵심요소는 제조업(지식서비스업 포함) 등 기술창업을 위주로 설명하였다. 성공적인 창업을 위해서는 다양한 요소가 필요하다고 하겠다. 우선 예비창업자(팀)가 있어야하고, 다음으로 사업아이디어(기술, 제품, 서비스)가 있어야 하며, 제품과 서비스를 구매해줄 시장 또는 소비자가 있어야 하며, 무엇보다도 이런 것을 생산할 자본이 있어야 할 것이다. 따라서 이러한 창업에 필요한 핵심 4요소에 대해 살펴보았다. 창업의 일반절차를 기술창업, 아이디어창업, 도소매업창업, 서비스업창업 등으로 기술하였다. 창업을 위한 사업타당성 검토 및 사업계획서 작성 방법과 회사설립방법에 대해 자세히 기술하였다.

제6장 중소기업 경영관리전략에 대해 기술하였다. Michael E. Porter는 기업이 가치를 창출하는 활동을 Value Chain(가치 사슬)이라고 하였다. 가치사슬의 주활동과 지원활동 중에서 중소기업의 인사·노무관리, 생산관리, 마케팅, 재무관리에 대한 전략을 간략히 기술하였다. 중소기업의 인적자원관리의 기능적·관리적 차원의 활동, 기업의 수명주기에 따른 전략적 인사관리활동, 중소기업 인사관리시스템 변화, 중소기업 인적자원관리 방안, 근로기준법을 효율적으로 준수하기 위한 방안을 기술하였다. 중소기업의 전략적인 생산 의사결정, 중소기업 생산형태의 특징, 중소기업생산의 문제점 및 개선방안, 중소기업의 기술개발 및 특허권 활용전략에 대해 기술하였다. 중소기업 마케팅의 중요성과 특징 및 중소기업의 새로운 마케팅전략에 대해 자세히 기술하였다. 또한 중소기업재무관리 기능, 중소기업 재무관리의 목표 및 중소기업 절세방안에 대해 자세히 기술하였다.

제7장 성장단계별 자금조달 전략을 기술하였다. 중소기업이 자금을 조달하는 방법은 융자, 신용보증, 보조금, 출연금 및 투자로 자금을 조달 할 수 있다. 예비창업자와 초기창업자들이 활용할 수 있는 자금에 대해 자세히 기술하였다. 중소벤처기업부, 중소기업진흥공단, 소상공인시장진흥공단을 통한 자금 조달방법에 대해 기술했다. 중소기업이 성장기에 필요한 자금은 중소기업진흥공단, 기술보증기금, 신용보증기금 등 정책자금을 활용하여 조달하는 것이 좋다. 정책자금은 금리 및 융자기간 등이 양호하므로 정책자금을 활용하고, 벤처기업은 벤처캐피탈(VC)을 통해 투자를 유치하는 방안도 있다. 아울러 연구개발자금은 반드시 중소벤처기업부나 미래창조과학부의 R&D자금을 활용하도록 노력하여야

한다. 성장기에 있는 중소기업이 중소기업 기술개발사업종합관리시스템(www.smtech.go.kr)을 통해서 지속적으로 정보를 확보하는 방법을 기술하였다. 중소기업이 성장단계를 지나서 상장을 하는 방법에 대해 기술하였다. 코넥스(KONEX, Korea New Exchange)시장의 상장방법 및 코스닥(KOSDAQ, Korea Securities Dealers Automated Quotation)시장에 상장하여 직접자금을 조달하는 방법을 기술하였다.

제8장 성장단계별 인증획득전략에 대해 기술하였다. 인증은 강제성 여부에 따라 강제인증과 임의인증이 있다. 강제인증은 법적으로 인증이 없는 생산과 유통을 금지하고 있으며, 인증 없이 생산하고 유통하면 처벌 대상이 된다. 이는 소비자의 안전, 건강 및 환경 등의 보호 목적이 있다. 반면에 임의인증은 인증절차를 통과하지 못해도 법적으로 생산유통이 가능하나 소비자의 인지도 등에서 사실상 불리하다. 따라서 중소기업은 강제인증사항은 반드시 인증을 획득하고 마케팅을 해야 된다. 중소기업을 경영하면서 획득해야 할 많은 인증 중에서 기업경영에 반드시 필요한 인증을, 기업성장 년차에 따라 획득하는 방안에 대해 기술하였다. 혁신인증, 시스템인증, 환경인증, 신기술인증, 전문기업인증 및 해외규격인증에 대해 자세히 기술하였다.

제9장 중견기업으로의 성장전략에 대해 기술하였다. 우리나라에서는 중소기업의 중견기업으로의 원활한 성장과 글로벌 전문기업으로의 도약을 위해 「중견기업 성장촉진 및 경쟁력 강화에 관한 특별법」을 제정(2014.1.21)하여 중견기업의 법적 근거를 마련하게 되었다. 우리나라 중견기업의 범위 기준, 중견기업의 적용기간 및 유예기간, 중견기업 후보기업, 중소기업에서 중견기업으로 성장 시 애로요인 및 중견기업으로의 성장전략에 대해 자세히 기술하였다.

제10장 중소기업의 경영승계전략에 대해 기술하였다. 최근 중소기업계에서는 중소기업경영자의 고령화가 두드러지게 나타나고 있다. 따라서 과거 1960~70년에 중소기업을 창업했던 경영 1세대들이 평생을 바쳐 일군 기업을 다음 세대에 승계해야 하는 중요한 시기를 맞이하고 있는 것이다. 세대를 이어 존속하는 장수기업은 국가 경제적으로도 매우 중요한 의미가 있다. 성공적인 가업승계는 안정적 고용유지, 신규 일자리 창출, 고유기술·경영노하우 등을 계승하여 국가경쟁력 및 경제적 안정성에 기여한다. 따라서 본서에서는 중소기업의 가업승계 성공플랜 수립 및 가업승계 성공전략에 대해 자세히 기술하였다.

제11장 정부의 중소기업지원정책에 대해 기술하였다. 제1차 경제개발 5개년 계획이 마무리 되는 1966년 12월 6일 「중소기업기본법」이 제정되었고, 우리나라에서 처음으로 중소기업개념이 탄생하게 되었다. 1966년에 제정된 「중소기업기본법」은 중소기업의 중점적 육성정책으로서 구조정책을 시행하는 법적기반이 되었다. 정권이 바뀔 때마다 중소기업을 지원하기 위한 정책들이 구상되고 시행되었다. 중소기업정책은 어느 정부에서도 소홀히 하지 않고 관심을 갖고 지원하려고 노력했다. 이러한 우리나라 정부의 1950년대부터 현재까지의 지원정책에 대해 자세히 정리하였다. 아울러 중소기업정책의 목표와 수단에 대해 살펴보았다.

이상에서 살펴 본 바와 같이 이 책에서는 중소기업 경영전략을 기본으로 하여 중소기업의 전반적인 내용에 대해 기술하였다. 한권의 책에 이러한 내용을 집약 한다는 것은 쉬운 작업이 아니었다. 그러나 오직 중소기업 경영자들에게 도움을 주고자하는 일념으로 원고를 마무리 하였다. 중소기업경영인들은 큰 글씨의 내용들을 먼저 보고, 참고내용으로 보완하면 전반적인 내용을 이해하고 활용하는데 많은 도움이 될 것으로 생각한다.

이제 중소기업의 이해로 부터 시작하여 중소기업 경영전략을 기술하고자 한다. 재미있게 읽으면서 통찰력을 갖게 되길 기대해 본다.

제2장

중소기업의 이해와 역할

제1절

한국 중소기업의 탄생과 중소기업의 의의

1-1 한국 중소기업의 탄생

기업이란 사전적의미로 영리를 얻기 위하여 재화나 용역을 생산하고 판매하는 조직체라고 한다. 그리고 중소기업은 자본금, 종업원수, 총자산, 자기자본 및 매출액 따위의 규모가 대기업에 비하여 상대적으로 작은 기업을 지칭한다. 이러한 중소기업이 우리나라에서 생성하게 된 역사는 다음과 같다.

우리나라는 1875년 일본의 운요호사건을 계기로, 1876년 일본과 강화도조약을 체결하면서 근대화가 시작되었다. 운요호사건은 일본 군함 운요호가 포함외교(포와 함대를 앞세운 무력시위로 상대국을 압박하여 목적을 달성하는 강제적 외교 수단)의 일환으로, 1875년 9월 20일 조선 해안을 탐측 연구하기 위해 왔다고 핑계를 대고 강화도 앞바다에 불법으로 침투하여, 해안경비를 서던 조선 수군의 방어적 공격을 받자, 이에 대한 보복으로 함포공격을 가하고, 영종진에 상륙하여 조선수군을 공격하고 인적·물질적 피해를 입히고 퇴각한 사건이다.

1894년 봉건사회를 타파하기 위한 동학운동이 실패했고, 1884년 갑신정변, 1894년부터 시작된 갑오경장, 1896년부터 시작된 독립협회의 근대화노력도 실패하면서 우리나라는 자주적인 근대화가 실패하였다. 1910년 일본의 식민통치가 시작되면서, 일본제국주의의 군수기지로서 상업화가 시작되었다. 일제 식민지 지배 아래 공업구조는 남북 사이에 지역적 편재라는 특징을 지녔다. 북쪽에는 중화학공업 부문이, 남쪽에는 경공업과 소비재 부문이 편재하여, 남쪽에는 연로 및 동력 부문이 부족하였다. 이러한 문제점은 해방 뒤 남북분단이 이루어지면서 남한경제의 전반적인 위축을 가져왔다.

1948년 해방과 동시에 남한과 북한이 분리되고, 1950년에서 1953년까지 3년 동안 한국전쟁을 거치면서 자립경제 기반이 완전히 파괴되었다. 한국전쟁은 경제·사회시설의 파괴와 생산활동의 중단, 통화증발과 인플레의 촉진, 농지개혁·귀속재산 불하 등 주요 정책사업을 중단·왜곡시킴으로써 국민경제에 큰 충격을 주었다. 그러나 1952년 5월에는 대한민국과 국제연합사령부 사이에 경제원조에 관한 협약이 체결되고, 1953년 7월 휴전 후 12월에는 「경제재건과 재정안정에 관한 합동경제위원회협약」이 체결되면서 전후 경제재건이 시작되었다. 경제원조를 바탕으로 본격적인 경제 부흥이 시작되면서 안정된 성장을 전개하여 경제 규모는 급속히 확장되었다.

1945부터 1961년의 기간에 31억 달러 이상의 원조가 한국에 제공되었고, 이 외에도 3~4억 달러 상당의 군사원조가 행해졌다.[1] 그 결과 이 기간 한국경제는 미국 원조에 의존하여 그 순환이 이루어졌다고 할 수 있다. 이러한 막대한 원조를 바탕으로 1957년에는 문경 시멘트공장과 인천 판유리공장이 설립되고 기타 방직시설 복구 및 개발이 이루어졌다. 그러나 미국원조의 기본적 성격은 구호 및 군사적인 것이었고, 경제 발전 보다는 경제의 안정 및 수습에 역점을 두었다. 미국경제원조는 한국경제의 자립을 시작하는 중요한 기회로 작용하였다.

1950년대 공업화는 미국 원조, 구속기업체의 불하, 재정금융의 특혜적 지원에 의하여 추진되었고, 그 혜택을 누릴 수 있었던 대상은 주로 대기업이었다. 그러나 이시기에 광범위하게 존재하였던 중소기업이 경제순환과 공업화에 이바지한 역할과 존재에 대하여는 소홀히 취급하였다. 1956년 8월에 중소기업의 종합육성책이 적극적으로 구상되면서 「중소기업육성대책요강」이 작성되었고, 이것이 우리나라 중소기업정책사에서 최초의 중소기

1) 이경의, 한국중소기업론, 2014, 66pp~80pp.

업종합육성계획이었다.

한국경제는 1962년 경제개발 5개년 계획을 시작으로 자립경제와 자주적인 산업화가 본격적으로 추진되었다.

제1차 경제개발 5개년 계획이 마무리되는 1966년 12월 6일 「중소기업기본법」이 제정되었다. 이로써 우리나라에서 처음으로 중소기업개념이 탄생하게 된 것이다. 1966년에 제정된 「중소기업기본법」은 중소기업의 중점적 육성정책으로서 구조정책을 시행하는 법적기반이 되었다.

1-2 중소기업의 의의

자본주의는 산업혁명에 의해 시작되었다. 산업혁명의 핵심은 기계의 등장이다. 기계가 투입되면서 소규모 수작업 위주에서 기계를 이용한 대량 생산 위주로 공업화가 이루어졌다. 대량 생산에 있어서 분업 또한 매우 중요한 요소이다. 한 제품을 만들 때 그 생산 과정을 잘게 나누어 배치함으로써 효율성을 극대화 하는 것이다. 그 대표적인 예시가 바로 컨베이어 벨트 시스템이다. 공산품이 보다 복잡해지면서 이 생산 과정을 크게 나눠 조립활동을 하는 대기업과 부품을 제작·납품하는 중소기업으로 기업 간에도 분업이 이루어진다. 대기업의 경쟁력의 상당 부분이 부품을 공급하는 중소기업의 기술 수준에 의존하고, 중소기업은 대기업의 성장에 직접적으로 영향을 받기 때문에 이 분업의 중요성이 크다.

중소기업(Small and Medium Business)의 개념을 정의하는 기준은 국가마다 업종마다 시대상황에 따라 다르다. 따라서 중소기업은 절대적인 개념이 아니라 대기업에 비교한 상대적인 개념으로 이해해야한다. 일반적으로 중소기업은 대기업과 비교하여 상대적으로 작은 규모의 기업을 말한다. 중소기업은 자본적으로 규모가 작을 뿐만 아니라 대기업과 비교하여 업종의 다양성과 지역적인 분포 면에서도 제약을 가지고 있는 것이 특징이라 할 것이다.

제2절

중소기업의 범위

중소기업의 정의는 상대적으로 이해해야 하지만, 학문적 연구나 정부정책의 실효성을 확보하기 위해서는 그 범위를 확실히 정하는 것이 중요하다. 특히 중소기업은 그 수가 많고 국가 전체의 노동 인력 중 상당수를 고용하고 있으므로 이에 대한 보호 육성과 같은 정책의 대상 범위를 명확히 해야 한다.

중소기업의 범위를 명시하는 이유는 중소기업의 보호육성을 위한 대책 및 정책범위를 명확히 하여 정책의 실질적 효과를 기하고자 함이다. 국가가 중소기업정책을 결정하고 효과적으로 집행하기 위하여 그 대상범위를 명확히 하는 것은 그 정책의 시발점이라 할 수 있다.

이때 그 범위를 결정하는 기준은 크게 양적 기준과 질적 기준으로 나뉜다. 양적 기준은 종업원 수, 총자산, 자본금, 매출액 등이 포함되며 질적 기준은 기업의 소유 형태, 경영 독립성, 시장점유율, 독과점 정도 등이 해당한다.

이 둘은 각기 장단점이 있기 때문에 적절한 기준 선택이 필요하다. 따라서 미국을 비롯한 대부분의 국가는 양적 기준과 질적 기준을 동시에 고려하고 있다. 우리나라는 과거 양적 기준 위주의 정의로 일관하다가 근래에 들어 양적 기준과 질적 기준을 절충한 형식을 채택하였다.

2-1 우리나라의 중소기업 범위

중소기업의 범위는 중소기업기본법 제2조의 1항에서 명시하고 있다. 이에 따르면 "중소기업을 육성하기 위한 시책의 대상이 되는 중소기업자는 업종별로 매출액 또는 자산총액 등이 대통령령이 정하는 기준에 맞고, 지분 소유나 출자 관계 등 소유와 경영의 실질적인 독립성이 대통령령으로 정하는 기준에 맞는 자"로 정하고 있다.

- 양적기준 :
  . 해당 기업이 영위하는 주된 업종과 해당 기업의 평균매출액 또는 연간매출액 (이하 "평균매출액등"이라 한 다)이 중소기업기본법시행령 [별표 1] 의 기준에 맞을 것
  . 자산총액이 5천억원 미만일 것

- 질적기준 : 소유와 경영의 실질적인 독립성이 다음 각 목의 어느 하나에 해당하지 아니하는 기업일 것
  . 「독점규제 및 공정거래에 관한 법률」 제14조제1항에 따른 상호출자제한기업집단등에 속하는 회사 또는 같은 법 제14조의3에 따라 상호출자제한기업집단등의 소속회사로 편입·통지된 것으로 보는 회사
  . 자산총액이 5천억원 이상인 법인(외국법인을 포함하되, 비영리법인 및 제3조의2제3항 각 호의 어느 하나에 해당하는 자는 제외한다)이 주식 등의 100분의 30 이상을 직접적 또는 간접적으로 소유한 경우로서 최다출자자인 기업.

[별표1] 주된 업종별 평균매출액등의 규모 기준 (개정 2014.4.14.)

해당 기업의 주된 업종	분류기호	규모기준
1. 의복, 의복액세서리 및 모피제품 제조업	C14	평균매출액등 1,500억원 이하
2. 가죽, 가방 및 신발 제조업	C15	
3. 펄프, 종이 및 종이제품 제조업	C17	
4. 1차 금속 제조업	C24	
5. 전기장비 제조업	C28	
6. 가구 제조업	C32	
7. 농업, 임업 및 어업	A	평균매출액등 1,000억원 이하
8. 광업	B	
9. 식료품 제조업	C10	
10. 담배 제조업	C12	
11. 섬유제품 제조업(의복 제조업은 제외)	C13	
12. 목재 및 나무제품 제조업(가구 제조업은 제외)	C16	
13. 코크스, 연탄 및 석유정제품 제조업	C19	
14. 화학물질 및 화학제품 제조업(의약품 제조업은 제외)	C20	
15. 고무제품 및 플라스틱제품 제조업	C22	
16. 금속가공제품 제조업(기계 및 가구 제조업은 제외)	C25	
17. 전자부품, 컴퓨터, 영상, 음향 및 통신장비 제조업	C26	
18. 그 밖의 기계 및 장비 제조업	C29	
19. 자동차 및 트레일러 제조업	C30	
20. 그 밖의 기계 및 장비 제조업	C31	
21. 전기, 가스, 증기 및 수도사업	D	
22. 건설업	F	
23. 도매 및 소매업	G	
24. 음료 제조업	C11	평균매출액등 800억원 이하
25. 인쇄 및 기록매체 복제업	C18	
26. 의료용 물질 및 의약품 제조업	C21	
27. 비금속 광물제품 제조업	C23	
28. 의료, 정밀, 광학기기 및 시계 제조업	C27	
29. 그 밖의 제품 제조업	C33	
30. 하수·폐기물 처리, 원료재생 및 환경복원업	E	
31. 운수업	H	
32. 출판, 영상, 방송통신 및 정보서비스업	J	
33. 전문, 과학 및 기술 서비스업	M	평균매출액등 600억원 이하
34. 사업시설관리 및 사업지원 서비스업	N	
35. 보건업 및 사회복지 서비스업	Q	
36. 예술, 스포츠 및 여가관련 서비스업	R	
37. 수리 및 기타 개인 서비스업	S	
38. 숙박 및 음식점업	I	평균매출액등 400억원 이하
39. 금융 및 보험업	K	
40. 부동산업 및 임대업	L	
41. 교육 서비스업	P	

비고 : 해당 기업의 주된 업종의 분류 및 분류기호는 「통계법」 제 22조에 따라 통계청장이 고시한 한국표준 산업분류에 따른다.

2-2 중소기업 유예

중소기업이 그 규모의 확대 등으로 중소기업에 해당하지 아니하게 된 경우 그 사유가 발생한 연도의 다음 연도부터 3년간은 중소기업으로 본다. 다만, 중소기업외의 기업과 합병하거나 그 밖의 대통령령으로 정하는 사유로 중소기업에 해당하지 아니하게 된 경우에는 그러하지 아니하다. 다만, 중소기업이었던 기업이 개정(2014년 4월 14일)규정에 따라 중소기업에 해당하지 않게 된 경우에는 2018년 3월 31일까지는 중소기업으로 유예기간 적용된다.

2-3 중기업과 소기업의 구분

소기업과 중기업의 구분에서 소기업은 다음에 해당하는 기업을 말한다. 소기업은 중소기업기본법시행령 [별표 3]의 기준에 맞는 기업을 말한다.

[별표3]주된 업종별 평균매출액등의 소기업 규모 기준(제8조제1항 관련)〈개정 2017. 10. 17.〉

해당 기업의 주된 업종	분류기호	규모 기준
1. 식료품 제조업	C10	평균 매출액등 120억원 이하
2. 음료 제조업	C11	
3. 의복, 의복액세서리 및 모피제품 제조업	C14	
4. 가죽, 가방 및 신발 제조업	C15	
5. 코크스, 연탄 및 석유정제품 제조업	C19	
6. 화학물질 및 화학제품 제조업(의약품 제조업은 제외한다)	C20	
7. 의료용 물질 및 의약품 제조업	C21	
8. 비금속 광물제품 제조업	C23	
9. 1차 금속 제조업	C24	
10. 금속가공제품 제조업(기계 및 가구 제조업은 제외한다)	C25	
11. 전자부품, 컴퓨터, 영상, 음향 및 통신장비 제조업	C26	
12. 전기장비 제조업	C28	
13. 그 밖의 기계 및 장비 제조업	C29	
14. 자동차 및 트레일러 제조업	C30	
15. 가구 제조업	C32	
16. 전기, 가스, 증기 및 공기조절 공급업	D	

17. 수도업	E36	
18. 농업,임업 및 어업	A	평균 매출액등 80억원 이하
19. 광업	B	
20. 담배 제조업	C12	
21. 섬유제품 제조업(의복 제조업은 제외한다)	C13	
22. 목재 및 나무제품 제조업(가구 제조업은 제외한다)	C16	
23. 펄프, 종이 및 종이제품 제조업	C17	
24. 인쇄 및 기록매체 복제업	C18	
25. 고무제품, 및 플라스틱제품 제조업	C22	
26. 의료, 정밀, 광학기기 및 시계 제조업	C27	
27. 그 밖의 운송장비 제조업	C31	
28. 그 밖의 제품 제조업	C33	
29. 건설업	F	
30. 운수 및 창고업	H	
31. 금융 및 보험업	K	
32. 도매 및 소매업	G	평균 매출액등 50억원 이하
33. 정보통신업	J	
34. 수도, 하수 및 폐기물 처리, 원료재생업(수도업은 제외한다)	E (E36 제외)	평균 매출액등 30억원 이하
35. 부동산업	L	
36. 전문 · 과학 및 기술 서비스업	M	
37. 사업시설관리, 사업지원 및 임대 서비스업	N	
38. 예술, 스포츠 및 여가 관련 서비스업	R	
39. 산업용 기계 및 장비 수리업	C34	평균매출액등 10억원 이하
40. 숙박 및 음식점업	I	
41. 교육 서비스업	P	
42. 보건업 및 사회복지 서비스업	Q	
43. 수리(修理) 및 기타 개인 서비스업	S	

비고 :

1. 해당 기업의 주된 업종의 분류 및 분류기호는 「통계법」 제22조에 따라 통계청장이 고시한 한국표준산업분류에 따른다.
2. 위 표 제27호에도 불구하고 철도 차량 부품 및 관련 장치물 제조업(C31202) 중 철도 차량용 의자 제조업, 항공기용 부품 제조업(C31322) 중 항공기용 의자 제조업의 규모 기준은 평균 매출액등 120억원 이하로 한다.

제3절

중소기업의 역할 및 중소기업 존립이론

3-1 중소기업의 역할

우리나라 경제의 뿌리인 중소기업의 역할은 아무리 강조해도 지나치지 않는다. 우리나라 헌법 제123조 3항은 "국가는 중소기업을 보호·육성하여야 한다."라고 하여 중소기업육성의 중요성을 명문화하고 있다. 이러한 중소기업의 역할을 구체적으로 살펴보면 다음과 같다.

(1) 국민경제의 안정 기반

어느 나라를 막론하고 중소기업은 한나라 경제의 뿌리이다. 기업체 수, 고용 및 부가가치생산에서 차지하는 비중이 매우 크다. 우리나라의 경우 2014년 『전국사업체조사』 자료에 의하면 중소기업의 사업체수는 99.9%, 고용은 87.5%를 차지하고 있다.

(2) 경제발전의 새로운 활력소

중소기업은 경영의 특성상 새로운 수요, 새로운 기술개발분야에 탄력적으로 적응할 수 있어 경제에 활력을 불어 넣는다. 우리나라의 경우 1998년 IMF 외환위기 때 새로운 발전의 전기를 마련한 것이 중소벤처기업이었다.

(3) 지역사회 관계의 촉진자

중소기업은 존립분야가 광범위하고 전국 각 지역에 산재하여 있어서, 중소기업은 소재하는 지역사회의 구성원으로서 지역문화 형성에 일익을 담당하고 있다.

(4) 사회적 효용의 증대

중소기업은 기업가적 자질을 갖추고 있는 젊은이들에게 이상을 실현할 수 있는 기회를 제공하고 새로운 아이디어나 상품을 기업화할 수 있는 기반이 되고 있다. 창업의 기회를 균등하게 제공하고 이를 북돋움으로써 창의성과 능력을 발휘 하도록 하여 자본주의 경쟁체제의 활력을 유지하는데 중소기업이 결정적인 역할을 한다. 중소기업의 활성화는 사회적으로 안정된 다수를 만들어냄으로써 중산층을 확대하여 사회적 안정대가 되고 있다.

(5) 수출저변의 확대

중소기업 중심의 수출은 수입규제의 벽을 쉽게 넘을 수 있고 경쟁력을 강화하는데 매우 중요한 방법이다. 중소기업은 온라인 등 다양한 방법으로 수출하여 수출저변을 확대하고 있다.

중소벤처기업부의 자료에 따르면 2016년 전체 수출규모의 37.5%가 중소·중견기업이 달성한 것으로 나타났다.

3-2 중소기업의 존립이론

중소기업 존립이론에 대한 경제학자들의 다양한 연구가 있었다. 국민경제의 뿌리라는 중소기업이 존립할 수 있는 이유는 무엇일까? 산업혁명으로 생성된 자본주의는 필연적으로 자본과 생산의 집중을 가져왔다. 대규모 경제의 이익과 자본의 집중으로 소자본을 도태시키거나 흡수하는 것이 일반적인 경향이다. 그럼에도 불구하고 수많은 중소기업이 존재하는 이유를 살펴보는 것이 중소기업 존립이론이다.

(1) A.Marshall의 중소기업론

마샬은 대규모 경제법칙의 한계성을 지적하면서 중소기업의 존립가능성을 제시하였다. 규모의 경제를 내부경제(Internal Economy)와 외부경제(External Economy)로 구분하였다. 대규모공장은 내부경제의 한계로서 상품판매의 곤란성에 따른 시장의 한계, 규모증대에 따른 경영상의 한계로 인한 내부문제를 내포하고 있다. 또한 대규모 공장은 생산의 전문화경향, 중소기업의 협동화 실현 등의 외부경제상의 제약을 내포하고 있다. 따라서 내부경제와 외부경제에서 발생하는 경제상 한계와 제약으로 중소기업의 존립영역이 형성된다는 이론이다. 아울러 마샬은 중소기업이 성장하여 대기업으로 발전한다는 성장연속설을 주장하였다.

(2) J.Robinson의 불완전 경쟁이론

로빈슨의 불완전 경쟁이론은 독점의 문제와 관련하여 발행한 시장의 불완전성에서 중소기업의 존립요건을 제시하고 있다. 상품의 차별화(Differentiating of Product)가 시장의 독점력을 갖게 된다. 상품의 차별화에 의해서 시장의 불완전성이 발생하게 되어 기업규모를 제약하게 된다. 따라서 독점적 대기업이 지니는 장점만으로는 활동하기 어려운 영역이 발생하게 되어, 중소기업의 존립영역이 형성된다는 이론이다.

(3) J.Steindle의 중소기업론

스타인들은 A.Marshall의 성장연속설에 대해 비판하면서, 중소기업의 성장단층론을 제시하였다. 즉 오늘날의 대기업은 중소기업이 따를 수 없는 독점적 대기업이므로 대기업과 중소기업 간에는 성장이 연속될 수 없는 단층이 있다는 이론이다. 따라서 자본, 경쟁상태, 소기업 경영자의 도전적 태도 등으로 중소기업이 존립할 수 있는 영역이 따로 있다는 것이다.

(4) E.A.G Robinson의 적정규모론적 중소기업론

로빈슨은 대규모 경제의 비경제가능성을 지적함으로써 적정규모론적 중소기업론을 제시하였다. 로빈슨은 일반적으로 인정된 대규모 경제의 법칙은 생산기술 측면의 기술이익만 고려하고 있으나, 기업관리 및 수요변화의 요인 등 대규모 관리에 필요한 비용을 고려하여 종합적으로 보면 대기업 보다 오히려 중소기업이 이익을 발생하는 적정규모 일 수 있다고 주장하였다. 적정규모기업(Optimum Firm)이란 기술 및 조직능력이 기존 제 조건 하에서 장기적으로 보는 경우의 모든 비용을 포함하는 제품 1단위당 평균비용이 최저가 되는 기업이라고 정의하였다.

(5) Maurice Dobb와 S.Aronovitch의 독점지배론

돕브와 아르노비치는 독점지배론을 주장하였다. 돕브는 독점적 경영 또는 독점자본에 복종하는 한 중소기업의 존립이 허용된다는 것이다. 한편 아르노비치는 중소기업이 독점기업과 광범위하게 공존할 수 있는 것은 독점기업에 이익이 있으며, 중소기업의 존립이 의식적으로 허용되기 때문이라는 것이다. 즉 돕브와 아르노비치의 중소기업에 관한 견해는 독점기업과의 관계에서 파악하며, 독점기업이 자신들의 이익을 위하여 의식적으로 중소기업을 존속시킨다고 주장하였다.

〈참고1〉 2014년 4월 13일까지 적용된 우리나라 중소기업 규모기준

「중소기업의 업종별 상시 근로자 수, 자본금 또는 매출액의 규모 기준」

(중소기업기본법 시행령 제3조 제1항 제1호 , 2011년 12.28~2014.4.13.)

해당 업종	분류기호	규모 기준
제조업	C	상시 근로자 수 300명 미만 또는 자본금 80억원 이하
광업	B	상시 근로자 수 300명 미만 또는 자본금 30억원 이하
건설업	F	
운수업	H	
출판, 영상, 방송통신 및 정보서비스업	J	상시 근로자 수 300명 미만 또는 매출액 300억원 이하
사업시설관리 및 사업지원 서비스업	N	
전문, 과학 및 기술 서비스업	M	
보건업 및 사회복지 서비스업	Q	
농업, 임업 및 어업	A	상시 근로자 수 200명 미만 또는 매출액 200억원 이하
전기, 가스, 증기 및 수도사업	D	
도매 및 소매업	G	
숙박 및 음식점업	I	
금융 및 보험업	K	
예술, 스포츠 및 여가관련 서비스업	R	
하수·폐기물 처리, 원료재생 및 환경복원업	E	상시 근로자 수 100명 미만 또는 매출액 100억원 이하
교육 서비스업	P	
수리 및 기타 개인 서비스업	S	
부동산업 및 임대업	L	상시 근로자 수 50명 미만 또는 매출액 50억원 이하

비고 : 1. 해당 업종의 분류 및 분류부호는 「통계법」 제22조에 따라 통계청장이 고시한 한국표준산업분류에 따른다.

2. 동일기업이 2개 이상의 서로 다른 사업을 겸업하는 경우에는 그 중 매출액이 가장 많은 업종이 주업종이 된다.

〈참고2〉 2015.6.30. 까지 적용 된 우리나라 소기업 기준

구 분	규모기준
광업, 제조업, 건설업, 운송업을 주된 사업으로 하는 경우	상시 근로자 수 50명 미만인 기업
위 외의 업종을 주된 사업으로 하는 경우	상시 근로자 수가 10명 미만인 기업

〈참고3〉 중소기업의 국민경제적 비중

1. 연도별 전산업 기준

전산업 기준(1인이상)		2010년	2012년	2013년	2014년
사업체수(개)	전체	3,125,457	3,354,320	3,418,993	3,545,473
	중소기업(비중,%)	3,122,332 (99.9)	3,351,404 (99.9)	3,415,863 (99.9)	3,542,350 (99.9)
	대기업(비중,%)	3,125(0.1)	2,916(0.1)	3,130(0.1)	3,123(0.1)
종사자수(명)	전체	14,135,234	14,891,162	15,344,860	15,962,745
	중소기업 (비중,%)	12,262,535 (86.8)	13,059,372 (87.7)	13,421,594 (87.5)	14,027,636 (87.9)
	대기업(비중,%)	1,872,699 (13.2)	1,831,790 (12.3)	1,923,266 (12.5)	1,935,109 (12.1)

(자료 : 통계청 『전국사업체조사』 에서 재편 가공) (중소벤처기업부 홈페이지 자료, 2018.3)

2. 소상공인 기준

연도별[전산업 기준(소상공인) 사업체수 및 종사자수]

전산업기준(1인이상)		2010년	2012년	2013년	2014년
사업체수(개)	전체	3,125,457	3,354,320	3,418,993	3,545,473
	소상공인 (비중,%)	2,748,808 (87.9)	2,918,595 (87.0)	2,962,367 (86.6)	3,063,001 (86.4)
종사자수(명)	전체	14,135,234	14,891,162	15,344,860	15,962,745
	소상공인 (비중,%)	5,333,561 (37.7)	5,677,013 (38.1)	5,777,765 (37.7)	6,046,375 (37.9)

(자료 : 통계청 『전국사업체조사』 에서 재편 가공) (중소벤처기업부 홈페이지 자료, 2018.3)

3. 중소제조업현황

제조업 기준 (5인 이상)		2010 년	2012년	2013 년	2014 년
사업체수(개)	전체	113,515	116,174	118,599	124,369
	중소기업 (비중,%)	112,897 (99.5)	115,500 (99.4)	117,969 (99.4)	123,661 (99.4)
	대기업(비중,%)	618(0.5)	674(0.6)	630(0.6)	708(0.6)
종사자수(명)	전체	2,968,460	3,095,327	3,106,133	3,267,931
	중소기업 (비중,%)	2,289,339 (77.1)	2,363,961 (76.4)	2,418,584 (77.8)	2,529,673 (77.4)
	대기업 (비중,%)	679,121 (22.9)	731,366 (23.6)	687,549 (22.2)	738,258 (22.6)
생산액 (억원)	전체	13,866,291	15,681,546	15,538,344	15,483,633
	중소기업 (비중,%)	6,514,106 (47.0)	7,171,505 (45.7)	7,398,594 (47.6)	7,482,101 (48.3)
	대기업(비중,%)	7,352,190 (53.0)	8,510,041 (54.3)	8,139,750 (52.4)	8,001,532 (51.7)
부가가치 (억원)	전체	4,547,758	5,021,589	4,767,294	5,080,850
	중소기업(비중,%)	2,157,359 (47.4)	2,392,607 (47.6)	2,235,637 (46.8)	2,600,115 (51.2)
	대기업(비중,%)	2,390,399 (52.6)	2,628,982 (52.4)	2,531,657 (53.2)	2,480,735 (48.8)

(자료 : 통계청 『전국사업체조사』 에서 재편 가공) (중소벤처기업부 홈페이지 자료, 2018.3)

〈참고4〉 중소기업기본법

제2조(중소기업자의 범위) ① 중소기업을 육성하기 위한 시책(이하 "중소기업시책"이라 한다)의 대상이 되는 중소기업자는 다음 각 호의 어느 하나에 해당하는 기업(이하 "중소기업"이라 한다)을 영위하는 자로 한다. <개정 2011.7.25., 2014.1.14., 2015.2.3., 2016.1.27.>

1. 다음 각 목의 요건을 모두 갖추고 영리를 목적으로 사업을 하는 기업
   가. 업종별로 매출액 또는 자산총액 등이 대통령령으로 정하는 기준에 맞을 것
   나. 지분 소유나 출자 관계 등 소유와 경영의 실질적인 독립성이 대통령령으로 정하는 기준에 맞을 것
2. 「사회적기업 육성법」 제2조제1호에 따른 사회적기업 중에서 대통령령으로 정하는 사회적기업
3. 「협동조합 기본법」 제2조에 따른 협동조합, 협동조합연합회, 사회적협동조합, 사회적협동조합연합회 중 대통령령으로 정하는 자
4. 삭제 <2016.1.27.>

② 중소기업은 대통령령으로 정하는 구분기준에 따라 소기업(小企業)과 중기업(中企業)으로 구분한다.

③ 제1항을 적용할 때 중소기업이 그 규모의 확대 등으로 중소기업에 해당하지 아니하게 된 경우 그 사유가 발생한 연도의 다음 연도부터 3년간은 중소기업으로 본다. 다만, 중소기업 외의 기업과 합병하거나 그 밖에 대통령령으로 정하는 사유로 중소기업에 해당하지 아니하게 된 경우에는 그러하지 아니하다.

④ 중소기업시책별 특성에 따라 특히 필요하다고 인정하면 「중소기업협동조합법」 이나 그 밖의 법률에서 정하는 바에 따라 중소기업협동조합이나 그 밖의 법인·단체 등을 중소기업자로 할 수 있다.

〈참고5〉 중소기업기본법 시행령

제3조(중소기업의 범위) ① 「중소기업기본법」(이하 "법"이라 한다) 제2조제1항제1호에 따른 중소기업은 다음 각 호의 요건을 모두 갖춘 기업으로 한다. <개정 2014.4.14., 2015.6.30., 2016.4.5., 2016.4.26., 2017.10.17.>

1. 다음 각 목의 요건을 모두 갖춘 기업일 것

가. 해당 기업이 영위하는 주된 업종과 해당 기업의 평균매출액 또는 연간매출액(이하 "평균매출액등"이라 한다)이 별표 1의 기준에 맞을 것

나. 자산총액이 5천억원 미만일 것

2. 소유와 경영의 실질적인 독립성이 다음 각 목의 어느 하나에 해당하지 아니하는 기업일 것

가. 「독점규제 및 공정거래에 관한 법률」 제14조제1항에 따른 상호출자제한기업집단(이하 이 호에서 "상호출자제한기업집단"이라 한다)에 속하는 회사 또는 같은 법 제14조의3에 따라 공시대상기업집단의 소속회사로 편입·통지된 것으로 보는 회사 중 상호출자제한기업집단에 속하는 회사

나. 자산총액이 5천억원 이상인 법인(외국법인을 포함하되, 비영리법인 및 제3조의2제3항 각 호의 어느 하나에 해당하는 자는 제외한다)이 주식등의 100분의 30 이상을 직접적 또는 간접적으로 소유한 경우로서 최다출자자인 기업. 이 경우 최다출자자는 해당 기업의 주식등을 소유한 법인 또는 개인으로서 단독으로 또는 다음의 어느 하나에 해당하는 자와 합산하여 해당 기업의 주식등을 가장 많이 소유한 자를 말하며, 주식등의 간접소유 비율에 관하여는 「국제조세조정에 관한 법률 시행령」 제2조제2항을 준용한다.

1) 주식등을 소유한 자가 법인인 경우: 그 법인의 임원

2) 주식등을 소유한 자가 1)에 해당하지 아니하는 개인인 경우: 그 개인의 친족다. 관계기업에 속하는 기업의 경우에는 제7조의4에 따라 산정한 평균매출액등이 별표 1의 기준에 맞지 아니하는 기업

라. 삭제 <2017.12.29.>

② 법 제2조제1항제2호에서 "대통령령으로 정하는 사회적기업"이란 영리를 주된 목적으로 하지 아니하는 사회적기업으로서 다음 각 호의 요건을 모두 갖춘 기업으로 한다. <개정 2014.4.14., 2016.4.26.>

1. 제1항제1호 각 목의 요건을 모두 갖출 것

2. 삭제 <2014.4.14.>

3. 제1항제2호가목 또는 나목에 해당하지 아니할 것

③ 법 제2조제1항제3호에서 "대통령령으로 정하는 자"란 제2항 각 호의 요건을 모두 갖춘 협동조합, 협동조합연합회, 사회적협동조합 및 사회적협동조합연합회를 말한다. <개정 2016.4.26.>

④ 삭제 <2016.4.26.>

[전문개정 2011.12.28.]

〈참고6〉 외국 중소기업의 범위

미국은 중소기업법(The Small Business Act of 1958)에서 중소기업을 독립적으로 소유되고 경영되는 기업으로서, 해당 사업분야에서 지배적이 아닌 것으로 간주될 수 있는 기업을 말한다. 즉 미국은 중소기업법 제3조(a)의 제1항에서 중소기업의 정의를, 제2항에서 중소기업의 규모기준을 규정하고 있다.

일본은 중소기업기본법 제2조에서 중소기업자의 범위를 규정하고 있는데 , 국가시책의 대상이되는 중소기업자는 시책별로 정한다고 되어 있으며 범위로서 중소기업을 정의하고 있다.

영국에서는 중소기업은 시장점유율이 상대적으로 낮고, 소유주 또는 일부 소유권을 가지고 있는 소유주에 의하여 개인적이고 사적인 방법으로 운영되며, 대기업의 일부를 구성하는 계열사가 아니며, 소유경영자는 기업의 중요 의사결정을 외부통제를 받지 않고 독립적으로 하는 기업이라고 규정하고 있다.

● **일본, 대만의 중소기업 범위**

국별	업종	구분
일본	제조업, 기타	종업원수 300인 이하 또는 자본금 3억엔 이하
	도매업	종업원수 100인 이하 또는 자본금 1억엔 이하
	소매업	종업원수 50인 이하 또는 자본금 5천만엔 이하
	서비스업	종업원수 100인 이하 또는 자본금 5천만엔 이하
대만	제조업, 건설업 광업, 토사채취업	납입자본금 8천만 NT$ 미만 또는 고용인 200인 미만

	유통, 운송서비스, 기타서비스업	전년도 영업총수익 1억 NT$ 미만 또는 고용인 50인 미만
중국	공업	종사자수 2,000인 이하 또는 매출액 30,000만원(元) 이하 또는 자산총액 40,000만원(元) 이하임. 단, 중형기업은 종사자수 300인 이상, 매출액 3,000만원(元) 이상, 자산총액 4,000만원(元) 이상을 반드시 충족시켜야 함
	건축업	종사자수 3,000인 이하 또는 매출액 30,000만원(元) 이하 또는 자산총액 40,000만원(元) 이하임. 단, 중형기업은 종사자수 600인 이상, 매출액 3,000만원(元) 이상, 자산총액 4,000만원(元) 이상을 반드시 충족시켜야 함
	도매업	종사자수 200인 이하 또는 매출액 30,000만원(元) 이하임. 단, 중형기업은 종사자수 100인 이상, 매출액 3,000만원(元)이상을 반드시 충족시켜야 함
	소매업	종사자수 500인 이하 또는 매출액 15,000만원(元) 이하임. 단, 중형기업은 종사자수 100인 이상, 매출액 1,000만원(元)이상을 반드시 충족시켜야 함
	교통운수업	종사자수 3,000인 이하 또는 매출액 30,000만원(元) 이하임. 단, 중형기업은 종사자수 500인 이상, 매출액 3,000만원(元)이상을 반드시 충족시켜야 함
	우정업	종사자수 1,000인 이하 또는 매출액 30,000만원(元) 이하임. 단, 중형기업은 종사자수 400인 이상, 매출액 3,000만원(元)이상을 반드시 충족시켜야 함
	주택임대, 음식점업	종사자수 800인 이하 또는 매출액 15,000만원(元) 이하임. 단, 중형기업은 종사자수 400인 이상, 매출액 3,000만원(元)이상을 반드시 충족시켜야 함

(주) 일본의 경우 도매업, 소매업, 서비스업은 소규모기업이 종사자수 5인 이하, 제조업 등 기타 업종은 소규모기업이 종사자수 20인 이하

(자료)

일본 : 일본중소기업기본법(中小企業基本法)

대만 : Small and Medium Enterprise Administration, Ministry of Economic Affairs

중국 : 중화인민공화국 중소기업촉진법(中化人民共和國 中小企促進法)

● 미국, 영국, 독일, EU의 중소기업 범위

<table>
<tr><th>국별</th><th>업종</th><th>구분</th><th>비고</th></tr>
<tr><td rowspan="10">미국</td><td>제조업</td><td>세부업종별로 종업원수
500인(750, 1,000, 1,500인) 미만</td><td rowspan="4">중기업 (Medium-Sized)
: 종사자수 100-499인 이하</td></tr>
<tr><td>광업</td><td>세부업종별로 연간매출액
600만달러 미만 또는 종업원수 500인 미만</td></tr>
<tr><td>건설업</td><td>세부업종별로 연간매출액
600만달러(1,200, 1,700, 2,850만달러) 미만</td></tr>
<tr><td>도매업</td><td>종업원수 100인 미만</td></tr>
<tr><td>소매업</td><td>세부업종별로 연간매출액 600만달러(750, 850, 950, 1,050, 1,100, 1,950, 2,100, 2,300, 2,450만달러) 미만</td><td rowspan="6">소기업 (Small-Sized) : 종사자수 20-99인
영세기업 (VerySmall-Sized) : 종사자수 20인 미만</td></tr>
<tr><td>숙박, 음식업</td><td>세부업종별로 연간매출액 600만달러(1,750만달러) 미만</td></tr>
<tr><td>예술, 문화, 오락</td><td>세부업종별로 연간매출액 600만달러 미만</td></tr>
<tr><td>의료, 복지</td><td>세부업종별로 연간매출액
600만달러(850, 1,150, 2,900만달러) 미만</td></tr>
<tr><td>교육서비스</td><td>세부업종별로 연간매출액
600만달러(2,150, 3,000만달러) 미만</td></tr>
<tr><td>기타 서비스</td><td>세부업종별로 연간매출액
400만달러(600, 1,200, 2,100만달러) 미만</td></tr>
<tr><td rowspan="6">영국</td><td>제조업</td><td>종사자수 250인 미만</td><td rowspan="6"></td></tr>
<tr><td>광업</td><td>종사자수 25인 미만</td></tr>
<tr><td>건설업</td><td>종사자수 25인 미만</td></tr>
<tr><td>도매업</td><td>연간매출액 147만파운드 이하</td></tr>
<tr><td>소매업, 서비스업</td><td>연간매출액 36.8만파운드 이하</td></tr>
<tr><td>자동차매매업</td><td>연간매출액 73.5만파운드 이하</td></tr>
<tr><td rowspan="2">독일</td><td>제조업, 광업건설업
도매업에너지
수도공급업</td><td>연간매출액 1억 DM 이하</td><td rowspan="2">독일 중소기업연구원
(IMF Bonn) 정의
-소기업: ~ 9인
(연매출 1만 DM미만)
-중기업:10~499인 (연매출 1 ~ 100만DM미만)</td></tr>
<tr><td>소매업, 무역업
운송·통신업
기업 서비스업
전문직업</td><td>연간매출액 2.5천만 DM 이하</td></tr>
<tr><td rowspan="3">EU</td><td>전산업
(Micro-sized)</td><td>Number of workers 0-9인,
Annual turnover <Euro 2백만
또는 Annual balance sheet <Euro 2백만</td><td rowspan="3"></td></tr>
<tr><td>전산업
(Small-sized)</td><td>Number of workers 10-49인,
Annual turnover <Euro 10백만
또는 Annual balance sheet <Euro 10백만</td></tr>
<tr><td>전산업
(Medium-sized)</td><td>Number of workers 50-249인,
Annual turnover <Euro 50백만
또는 Annual balance sheet <Euro 43백만</td></tr>
</table>

(주) 독일의 경우 98년까지의 정의이며, 99년부터는 유로화 출범에 따라 업종 구분 없이 연간 매출액 5천만 Euro 미만으로 통일됨. 2005년 1월부터 EU 중소기업 범위에 준함

(자료)

미국 : U. S, Small Business Administration, 「Table of Small Business Size Standards Matched to NAICS (North American Industry Classification System) Codes」

영국 : Bolton Report

독일 : 독일 중소기업연구원(Institut fur Mittelstandsforschung)

EU : Observatory of European SMEs 미국, 영국, 독일, EU의 중소기업 범위 목록 일본, 대만의 중소기업 범위 목록

<중소기업청 홈페이지 통계자료, 2016년>

제3장

중소기업경영자의 특성 및 기업가 정신

제1절

기업가와 기업가정신

1-1 기업가

기업가를 의미하는 'entrepreneur'는 '착수하다, 시작하다'를 의미하는 프랑스어 'entreprendre'에서 유래한다, 따라서 우리나라에서는 '기업가(企業家)'라고 표기하지만 실제로 '기업가(起業家)', '창업가'의 의미가 옳은 표현이다. 즉 '기업가(企業家)'는 기업을 경영하는 사람(businessman)의 의미이고, 'entrepreneur'는 혁신적이고 진취적이며 위험 감수성을 가진 '창업가' 의미가 강하다고 할 수 있다.

기업가를 정의한 대표적인 경제학자는 조지프 슘페터(Joseph Schumpeter, 1883-1950)이다. 그는 1912년 발표한 『경제발전론』에서 낡은 것을 파괴하고 새로운 것을 창조하는 '창조적 파괴'를 통해 자본주의는 원동력을 얻는다고 하였다. 창조적 파괴는 기술혁신에서 이뤄지는데 기술혁신을 일으키는 사람들이 '기업가'라고 하였다. 기업가를 정의한 또 다른 사람은 피터 드러커(Peter Drucker, 1909-2005)이다. 그는 저서 『혁신과 기업가정신(Innovation and Entrepreneurship)』에서 기업가는 '유용한 가치를 창출해 내고, 변화를 기회로 삼은 사람들'이라고 정의했다.

따라서 기업가(entrepreneur)는 기회를 포착하고 그것을 현실화하기 위해서 필요한 자원을 모아 자신의 이익과 성장을 목표로 위험과 불확실성하에서 새로운 사업을 창조하는 사람이라고 할 것이다.

1-2 기업가정신(entrepreneurship)

'entrepreneurship'은 기업가정신(企業家精神)으로 통용되고 있지만 앞에서 설명했듯이 창업가정신으로 이해하는 것이 옳을 듯하다. 'entrepreneurship'은 '수행하다(undertake)'라는 의미의 프랑스어 'entrepreneuriant'에서 유래되었다고 한다. 기업가정신에 대해서는 수많은 학자들이 정의하였으며, 시대와 상황에 따라 여러 가지 의미가 다양하게 추가되기도 한다. 기업가정신에 대해 최초로 체계적 접근을 한 슘페터는 '기술혁신'을 통해 '창조적 파괴'에 앞장서는 기업가의 노력이나 의욕을 '기업가정신'이라고 정의하였다. 즉, 슘페터는 시장에는 '기업가'라는 집단이 존재하고, 이 집단은 끊임없이 시장을 변화시키는 '기업가정신'을 가지고 있으며, 이 기업가정신이 '창조적 파괴'를 통해 경제를 발전시킨다고 주장하고 있다.

영국의 경제학자인 존 메이너드 케인즈(John M Keynes, 1883-1946)는 기업의 설립이 장래의 이익을 이성적으로 따지기 보다는 '야성적 충동(animal spirits)'에서 시작되며 이를 기업가정신의 근본으로 보았다. 즉 가만히 있기 보다는 행동으로 나서는 충동을 말한다. 또한 현대경영학의 아버지로 불리는 피터 드러커(Peter Drucker, 1909-2005)는 위험을 무릅쓰고 포착한 기회를 사업화하려는 모험과 도전의 정신을 기업가정신이라고 하였다. 즉, 기업가의 역할은 이윤의 극대화보다 기업 기회의 극대화라는 것을 강조하였다. 그는 "기업가정신은 과학이 아니며 그렇다고 예술도 아니며 그것은 실천이다"고 말한다.

최근에 기업가정신을 연구한 여러 학자들의 견해를 살펴보자. Robert Ronstadt(미국 뱁슨경영대학 교수, '기업가정신' 저자)는 "기업가정신이란 빨간 신호등 앞에서도 때로는 이를 무시하고 돌진하는 것과 같다. 기업가정신은 스스로 사업을 일으키고, 이를 인생에서 가장 즐거운

일로 여기는 것이다." Jeffry Timmons(미국 뱁슨경영대학 교수)는 "기업가정신은 아무것도 아닌 것에서 가치 있는 것을 이루어 내는 인간적이고 창조적인 행동이다. 현재의 보유 자원이나 자원의 부족에 연연하지 않고 기회를 추구하며 비전 추구를 위해 사람들을 이끌어 갈 열정과 헌신을 발휘하고 계산된 위험을 감수하는 것이다." 또한 Karl Vesper(미국 워싱턴대 경영학과 교수)는 "다른 사람이 발견하지 못한 기회를 찾아내는 것, 사회의 상식이나 권위에 사로잡히지 않고 새로운 사업을 추진하는 것 이를 통해 행복을 추구하는 것이 기업가가 가져야 할 정신"이라고 하였다.

이상 살펴본 바와 같이 기업가정신은 명확한 답이 있는 것이 아니지만, 명백한 것은 '기업가정신'은 성공한 창업이 되기 위해서 창업자가 가져야 할 필요충분조건이라는 것이다. 다만 전문가들의 견해를 종합하여 기업가정신을 정의해 본다면, 기업가정신이란 "현재 보유하고 있는 자원이나 능력에 구애받지 않고, 기회를 포착하고 추구하는 사고방식 및 행동약식(A way of thinking and acting to seize and pursue an opportunity without concern for opportunity)"이라고 볼 수 있다. 탁월한 비즈니스모델, 충분한 자금, 사업의 노하우 그리고 뛰어난 마케팅 전략을 가졌다고 할지라도 중소기업 경영자의 근간에 '기업가정신'이 포진하고 있지 않으면 자칫 중소기업 경영은 무용지물이 될 수 있다는 사실을 명심하자.

제2절

중소기업 경영자의 중요성과 역할

2-1 중소기업 경영자의 중요성

벤처기업에 투자하는 창업투자회사의 심사역들은 투자 심사 시에 "첫 번째도, 두 번째도, 세 번째도 중소기업 경영자를 본다"라고 한다. 따라서 중소기업 성공요인 중 가장 우선시 되는 것이 경영자와 관련된 사항이라고 할 것이다. 경영자의 뛰어난 선견력 및 사업안목, 도덕성과 전문성, 경영자의 원만한 대인관계, 경영자의 성실성 및 근면성이 사업의 성패를 좌우하는 결정요소인 것이다.

대기업은 의사결정에서부터 경영전반을 기획, 실행, 검증할 수 있는 권한과 능력을 지닌 최고경영층이 있지만, 대부분의 중소기업은 그러한 시스템을 가지고 있지 못한 것이 현실이다. 대기업은 기획실과 같은 통합조정기능을 수행하는 조직을 갖추고 있어서 기업환경에 대한 변화를 즉각적으로 경영활동에 반영하여 안정적이고 미래지향적인 경영활동을 수행하고 있다. 그러나 중소기업은 그런 조직을 갖추는 것이 현실적으로 어렵다. 따라서 중소기업 경영자들은 경영환경에 대한 상황판단의 어려움에 직면하게 되고, 결국은 대표자 1인의 판단과 경영감각에 의존하는 것이 현실이다. 이러한 상황을 고려할 때 대기업에 비해 중소기업의 경영자의 역할은 크고 중요하다고 할 것이다.

2-2 중소기업 경영자의 역할

중소기업의 경영자는 대기업에 비하여 소유자의 비중이 높고 전문경영인의 비중이 낮아, 소유자가 실질적으로 기업경영을 지배하는 경우가 많아 경영활동은 대개 경영자의 의사결정에 의해서 결정된다. 중소기업은 중소기업경영자에 의해 기업환경의 변화에 신속히 대응할 수 있는 장점이 있는 반면에 중소기업 경영자의 독단적인 정책결정의 위험성이 매우 높다고 할 수 있다.

중소기업 경영자의 역할은 대기업에 비하여 기업경영에서 차지하는 비중이 매우 크다. 중소기업경영자의 역할이 크기 때문에 기업가정신을 발휘하여 기업을 혁신하고 사업을 확장하며 경영자원을 효율적으로 운영하여야 할 것이다. 아울러 최근에 요구되는 기업의 사회적 책임(CSR, Corporate Social Responsibility)과 기업의 공유가치창출(CSV, Creating Shared Value) 에 기여해야 할 것이다.

아울러 종업원들이 자신의 능력을 충분히 발휘할 수 있도록 지속적으로 동기를 부여하는 역할을 수행해야 하며, 지속적인 혁신으로 기술개발과 철저한 자금관리로 기업의 안정성을 추구하여야 한다. 아울러 무리한 사업 확장에 따른 기업의 위험성을 최소화함과 아울러 소비자의 수요에 민감하여야 한다. 또한 거래처 및 정부기관 등 이해관계자와의 공고한 관계정립의 역할도 수행하여야 한다.

제3절

중소기업 경영자의 특성

3-1 경제성장에 따른 우리나라 경영자의 특성

우리나라 중소기업 창업자의 창업 이전 직장은 중소기업(61.7%), 대기업(21.1%), 대학 및 대학원(2.2%), 연구기관(1.9%) 기타(정부 및 공공기관 등, 13.1%) 등으로 나타났다. 즉 우리나라 창업자는 대부분 기업에서 배태되고 있는 것으로 나타났다.[2)]

국가경제의 성장과정에 따라 시대별 주요사건, 경제활동, 정부정책에 따라 중소기업 경영자의 특성을 설명할 수 있다. 우리나라의 경우 크게 4단계의 성장과정으로 나눌 수 있다. 기반형성기, 고도성장기, 전환기 그리고 IMF 이후의 재도약기이다.

기반형성기는 시기적으로 1955년에서 1972년으로 중소기업은 가내수공업형 수준에 있었고, 중소기업 지원육성을 위한 법률이 정비되었던 시기였으며 기업가정신의 태동기라 할 수 있다.

고도 성장기는 1972년에서 1987년으로 대기업은 정부의 수출드라이브 정책에 따라 급

2) 양현봉외2, 창업기업의 행태 및 성과분석, 산업연구원 보고서, 2009.12.

성장을 하였으나, 중소기업은 수출부진과 수익성이 크게 위축된 시기였다. 중소기업의 보호육성을 위한 중소기업진흥공단과 신용보증기금이 설립되고, 기업가정신이 가장 왕성하게 나타난 시기이다. 고도 성장기의 경영자의 특징으로는 역량 있는 기업가들이 등장하여 기업규모와 사업영역확대에 치중하였다. 특히 빨리 빨리 경영이 정착되었다. 경영자는 공경적이고 리스크 친화적으로 변화되었으나, 그만큼 정부의존적인 경영자를 양산하였다.

전환기는 1988년에서 1997년으로 민주화와 노동운동이 활발하게 전개되고, 국제시장이 본격적으로 개방된 시점이다. 세계화의 급속한 진전으로 대기업은 경쟁력이 취약한 부분을 정리하거나 해외에 이전시켰으나, 중소기업은 가격과 품질에 대한 국제경쟁력 약화로 어려움을 극심하게 겪은 시기이다. 국가는 IMF 구제금융을 받게 되었다. 전환기의 경영자 특성으로는 노조의 등장 등으로 공격형 경영보다 합리적 경영이 고조되었다. 80년대 후반 성숙기의 정점에 도달 된 후 기업가정신의 퇴조 조짐이 나타나기 시작하였다.

IMF 이후 재도약기는 1998년에서 현재까지로 IMF의 충격으로부터 벗어나고 벤처기업의 창업촉진으로 중소기업이 활황을 맞기도 하였다. 그러나 2008년 글로벌 금융위기로 중소기업의 어려움이 가중되었으나, 이를 극복하기 위해 노력하고 있다. 재도약기의 경영자특성으로는 새로운 기업가정신의 실험을 하고 있으나 성공적인 모델을 찾지 못하고 있다. 고객만족경영, 핵심역량, 융합경영 외에 지속가능경영 등에 따른 다양한 경영자 특색이 나타나고 있다.

제4절

벤처기업가의 특징

4-1 벤처기업현황

벤처기업에 대한 일반적이고 공통적인 개념은 없다. 벤처기업은 국가별, 지역별, 경제성장 단계별로 다를 수 있으며, 한 국가라 하더라도 경제정책의 추진주체에 따라 개념을 달리 할 수 있다. 벤처기업이란 대개 위험성이나 모험성이 크지만 사업이 성공할 경우 높은 기대수익이 예상(High Risk, High Return)되는 신기술 또는 아이디어를 활용하는 신 사업자, 기술집약적 중소기업이라고 정의 할 수 있다.

미국의 경우 '왕성한 기업가 의욕을 갖고 있는 유능한 기술 창업인이 배타조직으로부터 이탈하여 첨단 신기술을 개발하고 이를 기업화한 회사'이다. 미국에서는 벤처기업을 'High Technology Small Firm, New Technology Based Firm, High Technology Business, Risky Business, Venture Business'로 정의한다.

일본의 경우 「중소기업의 창조적 사업 활동 촉진에 관한 임시조치법」 에서 '중소기업으로서 R&D 투자비율이 전체매출액의 3%이상인 기업, 창업 후 5년 미만인 기업'으로 정의하고 있다. OECD에서는 'R&D집중도가 높은 기업', '기술혁신이나 기술적 우월성이 성공의 주요 요인인 기업'으로 정의하고 있다.

우리나라에서는 「벤처기업육성에 관한 특별 조치법」에서 벤처기업을 지정하고 있다.

〈벤처기업육성에 관한 특별 조치법 제 2조의 2〉

유 형	기준조건	확인기관
벤처투자기업	1) 벤처투자기관으로부터 투자받은 금액이 자본금의 10% 이상일 것 * 벤처투자기관 : 창업투자회사(조합), 신기술금융사(조합), 한국벤처투자조합, 한국벤처투자(주), 기업은행, 산업은행 2) 투자금액이 5천만원 이상일 것 3) 상기 1),2)의 투자내역을 벤처기업확인요청일의 직전 연속하여 6개월 이상 유지 할 것	한국벤처캐피탈협회
연구개발기업	1) 기술개발촉진법 제7조 규정에 의한 기업부설연구소 보유(필수조건) 2) 업력에 따라 아래기준에 부합할 것 ① 창업 3년 이상 기업 : 확인요청일이 속하는 분기의 직전 4분기 연구개발비가 5천만원 이상이고, 매출액 대비 연구개발비 비율이 산정기준(최소5%) 이상일 것 ② 창업 3년미만 기업 : 확인요청일이 속하는 분기의 직전 4분기 연구개발비가 5천만원 이상 일 것(연구개발비 비율 적용제외) 3) 연구개발기업 사업성평가기관으로부터 사업성이 우수한 것으로 평가	기술보증기금, 중소기업진흥공단
기술평가보증 및 대출기업	1) 기술보증기금의 보증 또는 중소기업진흥공단의 대출을 순수신용으로 받을 것 2) 보증 또는 대출금액이 8천만원 이상이고, 당해 기업의 총자산에 대한 보증 또는 대출금액 비율이 10% 이상일 것(1년 미만 : 4천만원 이상, 총자산 비율 제외)	기술보증기금, 중소기업진흥공단
예비벤처기업	1) 벤처기업의 창업을 위해 법인설립, 사업자등록을 준비 중인 자 또는 창업 후 6개월 이내 인자 2) 준비 중인 기술 및 사업계획이 기보, 중진공으로부터 우수한 것으로 평가	기술보증기금, 중소기업진흥공단

〈유형별 벤처기업현황〉

(2018. 2. 28 현재)

구분	벤처 투자기업	기술평가 보증기업	기술평가 대출기업	연구개발 기업	예비 벤처기업	총계
업체수	1,368	27,445	4,474	2,125	92	35,504
비율(%)	3.85	77.30	12.60	5.99	0.26	100

* 자료: 벤처인(www.venturein.or.kr)
* 우리나라 벤처기업기준 : 벤처기업육성에 관한 특별조치법 제2조의 2

4-2 우리나라 벤처기업가의 특징

2015년 중소기업청의 『벤처기업정밀실태조사』에 따르면, 우리나라 벤처기업의 창업 당시의 연령, 최종학력, 전공, 창업이전 근무지 유형은 다음과 같다.

벤처기업 창업당시 창업주의 연령은 40대가 44.2%로 가장 많고, 30대가 37.9%, 50대가 12.2%, 20대 이하 3.5%, 60대 이상이 2.1% 순으로 나타나고 있다. 최종학력은 대졸(학사)이 52.2%로 가장 많고, 석사 15.9%, 고졸14.2%, 박사10.0%, 전문학사 7.1%, 고졸이하 14.7% 순으로 나타났다.

학사 전공 분야는 공학(엔지니어)이 64.4%로 가장 많고, 경영·경제학 14.8%, 자연과학 9.2%, 인문사회 5.9%, 기타 5.6% 순으로 나타났다. 또한 창업 이전 근무지 유형은 일반 중소기업이 58.7%로 가장 많고, 대기업 20.3%, 벤처기업 5.0%, 정부 및 산하단체 1.9%, 기타 3.8%, 이전근무지 없음이 3.0%로 나타났다.

창업 이전 직장 업무경력 분야로 기술개발이 27.9%로 가장 많으며, 그 다음 영업/마케팅 21.0%, 연구개발 17.0%, 경영관리 15.2%, 생산제조 6.4%, 기타 4.5% 순으로 나타났다. 또한 벤처기업 창업주의 과거 창업 경험이 있는 경우는 14.4%이였으며 성공이 68.0%, 실패 경험은 32.0%로 조사되었다. 특히 평균 성공 횟수는 1.2회, 평균 실패 횟수는 1.4회로 나타났다.

〈참고1〉 경제 성장과정에 따른 우리나라 경영자 특성

구분	경제활동	정부정책	경영자특성
기반 형성기 (1955∽72)	-본격적인 근대화 -중소기업은 대기업에 비해 적응력이 계속 떨어지면서 자본과 노동의 조달에 애로 -중소기업 : 가내 수공업형	-경제개발 5개년계획 실행 -중소기업지원육성을 위한 법률적 체계가 처음마련 -1966년 '중소기업기본법' 제정	-한국전쟁 이후 원조경제 -자금과 기술의 확보가 성공창업의 전제로 경영자특성 중 자원 확보 능력이 중시 -기업가정신의 태동 단계
고도 성장기 (1972∽87)	-대기업은 정부의 지원 아래 양적인 팽창과 적극적인 사업전환 추진 -중소기업은 수출부진과 함께 수익성이 크게 위축	-중소기업에 대한 보호와 지원이 강조 -신용보증기금(1976년), 중소기업진흥공단(1979년)을 설립	-역량있는 기업가들이 등장하여 기업규모와 사업영역확대에 치중. 빨리 빨리 경영의 정착 -경영자는 공경적이고 리스크 친화적으로 변화되었으나, 그만큼 정부의존적인 경영자 양산
전환기 (1988∽97)	- 세계화가 급속하게 진행 -국내 경공업의 국제경쟁력 소멸. 경공업비중이 높은 중소기업이 큰 타격 받음 -저임금 의존형 노동집약적 제품의 가격경쟁력 약화. 중소기업의 가격경쟁력 더욱 퇴보 -중소기업들은 해외시장 여건변화와 임금상승 등 가격경쟁력 약화에 직접 노출됨	-1989년 기술신용보증기금을 설립하는 등 중소기업의 경쟁력 회복을 지원 -국내 중소기업계의 구조적인 문제를 극복하는 데는 역부족	- 노조의 등장 등으로 공격형 경영보다 합리적 경영이 고조되면서 80년대 후반 성숙기의 정점에 도달 후 기업가정신의 퇴조 조짐이 나타나기 시작함 -경쟁력에 대한 관심도가 높아짐에 따라 매출규모, 응용기술과 국제화에 대한 관심 증가
IMF 이후 재 도약기 (1998∽현재)	- 영미식 경영방식, 투명경영이 급속하게 유입 -첨단.지식기반 산업 등이 신성장 모멘텀으로 급부상 -대기업의 수출호조와 중소기업의 활황 연결고리가 느슨해지고, 내수부진으로 중소기업 실적부진	-환골탈태를 통한 위기 극복 -벤처 창업 촉진	-외환위기 이후 벤처육성 등을 통해 혁신적 기술을 통한 고부가가치상품의 개발에 치중 -새로운 기업가정신의 실험을 하고 있으나 성공적인 모델을 찾지 못하고 있음 -고객만족경영, 핵심역량, 융합경영 외에 지속가능경영 등에 따른 다양한 경영자 특색

자료: 김익성, 한국 중소기업의 경영자 특성과 경쟁력에 관한 연구, 중소기업연구원(2006)

〈참고2〉 우리나라 장수기업의 특징[3)]

우리나라 역사 최초로 기업 설립이 시작된 1883년부터 1945년 일제 식민 통치를 벗어나기 전에 설립되어 경제활동을 전개했던 한국인 기업 중에서 현재까지 생존하는 4개의 상장기업(금융업 제외)의 창업동기, 창업자 인적 특성, 경영이념, 창업이념의 지속실천, 창업 이후의 경영승계 등을 살펴보는 것이 중소기업의 경영전략에 많은 도움이 될 것이다.

1. 창업동기

업체명	창업년도	대표자	창업동기
동화약품 (동화약방)	1897	민병호 (41세)	양약을 널리 대중에 보급한다. - 우리나라 최초의 신약 "활명수"
경방 (경성방직)	1919	김성수 (28세)	한국의 공업발달을 도모하고 한국인에게 직업을 주고 공업적 훈련을 하겠다. - "경성방직" : 우리나라 주식회사 효시
삼양사 (삼수사)	1924	김연수 (28세)	농장근대화(우리 농촌 근대화). 민족 자본 형성을 통한 산업 보국
유한양행	1926	유일한 (31세)	동포에게 좋은 제품을 공급하여 생활의 질을 향상시키겠다. - "버들표" : 유한양행의 상표

2. 창업자 인적 특성

기업명	대표자	학력/경험	나이	집안	재임기간
동화약품	민병호(민강)	궁중선전관 (독립운동가)	41세 (30세)	궁중선전관 민병호	(34년)
경방	김성수	와세다대 정치학	28세	호남 거부 김경중	16년
삼양사	김연수	도쿄대 상학	28세	호남 거부 김경중	51년
유한양행	유일한	미시건대 상학	31세	상인 유길연	41년

---

3) 안세연.조동성, '창업 이념의 각인 효과와 기업의 장기 생존에 대한 탐색적 고찰', 중소기업학회 기업가정신과 벤처연구, 제14권 제2호, 2011.5.을 요약하였음.

3. 경영이념

- 창업이념에 근간해 기업의 경영원칙을 철저하게 고수하여 100년 기업으로 장수할 수 있었다.

업체명	경영이념
동화약품	동화정신: 좋은 약을 만들어 소비자에게 봉사하고 그 효험을 본 정당한 대가로 경영, 정도경영, 동화식구의 모두의 회사, 책임경영, 순수민족자본(1937년 윤창식 인수하여 지속경영)
경방	민족기업의 소명, 기업은 사회의 공기(公器). - 기업인은 무조건 돈을 많이 버는 것보다 기업을 일으켜 많은 사람의 터전을 마련해 주고 기업 이윤을 사회에 돌려준다는데 보람을 느껴야 한다.
삼양사	수당정신: 실천적 개척자 정신, 사회봉사의 정신, 인간존중의 정신, '성공해 맨 윗사람이 되려면 우선 그 분야의 제일 밑바닥부터 시작하면서 기초를 익혀야 한다' → 현장연수
유한양행	유한정신: 가장 좋은 상품의 생산, 성실한 납세, 기업 이윤의 사회환원, 최고경영자 내부승진

4. 창업이념의 지속실천

업체명	경영이념의 지속실천
동화약품	1912년 장남 민강(30세)이 경영, 국내 최초로 북간도, 하와이 등에 수출하였고 매출대금은 모두 독립 자금으로 쓰임. 타 약방들이 부속병원을 경영하며 자기약방의 약을 판매하여 이윤을 추구하였으나, 이에 불참하여 성장 둔화. <제품명> oo킬러 → "홈키퍼"(건강과 가정을 지킨다) 1955년 제약업계의 재건을 위한 국제협조처의 지원자금을 거부하고 "민족기업으로서의 긍지는 순수 민족자본으로 재건 될 때만 지킬 수 있다"고 주장. 이윤을 재투자하는 독특한 경영방식으로 회사재건.
경방	창업자는 기업경영 보다 민족교육에 전념하여, 1922년부터 동생 김연수를 불러 경영토록 함. 당시 선발주자인 일본계 동양방적 등이 풍부한 자금력과 기술로 남한 지역을 선점하고 있어 북한지역을 집중 공략 함. 관서·관북지역의 물산장려운동에 힘입어 민족최대 기업으로 급성장함. 해방 이후 '민족기업'으로서의 소명을 다하고자 노력. 주식분산을 가속화하고, 종업원지주제를 확립하였으며, 사원복지에 힘씀.
삼양사	창업자 김연수는 '무슨 일이든 성공해 맨 윗사람이 되려면 우선 그 분야의 제일 밑바닥에서부터 시작하면서 기초를 익혀야 된다'는 신념을 가지고 있었음. 와세다대학을 졸업한 3남 김상홍에게 주산, 부기, 기장, 고용, 노무업무, 구매, 자금조달 등 실무 작업부터 맡도록 함. 이런 전통으로 삼양그룹은 사무직 신입사원도 공장에서 현장연수로 회사생활을 시작함. 김상홍은 욕심내지 않고 잘하는 것만, 그것도 능력이 닿는 범위 내에서만 사업을 하는 중용을 지키는 경영
유한양행	1966년 유일한의 외아들 유일선(미국 변호사)이 미국에서 귀국하여 부사장으로 재임하다가 2년 후 미국으로 건너감. 모든 일을 국가 사회적인 차원에서 해결하려는 유일한의 경영방식에 비하여 아들 유일선은 기업이윤 추구 차원에서경영을 하려 했기 때문에 부자간의 경영철학 차이를 극복하지 못함. 1969년 창업이념을 계승할 수 있는 전문경영인을 택하여 기업을 물려 줌. 전문경영인 조권순의 취임 이후 줄곧 최고경영자는 내부 승진자이며, 이러한 전통으로 유한양행 직원들은 '누구나 열심히 하면 사장이 될 수 있다'는 생각을 하고 있다.

5. 창업 이후의 성공적인 경영승계

업체명	창업 이후의 경영승계
동화약품	윤창식에 의한 인수 이후 장남 윤화열, 윤광열, 현재 손자 윤도준에 이르기까지 가족 승계가 진행. 윤화열과 윤광열은 각각 21년, 24년간 승계수업을 받은 후 회장 자리에 올랐음. 형제간의 승계였지만, 경영권 분쟁 등의 잡음이 없이 매끄럽게 진행됐음. 이는 '모두가 힘을 합치면 잘 살 수 있다'는 동화의 정신에서 비록 되었음. 1995년까지 제약업계 2위를 지켰으나, 의약분업 이후 일반의약품 위주의 제품 구성의 한계로 뒤처지며 10위권 밖으로 밀려났음. 윤광열사장의 장남인 윤도준사장 영입 이후 대대적인 변신과 재도약을 꿈꾸고 있음.
경방	김성수, 김연수, 매제 김용완이 맥을 이었고, 김용완사장은 경방이 사기업이 아닌 '민족기업'의 유지를 위해 주식분산, 종업원지주제 확립에 노력. 김용완의 장남 김각중은 고려대 교수를 지내다 경방을 이어 받았음. '기업인은 무조건 돈을 많이 버는 것보다 기업을 일으켜 많은 사람의 터전을 마련해 주고 기업 이윤을 사회에 돌려준다는 데 보람을 느껴야 한다'는 이념으로 사원 복지에 힘쓰며 민족기업의 뿌리를 이어갔음. 최근 재임시절 추진했던 유통, 부동산개발, 홈쇼핑 등 사업 다각화는 별다른 성과를 내지 못하고 저조했으나, 최근 김각중의 차남 김담사장이 추진한 복합쇼핑몰 타임스퀘어가 대성공을 이루며 경방은 유통기업으로서의 화려한 비상을 꿈꾸고 있음.
삼양사	김상홍의 승계 이후 김상하(김상홍의 동생)에 이어 현재는 김상홍의 장남 김윤사장이 경영을 맡고 있음. 김상하사장은 1988년부터 12년간 최 장수 대한상공회의소 회장을 역임하는 등 왕성한 대외활동을 바탕으로 제조업중심으로 삼양을 성장 시켰음. 일본 미쓰이, 미쓰비시화학 등과 합작으로 삼양화성, 삼양석유화학을 설립. 삼양그룹은 '돌다리도 수없이 두드려 본 뒤 건너가는 기업'이라는 평가를 받아 왔음. 이러한 안정 지향적인 기업 경영은 탄탄한 재무구조로 외환위기 때 빛을 발했음. 김윤사장은 "사고방식을 진취적으로 전환해 그룹의 성장을 도모 하겠다"는 포부를 밝혔음.
유한양행	전문경영인 조권순의 취임 이후 내부 승진자가 최고경영자가 되었음. 1926년 설립 이래 단 한 차례도 노사분규를 경험한 적이 없는 유한양행은 노사가 공동운명체라는 인식을 가지고 대등한 관계를 유지해 신뢰를 구축해왔음. 유한의 역대 경영자들은 입을 모아 "창업자가 강조한 정직과 신용의 기업문화는 꾸준히 확대 재생산되고 있다"고 말한다. 유한양행의 직원들은 창업자 유일한박사에 대한 존경과 추종은 창업자 이상의 것으로, 유한양행 전 직원은 매년 유일한 창업자의 묘소를 참배하고 있음.

제 4 장

중소기업 경영전략

제1절

중소기업 경영전략의 개요

중소기업경영자도 이제는 경영학에 대해 공부하고, 더 나아가 경영전략에 대해 공부하고 깊이 연구해야할 것이다. 대기업이 '갑'이라면 우리 중소기업은 '을' 또는 '병'의 위치에 있다. 그러나 우리가 살아갈 방법이 있다. 이것이 중소기업 경영자가 배우고 익혀야할 중소기업경영전략이다. 저자는 철저히 대기업에 대응하여 생존하고 성장해나가는 중소기업의 경영전략을 같이 고민해보고자 했다. 또한 중소기업 간에도 경쟁하며 생존해야하는 경쟁시장에서 살아남는 방법을 같이 공부하고 연구해 보고자 하였다.

전략(Strategy)이란 사전적 의미로는 '전쟁을 전반적으로 이끌어 가는 방법이나 책략'을 말하며, 전술보다 상위의 개념으로 사용하고 있다. 전략이라는 용어는 고대 그리스의 '스트라테고스(strategos)' 또는 '스트라테지아(strategia)' 라는 말에서 유래되었다. strategos는 고대 아테네에서 10개의 부족단체로부터 차출된 10개 연대(Taxi)를 총지휘했던 장군의 이름이다. strategos가 구사하는 용병술을 strategia라고 했는데 이것은 장군의 지휘술(Generalship), 또는 장군의 술(the art of the General)을 뜻하며 이와 같은 말들이 발전되어 오늘날의 전략(Strategy)이라는 용어가 되었다. 전략의 의미는 고대 중국에서도 다음과 같은 유사한 용어로 사용되었다. 한자로는 '싸움할 전(戰)'자와 '꾀 략(略)'자가 합쳐진 용어로 '싸움하는 꾀'라는 뜻을 나타내고 있다. 전략이란 전쟁에서 적을 속이는 술책이다. 그리고 군사전략은 일반적으로 전쟁의 효율적인 목표나 목적(승리)을 달성하기 위해 상대방(적)의 대응책을 주시·고려하여 유리한 대비책을 구축하고 전체적인 행동의 방향을 결정하는 행위를 말한다. 즉 전략(Strategy)이란 경쟁에서 승리하기 위한 수단을 말한다.

나폴레옹 전쟁(1803～1815)은 카를 폰 클라우제비츠(Carl Von Clausewitz)의 『전쟁론』을 탄생시켰다. 클라우제비츠는 전쟁을 정치가들이 국가 간 분쟁을 해결하는 수단 중 하나로 사용하는 것으로 보았다. 나폴레옹이 연전 연승한 이유는 승리할 수 있는, 그리고 결정타가 되는 곳에서만 싸웠기 때문이라고 분석하였다. 그리고 제1차 세계대전은 '란체스터 법칙'을 탄생시켰다. 란체스터 제1법칙(1대 1의 법칙)은 '한 명이 한 명하고만 싸울 수 있다면, 수가 많은 쪽이 그 차이만큼 앞서며 승리한다'는 법칙이다. 란체스터 제2법칙(집중효과의 법칙)은 '한 명이 복수의 상대와 싸울 수 있다면, 전력은 그 수의 제곱에 비례한다'는 법칙이다.

중국 춘추· 전국시대의 전쟁이 손무(孫武)의 『손자병법』을 탄생시켰다. 손무는 라이벌이 다수인 상황에서 전쟁이 전개된다는 전제하에 국익에 보탬이 되려면 단기간의 결전을 수행해야 한다는 관점에서 전략을 설명하고 있다. 손자병법 제1편인 시계편(始計編)에서 묘산(廟算, 전쟁을 시작하기 전에 적군과 아군의 상황을 분석· 비교하는 일)을 중시하고 있다. 손무는 전략 포지셔닝을 중시하였고, 묘산을 중시했기 때문에 질 싸움은 결코 하지 않는다. 손무는 싸우지 않고 적을 굴복시키는 것이 최선의 계책이라고 주장하였다.

제2절

경영전략(Business Strategy)의 개념 및 역사

2-1 경영전략의 개념

경영전략(Business Strategy)은 변화하는 기업환경 속에서 기업의 유지와 성장을 위해 환경에 적응 및 대응하기 위한 방향 설정과 그 수단 선택에 관한 의사 결정을 말한다. 피터 드러커는 경영전략은 “어떤 길을 가야 하는가는 전략이고 어떻게 가야 하는가는 전술”이라고 설명하였다. 알프레드 챈들러(Alfred Chandler)는 그의 저서 『Strategy and Structure(1962)』에서 “기업의 기본적인 장기목표와 목적을 결정하여 이들 목표 달성에 필요한 활동경로를 정하고 동시에 목표달성을 위한 제 자원의 분배행위를 경영전략(Business Strategy)”이라고 정의하였다.

2-2 경영전략의 역사

경영전략은 기업이 활성화 되었던 미국을 중심으로 발전하였다고 볼 수 있다. 미국과 유럽에서 최근 100년간 혁신을 이끈 경영전략을 간략히 살펴보고자 한다.

Fredrick Taylor(1856~1915)는 태업과 불신, 공포가 지배하던 19세기 공장에 '과학적 관리법'을 도입하였다. 테일러의 목표는 생산성 향상과 임금 상승을 모두 이루는 것을 목표로 하였다. 그러나 경영자들은 '과학적 관리법'을 노동 생산성 향상의 도구로 사용할 뿐 그 성과를 노동자들과 나누지 않아, 노동자들이 반발하였다. 따라서 많은 노동조합이 과학적 관리법의 도입을 거부하였다.

George Elton Mayo(1880~1949)는 '사회적 존재로서의 인간'을 발견하고, '인간관계론'을 구축하였다. 1927년 전화기 제조회사인 웨스턴 일렉트릭의 호손공장에서의 실험을 통해 '노동조건보다 인간관계가 노동 의욕을 좌우한다.' 고 주장하였다. 즉 인간은 경제적 대가보다 사회적 욕구의 충족을 중시하며, 인간의 행동은 합리적이지 않으며 감정에 크게 좌우하고, 인간은 공식적인 조직보다 비공식적인 조직에 쉽게 영향을 받으며, 인간의 노동의욕은 객관적인 직장 환경이 좋은가 나쁜가 보다 직장에서의 인간관계에 의해 더 좌우된다고 주장하였다. 엘튼 메이요는 일하는 사람들의 행복을 위해 제자인 뢰슬리스버거(Fritz Roethlisberger) 등과 함께 '인간관계론'을 구축하였다.

프랑스의 실업가 Henri Fayol(1841~1925)은 '기업활동'을 정의하고, 기업의 통치·관리 프로세스를 만들었다. 앙리 페이욜은 기업에 반드시 필요한 활동을 기술활동, 상업활동, 재무활동, 보전활동, 회계활동, 경영활동 등 6가지로 분류 및 정리하였다.

Peter Drucker(1909~2005)는 1946년에 출판한 『기업의 개념(Concept of the Corporation)』에서 사업부제등 분권화와 종업원들에 대한 권한위양을 주장했다. 그리고 1954년에 출판한 『경영의 실제(The Practice of Management)』에서 기업의 주요한 2가지 기능을 고객의 창조와 혁신이라고 주장하였다. 또한 드러커는 기업경영을 '기계적인 내부 관리' 뿐만 아니라 3가지 기업경영의 측면을 생각해야 한다고 주장하였다. 아울러 기업의 관리는 '목표를 바탕으로 한 관리(MBO, Management By Objectives)'와 '자기관리'의 원칙을 주장하였다.

Igor Ansoff(1918~2002)는 군사용어인 전략을 사용해 '시장에서의 경쟁'이라는 개념을 도입하였다. 기업의 의사결정을 전략적(제품과 시장), 관리적(조직편성과 자원분배), 운용적(예산편성과 직접관리) 3종류로 분류하였으며, 의사결정 대상을 전략(Strategy), 조직(Structure), 시스템(System)의 관점에서 생각한다는 3S 모델을 주장하였다. 경영자는 3가지 관점에서 의사결정을 하며, 이 중에서 가장 중요한 것은 전략적 의사결정이라고 주장하였다. 따라서 경영전략이란 현재(As Is)와 미래(To Be)를 연결하는 방침이라고 주장하였다. 앤소프는 경영전략을 각 사업의 방침을 결정하는 사업전략과 기업전체를 관리· 통합하는 기업전략으로 구분하였다. 특히 기업전략은 기업의 다각화 방침을 '앤소프 매트릭스'로 결정하고 사업의 포트폴리오를 관리하는 것으로 정의하였다. 앤소프는 기존 사업과의 시너지에 따라 시장침투전략, 시장개척전략, 제품개발전략 및 다각화전략 등 4가지로 나누었다.

Kenneth Andrews는 기업전략수준에서의 전략계획 수법을 'SWOT 분석'으로 제시하였다. 즉 외부환경분석, 내부환경(조직· 사람)분석, 전략구축, 실행계획 등의 프로세스를 제시하였다. 내부요인 중에서 자사의 목적을 달성하는 데 긍적적인 요소는 강점(Strength), 부정적인 요소는 약점(Weakness), 외부요인 중에서 긍정적인 요소는 기회(Opportunity), 부정적인 요소는 위협(Threat)으로 정리한다. 그리고 이렇게 자사의 내부능력과 외부환경에서 도출된 기회·위협에 강점·약점을 조합하여 전략을 수립할 수 있다. 기회와 강점을 조합하면 SO(적극공세 전략), 기회와 약점을 조합하면 WO(약점강화 전략), 위협과 강점을 조합하면 ST(차별화 전략), 위협과 약점을 조합하면 WT(방어/철수전략)전략을 수립하여 시행할 수 있다.

Philip Kotler는 5단계로 구성된 전략적 마케팅 프로세스를 만들었다. ①조사(Research)하고, ②시장을 자신에게 유리하도록 세분화(Segmentation)하고, 표적을 삼을 시장을 결정(Targeting) 하며, 경쟁자에 대해 어떤 차이를 만들지를 포지셔닝(Positioning) 하는 것이다. 그다음 STP를 구체화하는 단계이다. ③마케팅믹스(Product, Price, Place, Promotion)이다. 제품, 가격, 유통채널, 프로모션 등 다양한 마케팅수단을 조합하는 것이다. 그다음 ④실시(Implementation)하고, ⑤관리(Control)하는 단계를 제시하였다. 아울러 제품자체의 도입기, 성장기, 성숙기, 쇠퇴기에 따라 시장규모와 수익성, 타킷 고객, 사용해야할 방법이 대체로 정해진다는 제품수명주기전략(PLC, Product Life Cycle)을 제시하였다.

Bruce Henderson(1915~1992)은 1963년 보스턴 컨설팅 그룹(BCG)을 설립하였다. 1969년 기업전략 도구인 'BCG 성장· 점유율 매트릭스' 또는 '제품 포트폴리오 관리(PPM)'를 제시하였다. 시장(예상) 성장률과 상대적 시장 점유율로 구분하여 2×2의 단순한 매트릭스를 고안하였다. 시장성장율이 낮고(성숙 시장) 상대적 시장 점유율이 높으면 Cash Cow로 분류한다. 이러한 사업의 경우 투자를 최소한으로 억제하며 Cash의 창출원으로 삼는다. 그래서 돈을 짜내는 젖소(Cash Cow)이다. Cash Cow사업을 투자자금의 창출원으로 삼고, Star 사업에 자금을 투자하고, Star 사업으로 키울 Problem Child(Question Mark) 사업을 선별해 중점적으로 자금을 투입하고, Dog사업은 저성장·저점유율 사업으로 빨리 매각 · 철수 한다는 전략이다.

Michael Porter(1947~)는 1980년에 『경쟁전략(Competitive Strategy)』을 출판하여, 기업환경 관계에 따른 경영전략을 수립할 것을 주장하였다. 마이클 포터는 포지셔닝을 중시하였다. 즉 경영전략의 목적은 기업이 수익을 올리는 것이며, 이익을 낼 수 있는 시장을 선택하고 경쟁자를 상대로 이익을 올릴 수 있는 위치를 차지해야 된다고 주장하였다. 마이클 포터는 5Force 분석을 통해서 당사가 하고자 하는 사업이 이익을 낼 수 있는 시장인지 여부를 판단할 수 있다고 주장하였다. 즉 당사가 하고자 하는 사업의 업계구조는 당사에 가해지는 압력으로 이해할 수 있으며, 여기에는 기존경쟁자(Competitor), 구매자(Buyer), 공급자(Supplier), 신규 참가자(Entrant), 대체품(Substitution) 등 5개의 힘이 존재하는데 이를 잘 분석하여 당사가 수익을 낼 수 있는 시장여부를 판단하게 된다. 마이클 포터는 '5Force 분석'을 통해 이익을 낼 수 있는 시장을 선택하고, '전략 3유형'을 통해 이익이 나는 포지셔닝을 차지해야 된다고 주장하였다 . 시장의 일부(틈새)만을 대상으로 싸우는 것을 집중(Focus)전략, 시장전체와 싸울 때는 낮은 비용으로승부를 걸 수 있다면 코스트 리더십(Cost Leadership)전략, 고객에 대한 부가가치로 승부를 걸 수 있다면 차별화(Differentiation) 전략을 사용하면 된다고 주장하였다. 마이클 포터에 의하면 기업은 가치를 창출하기 위해서 활동하는데, 가치(Value)란 구매자들이 원하는 제품 또는 서비스를 구매한 대가로 기업에 기꺼이 지불하는 금액을 말한다. 가치를 창출하는 활동들을 가치사슬(Value Chain)이라 하여 본원적인 활동과 지원활동으로 구분한다. 마이클 포터는 기업의 모든 활동을 5가지 본원활동과 4가지 지원활동으로 구분하였다. 기업이 성공하기 위해서는 이익을 낼 수 있는 포지셔닝만으로는 부족하고, 이익을 낼 수 있는 기업활동이 필요하다고 역설하였다. 마이클 포터는 기업의 활동을 구매물류, 제조· 오퍼레이션, 출하물류, 마케팅과 판매, 서비스 등 5가지 본원적 활동과 전반관리(인프라스트럭처, 전략, 재무· 회계 등), 인적자원관리, 기술개발, 조달활동 등 4가지 지원활동으로 구분하였다. 기업이 경쟁사보다 우위를 확보하려면 저렴한 비용으로 이러한 활동을 수행하거나 차별화와 가치 증대를 유도하는 방식으로 기업활동을 수행해야 한다고 주장하였다.

Gary Hamel(1954~)은 기업이 수익을 낳는 원천은 사업의 포지셔닝도, 업무 효율성도 아니다. 경쟁력이나 고객 니즈 대응력의 원천이 되는 것은 핵심역량(Core Competence)이라고 주장하였다. 즉 핵심역량은 기술, 채널, 비즈니스모델 또는 인재 등 이다. 예를 들면 기업능력이 경쟁 상대가 흉내 내기 어렵고, 고객가치를 창출할 수 있으며, 타 사업으로 확장할 수 있는 힘이 있는 것이면 무엇이든 무방하다는 것이다. 게리 하멜은 먼저 자사의 미래의 경쟁상대를 충분히 비교해서 자사의 핵심역량을 파악하고, 그런 다음에 핵심역량이 효과를 발휘할 가능성이 있는 미래의 고객과 시장, 서비스를 찾아내 자신들의 시장을 개척해야 된다고 주장하였다.

김위찬과 르네 마보안(Renee Mauborgne)은 좋은 전략이란 적이 없는 새로운 시장을 만들어 내는 것이라고 주장하면서 '블루 오션 전략(Blue Ocean Strategy)'을 제시하였다. 블루오션 전략은 경영전략의 패러다임 변화를 선도하고 있다. 경쟁의 패러다임에 갇혀 있던 전략에 대한 사고방식을 시장 창출이라는 패러다임으로 리셋(reset) 함으로써 새로운 성장의 기회를 포착할 것을 주장하였다. 즉 전략은 새로운 시장 콘셉트를 생각해 내고 그것을 실현하는 능력을 창조하는 것(Value Innovation)이라는 것이다. 예를 들면 캐나다의 '태양의 서커스'는 쾌적함, 테마 및 예술성 등 독자적인 가치를 창조하여 성공하였다. 경쟁이 아니라 새로운 시장 콘셉트를 생각해 내고 그것을 실현함으로써 성공하였다.

Steve Blank는 8개 회사 창업에 참여해 그 중 4개를 상장시키는데 성공하였다. 스티브 블랭크는 이렇게 자신이 창업하여 성공시킨 비결은 '고객개발(Customer Development)모델'을 활용했기 때문이라고 밝혔다. Eric Ries는 '린 스타트업(Lean Startup)'을 발전시켰다. 에릭 리스는 성공적인 기업을 만들어내는 과정은 불확실성과 싸워 결과를 만들어내는 과정이라는 기본전제를 하고 있다. 에릭 리스는 '린 스타트업'을 린 생산방식(Lean Manufacturing), 디자인 중심 사고, 고객 개발, 에자일 개발 같은 기존 경영 방법 및 제품 개발 방법론의 토대 위에서 만들었다. 그리고 이것은 지속적인 혁신을 만들어 내는 새로운 방식(프로세스)이라고 주장한다. 에릭 리스는 린 스타트업의 성공을 위해서는 가설검증 사이클인 구축(Build), 계측(Measure), 학습(Learn)의 사이클을 구축해야 된다고 주장하였다. 아울러 빠른 검증을 위해 '최소 기능 제품(MVP, Minimum Viable Product)'을 활용하여야 하며, 매니지먼트 전체에 피벗(궤도 수정)을 도입해야 한다고 주장하였다.

보스턴 컨설팅그룹(BCG)의 마틴 리브스(Martin Reeves)는 2015년에 『Your Strategy Needs a Strategy』 을 출판하여, 기업환경을 고려하여 경영전략을 수립하여야 한다는 '적응전략'을 제창하였다. 기업이 마주하는 경영환경이 다양성과 범위가 계속 늘어나고 있다. 따라서 각 사업에 적합한 전략수립 방식 또는 여러 방식들의 적절한 조합을 선택해야 할 뿐만 아니라 환경이 변화하는 데 따라 그 조합을 조정해야 한다. 경영전략을 모든 환경에 적용할 수는 없게 되었다. 그러므로 기업이 처한 상황에 따라 적합한 전략수립 방식을 선택하는 일이 중요해 졌다. 이러한 때에 BCG의 마틴 리브스는 사업 환경을 5가지로 분류하여 사업환경에 맞는 전략을 제시하였다. 즉 ① 환경이 너무 가혹 할 때는 서바이벌(Survival) 전략(재생적 전략)이 필요하다. ② 환경예측은 가능하나 변형할 수 없을 때(전통적 Classical 환경)는 대형화를 꾀하라. ③ 환경예측이 가능하고, 변형도 가능(예지적 Visionary 환경)할 때는 선도자(세상을 바꾸는 전략)가 돼라. ④ 환경예측은 어려우나, 변형이 가능(개척형 Shaping 환경)하면 조정자의 역할(판을 바꾸는 전략)을 수행하라. ⑤ 환경예측이 어렵고, 변형할 수 도 없다(적응형 Adaptive 환경)면 신속하게 적응(모방전략)하라.

제3절

성장단계별 중소기업 경영전략

기업의 경영전략은 성장단계별 또는 각 기업의 상황에 적합한 전략을 채택하고 실행해 나가야한다. 따라서 저자가 제시하는 경영전략은 대표적인 경영전략임을 밝히고자 한다. 3백만 중소기업에 3백만 가지의 문제점이 있으므로, 3백만 가지의 경영전략이 필요하겠으나 대표적인 경영전략을 제시하고자 한다. 중소기업경영자는 아래에 제시하는 중소기업 경영전략을 참고하여 기업에 합당한 경영전략을 수립하여 현재의 문제점을 분석하고 타파하여 강소기업으로 성장하기를 기대해 본다.

먼저 창업기의 경영전략은 생존전략이다. 성장기의 중소기업은 견실하게 성장하는 성장전략을 수립하여 시행하여야 한다. 그리고 성숙기의 중소기업은 다각화전략을 시행해야 한다. 마지막으로 재도약기에는 재도약을 위한 경영전략을 수립하여 시행하여야 한다.

구분	창업기 (1-5년)	성장기 (6-9년)	성숙기 (10-19년)	재도약기 (20년 이상)
전략목표	생존전략	성장전략	다각화전략	재도약전략
중소기업 경영전략	집중화(틈새)전략 차별화 전략 린스타업 전략 블루오션 전략 독점전략	글로벌화 전략 협동화전략 이업종교류전략 전문화전략 혁신전략 네트워크 전략	사업전환전략 구조고도화전략 기업공개전략	인수·합병전략 중견기업으로 성장전략 가업승계전략

3-1 창업기업 경영전략

창업기의 중소기업의 경영전략은 생존전략이다. 또한 을이 갑을 이기는 전략을 구사하여야 한다. 창업기의 경영전략의 핵심은 손자병법의 전승전략(全勝戰略)이 핵심이다. 싸우지 않고 이길 수 있는 전략을 수립하고 시행해야 한다. 대기업과 싸우지 않고, 아울러 앞서 사업을 하는 중소기업 선배들과 싸우지 않고 우리의 사업영역을 만들어가는 것이 생존할 수 있는 전략인 것이다.

(1) 집중화(틈새) 전략

마이클 포터(Michael Porter)는 그의 저서 『경쟁우위(Competitive Advantage)』에서 3가지 본원적 경쟁전략으로 원가우위전략, 차별화전략, 집중화전략을 주장했다. 이중에서 집중화전략은 원가우위를 추구하는 '원가 집중화(cost focus)'와 세분화된 산업에서 차별화를 추구하는 '차별화 집중화(differentiation focus)'가 있는데 중소기업이 지양하는 집중화전략은 '차별화 집중화(differentiation focus)' 개념이다. 집중화 전략은 대체품과의 경쟁가능성이 가장 희박한 부분이나, 경쟁기업들의 가장 약한 부문을 선택하여 집중적인 노력을 기울이는데 활용되는 경쟁전략이다. 집중화전략은 좁은 시장에서 원가우위를 가져가거나 차별화요소를 가져가는 전략이다. 특정고객, 특정제품, 특정지역 등 한정된 영역에 기업 경영자원을 집중하는 전략이다. 그렇게 세분화된 고객 중에서 특정층을 대상으로 비용우위나 차별화를 통해 집중적으로 공략하는 것이다. 이 전략을 펴기 위해서는 시장과 산업을 세분화하여 살펴보는 것이 중요하다. 중소기업이 취할 수 있는 전략 중 가장 효과적인 시장전략이 바로 틈새시장(Niche Market) 전략이다. 세분시장 내에서의 또 다른 시장을 창조함으로써 그 시장에 집중하여, 작지만 최고(Top)가 되길 희망하는 중소기업들에게는 매력 있는 경쟁전략이다. 클라우제비츠도 『전쟁론』을 통하여 싸우면 반드시 이기는 전략, 즉 집중화전략(총력전략)을 구사하여 힘의 중심(COV, Center of Gravity)을 찾아서 파괴하는 전략을 구사할 것을 주장하였다.

독특하고 차별화된 고객서비스를 제공하는 유쾌한 항공사, 사우스웨스트항공사(Southwest Airlines)는 이러한 틈새전략으로 성공을 거두었다. 미국은 같은 나라임에도 주와 주를 이동할 때 비행기를 이용해야 하지만 항공료가 비싸 소비자들이 부담을 느끼고 있었다. 사우스웨스트항공사는 이러한 소비자들의 니즈를 파악하고, 항공료를 절감가하기 위해 고객이 어떤 단계로 비행기를 이용하는지 분석하고, 이 과정에서 불필요한 단계를 과감히 없애버렸다. 저렴한 항공료라는 틈새시장으로 좋은 서비스를 제공하면서도 서비스 품질도를 떨어트리지 않기 위해 스튜어디스들이 비행기 안에서 춤을 추거나 공연을 하는 등 새로운 서비스를 만들어냈다. 최근에는 우리나라도 국내 항공료를 낮춘 제주항공, 진에어 등 저가항공이 많이 등장하였다.

(2) 차별화 전략

마이클 포터(Michael Forter)가 주장하는 차별화전략(differentiation)은 중소기업의 제품이나 서비스를 특정 산업내의 다른 회사의 제품이나 서비스와 구별되는 독특한 것으로 인식시키는 전략이다. 제품의 성능이나 품질, 신제품의 개발과 개량, 기업의 이미지나 고객에 대한 서비스, 독자적인 유통구조나 사업영역의 확보 등을 통하여 경쟁기업과 다른 특징을 가지고 경쟁에서 우위를 차지하는 전략이다. 중소기업은 단순가공이나 모방품 생산에 의한 과당경쟁을 피하기 위하여 기술력을 향상하고, 전문기업으로서의 지위를 확립하여 차별화를 촉진해야 창업초기에 생존할 수 있다. 차별화 전략은 시장에서 경쟁우위 요소를 차별화로 접근하는 전략이다. 비싼 가격에도 불구하고 구입을 유도하는 독특한 그 무엇이 제공되는 요인으로 인해 경쟁우위를 확보하려는 전략이다. 차별화 전략의 종류에는 제품차별화, 서비스 차별화, 광고차별화가 있다.

씰링크(주) (이희장대표)는 무윤활 밀폐장치를 개발하는 회사이다. 기존의 윤활유를 사용하는 방식을 개선하고 혁신하여 경쟁업체와 차별화함으로써 삼성전자와 인텔 등 세계 최고의 반도체기업과 정밀화학 기업에 납품하고 있다. 차별화하지 않으면 창업 중소기업은 생존 자체가 어려운 것이다.

글로벌 기업으로는 나이키가 차별화전략의 대표적 사례라고 할 수 있다. 나이키는 자체 생산 공장이 없다. 각국의 협력사에서 OEM 방식으로 생산하고 공급한다. 다만 과학적인 제품개발과 디자인, 제품광고에 막대한 돈을 투자한다. 상품디자인, 그래픽, 환경디자인, 영화 및 비디오 사업팀 등으로 세분화하고 특색을 가미한 디자인을 추구한다. 광고도 스타마케팅을 주로 한다. 농구화의 마이클조던, 골프용품의 타이거 우즈 등이 대표적 사례이다. 이를 통하여 제품의 차별화와 광고의 차별화를 통해 브랜드 자산을 곤고히 구축하고 있다.

(3) 린 스타트업 전략

중소기업의 경우 매우 불확실한 상황 속에서 새로운 제품과 서비스를 만드는 회사를 창업하기 위한 전략이 필요하다. 스티브 블랭크(Steve Blank)는 창업기업은 빠르게 움직이기 위해 작게 시작하고, 학습하기 위해 실험하며, 끊임없이 진화하고, 고객가치에 집중하는 '고객개발(Customer Development)모델'을 활용하여야 한다고 주장하였다. 에릭 리스(Eric Ries)는 자원의 제약 상황에서 고객의 지불용의를 시험하기 위해 최소기능제품(MVP: Minimum Viable Product)을 제작하여 실험하여 고객이 원하는 제품을 만들어 가는 린 스타트업 전략이 필요하다고 주장하였다. 중소기업이 창업하여 생산한 제품이나 서비스를 판매하기 위해서는, 내가 좋아하는 제품(製品)이 아니라 고객이 원하고 좋아하는 상품(商品)을 판매하여야 한다. 창업 중소기업은 비전에 기반에 두고 전략/전술 차원에서 고객이 원하는 방향으로 언제든 전환(pivot)하여야 한다. 제품은 이러한 과정 속에서 고객이 원하는 수준으로 최적화하는 과정이 린 스타트업 전략이다. 『린 스타트업』의 저자 에릭 리스(Eric Ries)도 IMVU라는 회사를 공동창업 하였다. 창업 초기에 많은 실수를 하는 등 어려움을 겪고 있었으나, 스티브 블랭크(Steve Blank)가 제시하는 '고객개발(Customer Development)모델'을 활용하여 많은 도움을 받았다. 여기에 자신이 고안한 최소기능제품(MVP, Minimum Viable Product)을 제작하여 실험하고 고객이 원하는 수준으로 최적화하는 전략을 추가함으로써 성공적인 기업을 운영하게 되었다. 창업 중소기업 경영자의 시선은 내가 잘하는 기술과 제품이 아니라, 고객을 바라봐야 성공할 수 있다. 눈 앞의 파도만 바라볼 것이 아니라 도도하게 불어오는 바람을 늘 직시하여야 성공할 수 있다.

(4) 블루오션 전략(Blue Ocean Strategy, 시장 창조 전략)

창업 업체에게 어렵지만 가장 파워풀한 전략이 블루오션전략이다. 김위찬과 르네 마보안은 좋은 전략이란 적이 없는 새로운 시장을 만들어 내는 것이라고 주장하면서 '블루오션 전략(Blue Ocean Strategy)'을 제시하였다. 싸우지 않고 이길 수 있는 시장이다. 블루오션 전략은 경영전략의 패러다임 변화를 선도하고 있다. 경쟁의 패러다임에 갇혀 있던 전략에 대한 사고방식을 시장 창출이라는 패러다임으로 리셋(reset) 함으로써 새로운 성장의 기회를 포착할 수 있다. 즉 전략은 새로운 시장 콘셉트를 생각해 내고 그것을 실현하는 능력을 창조하는 것(Value Innovation)이다. 예를 들면 캐나다의 '태양의 서커스'는 쾌적함, 테마 및 예술성 등 독자적인 가치를 창조하여 성공하였다. 경쟁이 아니라 새로운 시장 콘셉트를 생각해 내고 그것을 실현함으로써 성공하였다. (주)셀트리온의 서정진회장이 찾은 바이오시밀러 산업이 블루오션전략이다. 외환위기 직후인 1999년 대우그룹이 무너지자 대우자동차 고문으로 있던 서정진회장은 졸지에 실업자가 되었다. 서정진회장은 경험은 없었지만 미국 바이오 기업을 방문해 설명을 들은 뒤 바이오산업이 블루 오션이 될 수 있다고 확신하고 여기에 도전하였다. 그 결과 지금의 (주)셀트리온이 탄생하였다. 당시 전 세계 제약 시장규모는 1,000조 원으로, 자동차시장 보다 컸다. 또한 2012년에서 2015년에 특허기간이 끝나는 바이오 신약이 상당히 많다는 것을 알았다. 특허 기간이 끝나는 신약은 누구나 복제할 수 있으나 같은 약효를 내는 바이오 시밀러는 소형 제약사가 제조하긴 어렵고, 대형 제약회사는 다루지 않았다. 그래서 바이오 시밀러를 만들어 오리지널 신약보다 싸게 판다면 승산이 있다고 판단했다. 셀트리온은 현재 바이오 시밀러(복제약)분야 세계 최고 기업으로 성장했다.

(5) 독점전략 (ZERO to ONE, 경쟁하지 말고 독점하라)

창업업체는 새로운 것을 창조하여 경쟁하지 말고 독점하여야 생존할 수 있다. 스타트업은 세상에 없는 0에서 새로운 것 1을 창조하여야 성공할 수 있다. 페이팔(Paypal)의 공동창업자인 피터 틸(Peter Thiel)의 저서 『ZERO to ONE』 에서 '경쟁하지 말고 독점하라'고 주장하였다. 비즈니스에서 모든 순간은 단 한 번밖에 일어나지 않는다. 뭔가 새로운 것을 창조하면 세상은 0에서 1이 된다. 창조하는 행위는 단 한 번뿐이며, 창조의 순간도 단 한 번뿐이다. 그 한 번의 창조로 세상에는 낯설고 신선한 무언가가 처음으로 생겨난다고 제시하였다. '새로운 것을 창조' 하는 이 어려운 과제에 투자하지 않는다면, 지금 아무리 엄청난 이익을 내고 있다 해도 기업들은 문을 닫게 될 것이다. 창업기업은 새로운 기술(technology)은 '더 적은 것으로 더 많은 일을'하게 해준다. 다른 기업이 모방할 수 없는 새로운 기술(1)이 창업기업이 지향해야할 생존전략이다.

손정의 회장은 '제곱법칙'에서 '일류공수군 (一流攻守群: 이기기 위한 전략)'을 제시하였다.

철저히 1등에 집중하고 시대의 흐름을 재빨리 읽고 행동하며, 다양한 공격력을 단련하고, 온갖 리스크에 대비해 수비력을 갖춘 뒤 단독이 아닌 집단으로 싸워서 경쟁에서 이길 수 있다고 주장하였다. 손정의 소프트뱅크 회장은 디지털 시대 일본에서 가장 성공한 기업인으로 꼽힌다. 빌 게이츠 마이크로소프트 창업자와도 막역한 사이인, 세계 정보기술(IT)업계의 리더 중 한 명이다. 미국 UC 버클리대 경제학과 졸업 뒤 1981년 일본에서 소프트뱅크를 설립했다. 1995년엔 세계 최대 컴퓨터 전시회인 컴덱스를 8억 달러에 인수한다. 이를 인연으로 야후에 투자한 뒤 1996년엔 일본에 야후 재팬을 설립해 인터넷 열풍을 주도했다. 2001년엔 주위의 반대를 무릅쓰고 일본 최초의 초고속인터넷 서비스를 시작했다. 2004년엔 재팬텔레콤(현 소프트뱅크텔레콤), 2006년에는 일본 3위 이동통신업체 보다폰KK(현 소프트뱅크 모바일)를 1조7500억 엔(18조원)에 인수해 산업 판도를 뒤집었다. 소프트뱅크 손정의 회장은 치밀한 분석을 통해 '혁명의 도구'로 SW 유통을 선택했다. 창업 전 40여 개의 아이템을 검토했다. 80년대 초 일본은 PC 대중화 시대를 목전에 두고 있었다. PC를 자유자재로 활용하려면 우수한 SW가 있어야 한다. 미래는 SW 세상이 될 게 분명했다. 직접 SW 개발에 뛰어들 수도 있었지만, 승률이 너무 낮았다. 운영체제(OS) 분야는 세계 표준을 주도하는 미국 기업이 선점해 버렸다. 남은 건 응용 SW 분야인데, 이건 마치 모든 신곡이 히트 칠 수 없듯 톱10 안에 들어가는 것만 대박을 치는 구조였다. 그래서 손정의회장은 개별 상품 대신 인프라를 택했다. 이익은 적을지 모르나 생명력은 확실히 길 것으로 판단했다. 또한 압도적 지위를 획득할 경우 업계 성장에 정비례해 사업을 확장할 수 있다고 생각하고 SW유통회사를 설립하여 현재의 소프트뱅크 회사로 성장 시켰다.

3-2 성장기업 경영전략

창업기를 벗어난 중소기업은 성장하는 전략을 수립하여 시행해야 한다. 창업기에 생존한 중소기업은 빠르게 성장하는 전략을 수립하여 시행해야 한다. 물들어 올 때 노를 저어야 한다. 성장하는 여건이 될 때 빠르게 성장하여, 계속기업으로 지속가능한 경영을 하도록 해야 한다.

(1) 글로벌화 전략(Globalization)

중소기업이 성장해 나가기 위해서는 한정된 국내시장을 탈피하여 세계시장으로 진출하여야 한다. 중소기업이 글로벌화 하는 과정은 ① 생산된 제품을 국내시장에 판매하여 성공한 후에 해외시장으로 수출, ② 해외현지에서 직접 제품을 생산하는 해외직접투자, ③ 점진적으로 전 세계를 시장 및 생산기지로 활용하는 다국적기업으로 진행하는 과정을 거친다. 중소기업이 글로벌화 전략을 실행하기 위해서는 현실적으로 자본, 인력, 기술 등 제반 경영자원의 한계가 있다는 것이 문제인 것이다. 그럼에도 불구하고 중소기업이 성장하기 위해서는 좁은 국내시장이 아니라 글로벌화 하는 전략이 필요하다. 중소기업은 대기업과 연계하여 해외에 진출하거나, KOTRA 등 해외시장에 대한 전문적 지식을 갖춘 정부지원기관 등의 지원을 받는 것도 좋은 방안이다.

휴맥스는 1989년 창업하여 2017년말에 1조 5천억원을 매출하는 기업으로 성장하였다. 주요 생산 제품으로는 위성방송수신기, 무료방송수신기, 유료방송수신기, 디지털 지상파방송수신기, 디지털 케이블 방송수신기 등이 있다. 휴맥스의 창업자인 변대규 사장은 창업초기의 시행착오 후에 휴맥스의 주력사업을 Digital 가전 사업으로 확정하게 되었다. 그 후 내 놓은 작품이 바로 PC영상처리보드인데 이 작품으로 말미암아 휴맥스는 비디오 믹스 제품을 발견하게 되고 영상처리보드와 비디오믹스는 당시 한국에서의 노래방 붐을 타고 노래방 기계 시장에 진출하게 된다. 이때부터 휴맥스는 많은 수익을 벌어들였다. 그러나 노래방기계는 이들이 추구하는 기술지향성과는 약간의 거리가 있었다. 그러다 휴맥스는 전혀 예상하지도 못한 상황에서 삼성물산과의 협력 관계가 성립되게 되었고, Digital STB의 개발을 시작하게 되었다. 이때부터 휴맥스의 기술지향성과 맞아 떨어지게 된다. 결국 휴맥스는 개발에 성공하였고, 이로 인해 휴맥스는 해외진출을 모색하기 시작했다. 그래서 휴맥스는 삼성물산과 함께 유럽과 남아공 시장으로 진출을 준비했고, 끈질긴 기술진들의 노력으로 1996년 10월부터 첫 선적을 시작해 3개월 동안에 1000만 달러어치를 수출하는 성과를 기록하게 되었다. 그렇게 휴맥스는 자신감에 넘쳐 있었다. 하지만 시장은 그리 호락호락하지 않았고, 단단히 믿었던 거래처인 갤럭시스사(Galaxis)가 경쟁 관계에 있는 방송사업자에게 합병되어 휴맥스는 하루아침에 시장을 잃고 만다. 이때 휴맥스는 이 위기를 극복하기 위해서 새로운 시장을 모색했고, 처음엔 삼성물산을 통해 주문자상표부착(OEM) 방식으로 수출했었지만, 휴맥스라는 이름을 알리지 못하는 단점이 있었기에 휴맥스라는 자기이름을 부착하여 수출하기 시작한다. 덕분에 휴맥스는 OEM공급방식에 의존하던 아시아 동종 업체와는 달리 Humax라는 자기 브랜드를 달성할 수 있었다. Humax가 성공할 수 있었던 여러 가지 이유 중의 하나는 단연 국내시장이 아닌 해외 시장을 겨냥한 글로벌화 전략이라고 할 것이다.

(2) 협동화 전략

중소기업의 협동화 전략이란 동종 또는 유사업종의 여러 기업들이 상호 협력하여 공장의 집단화, 사업의 공동화, 시설의 공동이용, 협업화를 통해 규모의 경제를 실현하고 공동의 경쟁력 우위를 도모하는 전략이다. 중소기업 협동화 사업은 다수의 기업이 공동으로 입지문제, 생산시설, 공해방지시설, 창고 및 제품전시판매장을 설치·운영하여 생산성을 향상시키는 전략이다. 협업화를 통한 경영개선으로 공동기술개발 및 원자재 공동구매 등을 추진하여 대내·외 경쟁력을 강화하는 사업이다. 중소기업 협동화사업은 중소기업진흥공단(www.sbc.or.kr)의 지원을 받는 것이 좋다.

중소기업진흥공단은 협동화사업을 성공적으로 이끌고 있는 사업장의 우수사례를 책자로 엮어서 발간하고 있다. 이러한 책자를 활용하여 성공사례를 벤치마킹하여 협동화사업으로 글로벌 역량을 키워나가고 있는 중소기업인의 다양한 경험을 활용할 필요가 있다. 협동화사업은 다수의 중소기업을 규합해서 상호 협력토록 유도해서 시너지효과를 창출토록 도와주는 사업이다. 협동화사업 지원유형은 △집단화사업 △공동화사업 △협업화사업 등이다. 집단화사업은 공장이나 사무실을 한 곳에 집적화하는 것을 지원한다. 공동화사업은 생산설비·공해방지시설의 공동설치운영, 공동전시판매장, 공동물류창고의 건립운영을 도와준다. 협업화사업은 공동기술개발, 공동상표개발, 공동 해외시장개척 등을 돕는 사업이다.

(3) 이업종 교류 전략

중소기업이 성장하기 위한 이업종 교류 전략이란 서로 다른 업종에 속한 기업들 간의 협력전략이다. 이업종교류는 업종이 다른 여러 개의 기업이 모여 각 사가 소유하고 있는 경영노하우, 전문기술, 판매력 등 일체의 경영기술자원을 교류, 교환하여 경영능력을 향상시키고 기업환경변화에 대한 적응력을 강화하는 경영·기술자원의 상호보완 활동이다. Global 시장구조 속에서 급속한 기술혁신이 이루어지므로 개별기업의 능력만으로는 발전과 문제 해결에 한계가 있다. 이럴 때 서로 다른 업종의 기업과의 융합화가 필요하다. 업종이 다른 기업과의 협력이 절대적으로 필요하다. 새로운 성장동력을 확보하기 위해 공동사업, 공동기술개발 등을 추진할 수 있다. 이러한 이업종교류사업은 중소기업융합중앙회(www.koshba.or.kr)를 활용하면 쉽게 사업에 동참하고 도움을 받을 수 있다. 사업은 혼자 하는 것보다 네트워크를 활용하면 시너지효과를 얻어서 더욱 빠르게 성장할 수 있다.

중소기업융합중앙회는 전국에 약 7,000개 기업이 회원으로 가입하여 활동하고 있다. 중소기업 네트워크형기술개발사업에 참여할 수 있다. 네트워크 기획지원은 네트워크형 기술개발사업의 목적 실현을 위한 첫 단계로 발굴된 기술개발과제가 네트워크형 협력에 기반하여 기술개발부터 사업화까지 원활하게 진행될 수 있도록 사업연계형 연구개발(R&BD)을 지원하는 사업이다. 교류 및 협력사업에 참여하는 것이다. 교류협력활동의 성과창출을 지원하기 위해 신규 사업 발굴 및 산업·기술간의 융합활동, 품질혁신 등의 과제발굴을 통한 공동사업개발을 추진할 수 있도록 해당 전문가의 체계적인 지도를 지원하기 위한 사업이다.

(4) 전문화 전략

중소기업이 경영전략을 수립함에 있어 대기업과의 관계가 수평적 관계라면, 중소기업의 특징을 살릴 수 있는 제품 차별화 내지 시장분할과 같은 전문화전략을 통해 대기업과의 직접적인 경쟁을 피하면서 시장을 확보하는 것이 필요하다. 중소기업과 대기업이 수직적인 관계라면 일방적인 도급에서 탈피하여, 독립적인 외주기업(Vendor)으로 발전하여 독자적인 시장을 형성하는 것이 필요하다. 중소기업은 전문화라는 강점을 활용하여 대기업과 분업적 협력관계를 유지할 수 있다. 중소기업이 경제상의 불이익을 탈피하기 위해서는 거래선을 다변화하고 전문화된 부품메이커로 성장해야 한다. Gary Hamel이 주장한 핵심역량 (Core Competence)을 키워서 경쟁력과 고객 니즈의 대응력을 키워야 하는 것이다.

(5) 혁신 전략

중소기업이 성장하여 코넥스시장 및 코스닥시장에 상장하고, 중견기업으로 발전하기 위해서는 경영·기술혁신이 필요하다. 고객만족전략, 디자인 경영전략, SCM(Supply Chain Management)추진전략, 기술개발전략, 정보화전략, 전자상거래전략 등 중소기업 경영·기술 환경을 분석하여 지속적인 혁신이 필요하다. 드러커(Drucker)는 기존의 조직이 쇠퇴하는 가장 큰 이유 중 하나는 혁신을 하지 않기 때문이라고 하였다. 중소기업이 성장하기 위해서는 슘페터(Schumpeter)가 주장하는 창조적인 파괴가 필요한 것이다. 혁신의 대명사인 3M은 지속적인 혁신을 위하여 10%, 15%, 30% 규칙을 수립하여 시행하고 있다. '10% 규칙'은 최근 1년 이내에 개발된 제품이 전체 매출의 10%에 도달해야 한다. '15% 규칙'은 직원이 자신의 관심분야에 근무시간의 15%를 자신만의 시간으로 배정하여 업무와 직접 관련 없는 주제도 연구하고 토론한다. '30% 규칙'은 각 부서가 연간 총 매출액의 30%를 최근 4년 이내에 내놓은 새로운 제품과 서비스로 달성해야 한다.

중소기업이 성장하면서 발생하는 여러 가지 문제점을 실용 트리즈를 활용하면, 연구개발에 따르는 여러 가지 문제점을 해결하고 혁신할 수 있다. 트리즈(TRIZ)는 발명문제해결 이론(Theory of Inventive Problem Solving)이라는 뜻의 러시아어 약자이다. 이 이론은 1946년 러시아의 알트슐러(G.S. Altshuller)에 의해 개발되었다. 기존의 알트슐러의 트리즈를 실용화한 실용 트리즈를 활용하여 중소기업의 연구개발 등의 문제해결에 활용하면 혁신에 도움이 될 것이다. 이는 지금까지 해왔던 것에 대해 '관점을 달리하여' 문제의 물리모순을 찾고, 문제를 재 정의하여 문제를 해결하는 방법이다. 중소기업이 더욱 성장하고 발전하기 위하여 기존의 방법에서 관점을 달리하여 문제를 재 정의하여 해결할 필요가 있다.

(6) 네크워크 전략

중소기업은 혼자 힘으로 성장하는 것은 한계가 있다. 중소기업은 다양한 기관에 회원으로 가입하여 네트워크로 연결되어 성장하는 전략이 필요하다. 먼저 벤처기업은 벤기업협회(www.venture.or.kr)에 가입할 수 있다. 업력이 3년이 지나면 이노비즈(Inno-Biz)인증을 받을 수 있으며, 동 인증을 받은 기업들의 협회인 중소기업기술혁신협회(www.innobiz.or.kr)에 가입하여 활동할 수 있다. 또한 업력 3년이 되면 경영혁신형(Main-Biz)인증을 받을 수 있으며, 동 인증을 받은 기업들의 협회인 한국경영혁신중소기업협회(www.mainbiz.co.kr)에 가입하여 활동할 수 있다. 네트워크의 구성 범위에 따라 기업 간 네트워크 (Inter-firmNetworks), 지역 네트워크(Regional Networks)와 클러스터(Cluster)로도 구분할 수 있다. 기업 간 네트워크는 혁신과 생산 효율성을 제고하여 경쟁력을 확보·유지·강화하기 위한 목적에서 구성된다. 지역 네트워크는 기업 간 네트워크에 지역 내 기업지원기관(연구소, 교육훈련기관, 대학, 지방정부 등)이 참여함으로써 구성된다. 지역 네트워크가 성공적으로 운영되기 위해서는 기초 과학기술, 정부 및 지원기관들의 제도적 지원, 지역 경제기반 및 수요 등 체계적이고 종합적인 여건이 조성될 필요가 있다. 클러스터는 일정 지역 내 연관기업과 기업서비스기관 및 지원기관 등이 집적하여 상호관계를 통해 고도의 경쟁력을 확보하는 네트워크로 볼 수 있다.

3-3 성숙기업 경영전략

중소기업이 창업하여 10년 정도 사업을 하고 있는 기업이라면 지속가능기업이 되기 위해서 사업 다각화전략이 필요하다. 사업의 전환과 구조고도화가 필요하며 기업을 금융시장에 상장하여 자금을 직접 조달하는 등 기업경영의 다각화가 필요한 시기이다.

(1) 사업전환 전략

중소기업의 사업전환이란 중소기업이 새로운 환경에 적응하면서 존속 또는 성장·발전하기 위하여 산업이나 업종의 변경, 주생산 품목의 교체, 경영의 다각화, 신사업분야 진출 등의 형태로 사업내용을 유동화하는 경영활동을 말한다. 기업이 경영상 어려움을 겪고 있거나 어려움이 예상되어 현재 영위하고 있는 사업에서 새로운 업종·품목의 사업으로 전환하는 전략이다. 「중소기업 사업전환촉진에 관한 특별법」을 활용하면 정부의 지원을 받을 수 있는 전략이다. 사업전환의 형태는 업종전환, 제품전환, 시장전환, 사업내용의 질적 전환, 경영형태의 전환이 있다. 또한 사업전환방법에는 전면전환, 부분전환 및 다각화의 방법이 있다. 중소기업은 기업 상황을 고려하여 사업전환의 형태와 사업전환방법을 선택하여 치밀하게 검토하여 진행하여야 성공할 수 있다. 중소기업의 성공적인 사업전환 요건은 우수하고 능력 있는 경영자, 전환에 대응할 기업역량, 전환하는 타이밍, 성장상품으로 전환 등의 요건이 있다고 하겠다.

이는 삼십육계의 21계 금선탈각(金蟬脫殼)의 전략이다. 금선탈각(金蟬脫殼)은 '매미가 허물을 벗듯 위기를 모면하다(원래의 모습을 그대로 놔두고 빠내라)'의 뜻이며 매미가 허물을 벗듯 성숙기의 기업도 위기를 극복하기 위해 다양한 활동을 하여야 한다. 그 중의 하나의 전략이 사업전환 전략인 것이다.

(2) 구조고도화 전략

중소기업의 구조고도화란 경제 여건의 변화에 따라 중소기업의 경영의 어려움을 해소하고 중소기업의 경쟁력을 높이기 위하여 사업규모, 경영기법 또는 생산방법을 개선하는 경영활동을 말한다. 중소기업이 성장하고 성숙한 기업이 되면 또 다른 변화가 필요하다. 구조고도화 전략은 개인사업의 법인 전환, 기업의 합병과 분할, 공동사업, 협업, 사업 전환,

사업장의 이전, 경영 합리화 등(「중소기업진흥에 관한 법률」 활용)이 필요하다. 조선·철강·화학 등 공급과잉분야 기업들은 사업재편을 실시하여 생산성을 향상시키고 경쟁력을 강화하기 위해 구조고도화 전략(「기업 활력 제고를 위한 특별법」 활용, 2016.8.13.부터 3년간)을 활용할 필요가 있다. 중소기업도 노동집약적 산업에서 기술을 바탕으로 한 기술집약적 산업으로의 변화가 필요하다. 또한 지금까지의 저가격·저임금·저부가가치제품의 생산에서 탈피할 필요가 있다. 이제 중소기업도 고가격·고부가가치제품을 추구하는 고도화 전략으로 성장할 필요가 있다. 또한 4차 산업혁명시대에 생존하기 위한 치열한 연구와 혁신이 필요한 것이다.

(3) 기업공개 전략

중소기업이 성장하게 되면 코넥스(KONEX)시장 및 코스닥(KOSDAQ)시장에 상장하는 기업공개도 필요하다. 코스닥 및 코넥스시장에 상장하여 투자한 투자자에게 투자금액의 회수 기회를 줄 뿐만 아니라, 기업은 기업체에 필요한 자금을 직접 조달할 수 있는 기회가 되는 것이다. 기업공개전략은 기업의 이미지제고와 자금을 금융시장에서 직접조달 할 수 있는 다양한 효과가 있다. 코넥스시장은 2013년 7월 1일 개장하였으며, 자본시장을 통한 초기 중소기업지원을 강화하기 위하여 새로이 개설한 중소기업전용 시장이다. 코넥스시장에 상장한 법인에 대해 코스닥시장 이전 상장 시 심사요건 특례가 있다. 따라서 코스닥시장에 상장하고자 하는 중소기업은 먼저 코넥스시장에 상장한 후에 코스닥시장으로 상장하는 방법을 활용하면 좋을 것이다. 코스닥시장은 1996년 7월 1일 개장하였으며, 유망 중소기업에게 직접금융의 이용기회를 부여하기 위하여 개설하였다. 코스닥시장에 상장하는 방법도 일반기업, 벤처기업 및 기술기업으로 상장하는 여러 방법이 있다. 따라서 중소기업 현황을 잘 분석하고 필요하면 전문가의 도움을 받아서 회사 현황에 맞는 상장방법을 활용하여 상장하면 될 것이다.

3-4 재도약기 전략

중소기업을 창업하여 20년 이상 사업을 하게 되면, 다양한 환경에 직면하게 된다. 중소기업이 크게 성장하여 중견기업으로 성장할 수도 있고, 성장을 위해 인수합병이 필요한 시기이기도 한 때이다. 또한 창업자가 나이가 많을 경우에는 가업을 승계하는 것도 미리 준비하여 세금문제 등의 어려움이 없도록 준비하여야 한다.

(1) 인수.합병 전략

중소기업이 신성장 도구 및 경제위기 돌파 도구로서 M&A를 활용할 수 있다. 즉 외적 성장을 위해서는 기업인수, 기업합병, 합작투자 등이 필요하다. 기업경영은 지속성장이 목적이며 이를 위해서는 기업의 인수·합병전략이 필요하다. 또한 기업의 영업적인 필요성을 위해서도 M&A가 필요하다. 인수·합병전략의 장점은 ① 신규 사업에 투자하여 시장에 진입 하는 것 보다 신규시장 진입에 따른 시간을 단축해 준다, ② 신규 시장진입 시 진입 장벽을 극복하고 기존업체와 마찰을 회피해 준다, ③ 동종 업종 간의 수평적 M&A를 통해 생산규모를 확대하고 생산설비 효율의 상승으로 규모의 경제효과를 이룬다, ④ M&A를 통한 기업규모의 대형화와 기업자원 이용의 집중화로 시장지배력이 증대되는 장점이 있다. 또한 중소기업의 M&A는 사업다각화를 이루고 현금흐름을 원활히 하여, 급격한 경제 환경 변화에 적응하여 위험분산의 효과가 있다. 기업규모의 대형화로 인한 위험분산효과로 신용도가 높아지고, 금융기관의 자금조달 능력이 확대 되는 효과가 있다. 아울러 적자기업과 흑자기업이 합병을 함으로써 조세절감이 가능한 효과도 있다. 따라서 재도약기의 중소기업은 철저한 기업분석과 사업 환경을 분석하여 전략적으로 인수·합병을 추진할 필요가 있다.

(2) 중견기업으로 성장전략

우리나라에서 중견기업은 「중견기업 성장촉진 및 경쟁력 강화에 관한 특별법」 제2조에서 중견기업을 정의하고 있다. 중견기업의 규모 또는 독립성 기준을 충족하면서, 아래 6가지 제외기준을 모두 충족하면 중견기업이라고 정의할 수 있다. ①중소기업이 아닐 것, ②공공기관이 아닐 것, ③상호출자제한기업집단 또는 채무보증제한기업집단이 아닐 것, ④자산총액 5조원 이상인 기업 또는 법인(외국법인 포함)이 주식 등의 30% 이상을 직·간접적으로 소유하면서 최다출자자인 기업이 아닐 것, ⑤금융업, 보험 및 연금업, 금융 및 보험관련 서비스업을 영위하는 기업이 아닐 것, ⑥민법에 따라 설립된 비영리법인이 아닐 것 등이다. 중소기업에서 중견기업으로 성장하는 전략은 다음과 같다. 첫째, 중소기업이 중견기업으로 성장하기 위해서는 근본적으로 경영과 제도의 혁신이 필요하다. 둘째, 꾸준하고 집중적인 R&D투자로 히든챔피언으로 거듭나야 한다. 셋째, 글로벌화이다. 세계화는 중소기업을 성장으로 이끄는 가장 중요한 원동력이다. 세계화는 좁은 시장을 넓게 만든다. 세계라는 시장규모는 규모의 경제를 실현하게 해 준다. 넷째, 성장단계에 따른 유연한 경영전략의 수립 및 시행이다.

(3) 가업승계전략

성공적인 가업승계를 위해서는 '가업승계 성공플랜'을 수립하여 장기적으로 시행해야 한다. 성공적인 가업승계를 위해서는 장기적인 계획과 실행, 세법에 대한 세밀한 검토와 적용, 의무사항을 지키는 노력 등이 필요하다. 그야말로 기본에 충실한 자세가 필요하다. 기업은 사람이다. 가업승계에 있어서도 경영후계자를 잘 선정하는 것이 중요하다. 가업승계 시 절세방안과 대비책을 잘 마련해야 한다. 상속세 및 증여세 과세표준에 따르면 30억 원을 초과하는 경우 50%의 세율이 적용돼 높은 조세를 부담해야 한다. 실제로 세무준비가 제대로 되어 있지 않은 채 CEO가 갑작스럽게 사망해 부족한 상속세 납부재원으로 비상장주식 및 부동산 등의 상속재산을 처분하거나 물납하는 과정에서 재산상의 손실을 입은 경우가 있다. 현재 상속세 및 증여세법에서는 피상속인의 가업 영위 기간이 10년 이상인 중소기업의 가업상속 주식에 대해 200억 원에서 최대 500억 원까지 가업상속공제를 적용하고 있다. 조세특례제한법에서는 가업승계 목적의 증여주식에 대해 5억 원에서 최대 100억 원까지 10%~20%의 저율과세를 적용하고 있다. 마지막으로 검토할 것은 가업상속공제 후 지켜야 할 의무사항이다. 가업상속공제를 받은 기업은 상속개시 후 10년간 사후의무를 이행해야 한다. 상속을 받은 뒤 가업용 자산의 20%(5년 이내 10%) 이상을 처분하면 위반사유에 해당한다. 기업주들이 가장 곤란해 하는 부분은 고용유지 의무인데, 가업상속공제를 받은 기업은 매년 기준고용인원의 80% 이상을 고용해야 한다. 따라서 성공적인 가업승계를 위해서는 장기적인 관점에서 계획을 수립하여 치밀하게 준비하고 실행하여야 한다. 또한 세법에 대해 세밀하게 검토하여 세금을 절약하는 방법을 검토하여하며, 가업승계 이후 의무사항을 지키는 노력이 필요하다. 그야말로 기본에 충실한 자세가 필요하다.

제4절 기업환경 및 경쟁력에 따른 중소기업 경영전략

중소기업의 성장단계에 따른 경영전략을 살펴보았다. 그러나 성장단계라 하더라고 업종과 기업환경에 따라 전략을 달리 해야 할 경우가 있다. 창업초기라도 사업을 철수해야 할 경우가 있고, 사업을 전환해야 할 경우가 있다. 사업초기라 하더라도 우리의 비즈니스모델이 혁신적이거나 기술이 혁신적이면 세상을 바꾸는 전략으로 승부해야 되는 것이다. 탁월한 비즈니스모델이라면 수익창출이 아니라 회원을 확보하는 전략을 수립하여 시행할 수 있다. 특히 플랫폼사업의 경우 단기간의 수익을 창출하는 목적보다 사용자를 많이 확보하는 전략을 수립해야 할 것이다. 아래에서는 이러한 다양한 중소기업 환경에 적응하기 위한 경영전략을 살펴보고자 한다.

〈기업환경 및 경쟁력에 따른 중소기업 경영전략〉

구분	환경·경쟁력 매우 양호	환경·경쟁력 양호	환경·경쟁력 보통	환경·경쟁력 열악	환경·경쟁력 매우 열악
전략 목표	세상 선도전략	판을 바꾸는 전략	혁신전략	적응·생존전략	철수전략
경영 전략	선도전략 독점전략 매도전략	글로벌전략 블루오션전략 양손잡이전략 플랫폼전략	네트워크전략 차별화전략 블루오션 시프트 (관점을 다르게)	적응력 향상전략 (모방전략) 사업전환전략 매도전략	철수전략

4-1 선도자 전략 (세상을 바꾸는 전략)

중소기업의 경영환경과 경쟁력이 매우 양호한 경우의 경영전략이다. 마틴 리브스(Martin Reeves)가 말하는 환경예측이 가능하고, 변형도 가능(예지적 Visionary 환경)할 때와 비슷한 환경에 중소기업이 있다면 선도자(세상을 바꾸는 전략)전략을 실행하면 된다. 세상을 바꾸는 전략으로는 독점전략을 실행할 수 있다. 페이팔(Paypal)의 공동창업자 피터 털(Peter Thiel)이 말하는 세상에 없는 0에서 새로운 것 1을 창조하였다면, 독점전략을 활용하면 될 것이다. 애플의 스티브 잡스는 세상을 바꾸는 새로운 제품을 개발하여 소비자를 선도해 나가는 선도자 전략을 구사하였다. 중소기업이 이러한 전략을 사용할 정도의 상황이 되기는 실로 쉽지 않는 것이다. 그러나 노력해 보자. 삼십육계 중 제7계 무중생유(無中生有)의 전략을 음미해 보자. 지혜로운 자는 무에서 유를 창조한다. 히든챔피언으로 거듭나고 있는 강소기업과 중견기업은 이러한 독점전략을 구사하면 될 것이다. 또한 독창적이고 획기적인 특허기술과 비즈지스 모델을 갖고 있는 스타트업의 경우 기업가치를 높게 받고 대기업이나 글로벌 기업에 매도하는 것도 하나의 전략이 될 수 있다.

4-2 판을 바꾸는 전략

중소기업 경영환경과 경쟁력이 양호한 경우의 경영전략이다. 마틴 리브스(Martin Reeves)가 말하는 환경예측은 어려우나, 변형이 가능(개척형 Shaping 환경)한 환경에 중소기업이 있다면 조정자의 역할(판을 바꾸는 전략)을 수행하는 전략을 실행할 수 있다. 이러한 때에는 글로벌전략, 블루오션전략, 플랫폼전략, 양손잡이 전략을 실행할 수 있다. 드러커는 혁신의 가장 큰 걸림돌은 기존사업이라고 하였다. 따라서 중소기업의 경영환경과 경쟁력이 양호할 때 기존제품과 획기적으로 다른 제품을 연구·개발하여 판매하여야 한다. 새로운 제품이 기존제품을 파괴하는 창조적 파괴가 필요한 때이다.

중소기업 경영환경과 경쟁력이 양호할 경우 마이클 포터의 집중전략과 차별화전략을 구사하여 경쟁업체와의 차별화로 경쟁력을 더욱 강화해 나가야 할 것이다. 또한 블루오션 전략을 수립하여 관점을 바꾸어 시장을 더욱 확대해 나가는 전략을 시행하는 것이다. ㈜셀트리온 처럼 바이오 시밀러 (복제약)분야를 개척하여 세계 최고의 기업으로 성장 할 수 있다. 또한 ㈜정식품은 콩에서 우유 못지않게 단백질이 풍부한 제품인 두유(베지밀)를 개발하여 대박을 터 뜨렸다. 우리나라 중소기업도 아마존(Amazon), 페이스북(Facebook), 유투브(YouTube)처럼 플랫폼(platform)을 제공하여 경쟁의 판을 바꾸면서 성공하는 전략을 구사할 수 있다. 또한 기존의 사업이 성공하고 있을 때 새로운 신규제품을 개발하여 출시해나가는 양손잡이 전략을 수립하여 시행할 수 있다. 아울러 패러다임 전환전략을 시행할 수 있다. 새로운 패러다임으로 게임의 룰을 바꾸어 경쟁에서 승리하는 것이다.

4-3 환경과 경쟁력 혁신전략

중소기업 경영환경과 경쟁력이 보통인 경우의 경영전략이다. 이러한 환경의 중소기업은 혁신하지 않으면 안 된다. 이러한 상황의 중소기업은 네트워크전략, 차별화전략, 블루오션 시프트(관점을 다르게)을 시행하여야 한다. 중소기업은 관련 및 이업종의 기업가의 교류를 통하여 성장 동력을 찾아야하며, 차별화할 핵심역량을 강화하여야 한다. 지금의 사업에 대해 제품과 소비자에 대한 관점을 다르게 바라보는 시장창조 전략이 필요한 상황이다. 손자병법 제5편 병세(兵勢)에 나오는 기정전략(奇正戰略)을 실행할 수 있다. 전투는 정석으로 대적하고 변칙으로 승리한다. 전군이 적과 싸울 때 패하지 않는 것은 변칙공격과 정공법이다. 즉, 정(正)으로 맞서고 기(奇)로 승리해야 하는 것이다. 생존하기 위한 중소기업의 전략은 실로 눈물겨운 것이다. 정상적인 방법으로 경쟁업체와 대기업에 이기기 어려우면, 이길 수 있는 혁신적인 기술과 제품을 개발하거나 생산해야 되는 것이다. 거대한 기업에 정공법으로 대응할 수 없다. 우리의 핵심역량을 키워서 불시에 시장을 공략해야 되는 것이다. 기업의 낭비를 최소화 시키는 효율화전략, 도요타 생산방식 등을 벤치마킹하여 생산시스템을 개혁하여 최적화 시키는 전략을 수립하고 시행해야 생존할 수 있다. 또한 이익이 발생하는 부분에 집중하는 시간단축전략을 수립하여 시행하여야 할 것이다.

4-4 환경 적응 및 생존전략

중소기업 경영환경과 경쟁력이 열악한 경우의 경영전략이다. 이러한 환경의 중소기업은 적응력 향상전략과 모방전략(벤치마킹)으로 생존하는 전략을 실행해야 한다. 또한 이러한 환경의 중소기업은 사업전환전략, 매도전략을 수립하여 시행할 필요가 있다. 손자병법 제7편 군쟁(軍爭)에 나오는 우직지계(迂直之計)를 활용할 수 있다. 승리를 위한 핵심과제, 우직지계로 상대의 방심을 유도할 수 있다. 열악한 환경의 중소기업은 대기업과 강소기업이 하는 전략을 실행할 수 없다. 따라서 이러한 어려운 환경의 중소기업은 적응력 향상전략과 모방전략(벤치마킹), 사업전환전략 등으로 경쟁력을 향상시키는 전략을 실행하여야 생존이 기약되는 것이다. 또한 중소기업은 란체스터 제1법칙인 일대일의 대응이 필요하다. 양 집단이 서로를 바라보고 있는 전장에서 병력이 적은 쪽은 일대일의 전투를 하는 것이 유리하고, 병력이 많은 쪽은 집중효과를 일으킬 수 있는 전투를 하는 것이 훨씬 유리하다. 따라서 대기업은 집중전략으로 마케팅을 하면 유리하나, 중소기업은 고객과의 개인적인 관계를 강화하는 등 일대일 대응을 긴밀히 하는 전략이 필요하다. 약자인 중소기업이 생존하기 위해서는 란체스터 제1법칙을 활용하여 끈질긴 게릴라전법으로 버티는 것이 중요하다. 끝까지 견디는 자가 살아남고, 살아남아야 성장할 수 있는 것이다.

4-5 사업철수 전략

중소기업 경영환경과 경쟁력이 매우 열악한 경우의 경영전략이다. 중소기업의 환경이 매우 열악하여 사업을 지속하기 어려운 상황이면 사업철수도 전략이다. 삼십육계의 주위상(走爲上) 전략을 쓸 수 밖에 없다. 도망가는 것이 상책이다. 사업을 철수하는 것도 전략이다. 소비자가 없는 제품은 철수하는 것이 상책이다. 사업철수는 창업할 때도 필요하다. 창업 아이템에 대한 시장조사를 면밀히 하여 시장성이 없으면, 과감하게 창업을 포기하는 것이 종자돈을 지키는 방안일 수 도 있다.

〈참고1〉 전략의 고전(古典)

1. 손자병법

(1) 손자병법(孫子兵法)의 개요

중국 춘추· 전국시대의 전쟁이 손무(孫武)의 『손자병법』 을 탄생시켰다. 춘추시대 오나라 왕 합려를 섬기던 손무(孫武)의 저작으로 여겨진다. 현존하는 판본은 제1편 시계편부터 제13편 용간편까지 13편으로 구성되어 있으며, 약 6,109여자로 짧지만 주옥같은 내용으로 구성되어있는 병법이다.

(2) 손자병법(孫子兵法)의 내용

손자병법은 1. 시계 2. 작전 3. 모공 4. 군형 5. 병세 6. 허실 7. 군쟁 8. 구변 9. 행군 10. 지형 11. 구지 12. 화공 13. 용간 등 13편으로 구성되어 있다.

제1편 시계(始計) : 시작단계의 계산, 사전에 정확하게 예측하라.
제2편 작전(作戰) : 전쟁의 이해. 속전속결로 조기 수습을 노려라.
제3편 모공(謀攻) : 공격의 전략. 싸우지 않고 이기는 것이 최선의 승리이다.
제4편 군형(軍形) : 군대의 형세. 불패의 태세로 자연스러운 승리를 지향하라.
제5편 병세(兵勢) : 군대의 기세. 집단의 힘을 발휘하여 기세를 타라.
제6편 허실(虛實) : 전장의 허와 실. 주도권을 쥐고 변화무쌍하게 싸워라.
제7편 군쟁(軍爭) : 군대의 전투. 우직지계로 상대의 방심을 유도하라.
제8편 구변(九變) : 전장의 다양한 변화. 종합적으로 판단하여 임기응변으로 대응하라.
제9편 행군(行軍) : 병력의 운용. 작전 행동의 마음가짐과 적정 탐색의 비결을 갖춰라.
제10편 지형(地形) : 전장의 지형적 특성. 지형을 장악하고 부하의 통솔에 신경을 써라.
제11편 구지(九地) : 당양한 전장환경과 대응전술. 부하의 의욕과 집단의 힘을 이끌어내라.
제12편 화공(火攻) : 화력공격. 신중한 태도로 전쟁 목적을 달성하라.
제13편 용간(用間) : 첩보원의 활용. 정보 수집·모략 활동에 힘을 들여라.

포지셔닝 중시전략 : 제1편 시계(始計), 시계편(始計編)에서는 묘산(廟算, 전쟁을 시작하기 전에 적군과 아군의 상황을 분석· 비교하는 일)을 중시하였다. 손무는 전략 포지셔닝을 중시하였고, 묘산을 중시했기 때문에 질 싸움은 결코 하지 않았다. 그래서 백전백승! 손무는 싸우지 않고 적을 굴복시키는 것을 최선의 계책으로 보았다. 따라서 전쟁을 할 때에는 적이 힘들어지는 곳을 공격하고, 상대방의 강점이 발현될 수 없는 곳에서 승부하였다.

전승전략(全勝戰略) : 제3편 모공(謀攻) , 싸우지 않고 이기는 전략. 싸우서 이기는 것이 최고가 아니다. 싸우지 않고 적을 굴복시키는 것이 최선이다. 그러므로 최상의 전쟁은 적의 모략을 부수는 것(벌모伐謀)이고, 그 다음이 외교관계를 무너뜨리는 것(벌교伐交)이고, 그 다음이 군사력을 파괴하는 것(벌병伐兵)이며, 최하의 방법이 요새를 공격하는 것(공성攻城)이다.

기정전략(奇正戰略) : 제5편 병세(兵勢) , 전투는 정석으로 대적하고 변칙으로 승리한다. 전군이 적과 싸울 때 패하지 않는 것은 변칙공격과 정공법이다. 모든 전략은 위계이다. 정(正)으로 맞서고 기(奇)로 승리하라.

허실전략(虛實戰略): 제6편 허실(虛實), 상대방의 허를 찾고, 상대방의 실을 허로 만들어 공격하는 전략이다. 끌려 다니지 말고, 판을 이끌어라. 판을 흔들고, 판을 갈아 치워라. 손자는 또 '물이 항상 높은 곳을 피하고 낮은 곳을 찾아 흐르듯, 승자는 적의 실(實)을 피하고 허(虛)를 찾아서 공격 한다'고 했다. 이를 '허실 전략'이라고 할 수 있다. '적을 끌고 다니지 끌려 다니지 않는다'고 한 것도 같은 의미다. 세계 휴대폰 회사들이 선두주자인 노키아를 추월하려고 애를 쓸 때, 애플이 스마트폰으로 판을 뒤집어 버린 것이 허실 전략의 한 사례다.

우직지계(迂直之計) : 제7편 군쟁(軍爭), 승리를 위한 핵심과제, 우직지계로 상대의 방심을 유도하라. 군대의 전투에서 어려운 점은 우회하면서 직진하는 것처럼 하고, 어려움을 이익으로 바꾸는 것이다. 따라서 군대의 운행은 그 빠르기가 질풍(風)과 같고, 그 느리기가 숲(林)과 같고, 침략은 불(火) 같으며, 멈추면 산(山)과 같고, 알아내기 어려움은 침묵과 같고, 움직임은 번개와 천둥과 같다.

2. 클라우제비츠의 『전쟁론』

(1) 전쟁론의 개요

『전쟁론』은 나폴레옹 시대의 탁월한 전략가이자 서양에서는 최초의 군사 사상가, 철학자로 꼽히는 카를 폰 클라우제비츠(Carl von Clausewitz)가 쓴 책이다. 클라우제비츠는 12살에 군대에 입대, 13살에 마인츠에서 최초의 전투를 경험하였으며, 15살에 소위로 임관하였다. 21살에 베를린 군사학교에 입학하여 23살에 졸업하고, 1806년 아우어슈테르 전투에서 포로가 되어 1807년 11월에 귀환, 쾨니히스베르크에서 프로이센 군대의 개혁과 저술활동에 몰두하였다. 1812년 프랑스에 대항하기 위해 러시아 군대에 들어갔다가 1814년에 프로이센으로 복귀하였으며, 이듬해 제3군단의 참모장이 되었다. 전쟁이 끝난 후 3년간 코브렌츠의 참모장으로 근무하다가 1818년부터 12년간 베를린의 군사학교 교장으로 근무하였다. 육국대학의 교장과 포병감 등을 지내면서 『전쟁론』의 집필을 시작하였지만 완성을 보지 못하고 1831년 유행한 콜레라에 걸려 51세라는 젊은 나이에 사망했습니다. 『전쟁론』은 클라우제비츠 사후 그의 부인 마리 폰 브륄의 주도로 미완의 초고를 보완하여 1832년 발간하게 되었다.

(2) 전쟁론의 내용

독일판 원전은 모두 세권으로 되어있는데 제1권은 제1편 전쟁의 본질, 제2편 전쟁이론, 제3편 전략일반, 제4편 전투이다. 제2권은 제5편 전투력, 제6편 방어로 구성되어있다. 제3권은 제7편 공격, 제8편 전쟁계획으로 구성되어 있다.

『전쟁론』은 나폴레옹 보나파르트시대의 전법을 학문적으로 일반화한 것으로 평가받는다. 이 책에서 강조한 것은 '중심(center of gravity)'의 개념이다. 그리하여 "(쓸데없는 곳을 치는데 전력을 낭비하지 말고) 모든 전력을 집중하여 적의 중심을 유린해야 승리를 얻을 수 있다"는 어찌 보면 너무나 당연하고도 명백한 사실을 강조했다. 19세기 클라우제비츠는 적의 철저한 파괴를 최고의 승리로 간주하고 있다. "군사력의 파괴, 영토의 점령, 나아가 의지력 분쇄가 최상의 승리다." 클라우제비츠의 『전쟁론』은 극한적인 전면전(total war)을 예고한다. 『전쟁론』은 '파괴와 승리'를 노리며, 철저히 군사적이다.

클라우제비츠는 '전쟁은 확대된 양자 결투에 지나지 않으며, 우리의 의지를 실현하기 위해 적에게 굴복을 강요하는 폭력 행위다'라고 분석적으로 정의하였다.

클레우제비츠는 전쟁은 삼중성을 띈다고 했다. "첫째, 전쟁의 요소인 증오와 적대감의 원초적 폭력성인데, 이는 맹목적 본능과 같다. 둘째, 개연성과 우연성의 도박인데 이것은 전쟁을 자유로운 정신활동으로 믿는다. 셋째, 정치적 도구라는 종속성인데 이로 말미암아 전쟁은 순수한 이성의 영역에 속하게 된다." 전쟁은 전략과 전술 그리고 작전은 상대가 예측하지 못해야 성공 가능성이 높다는 점에서 양측 지휘부의 치열한 머리싸움에 승패가 달렸다고 하겠다.

클라우제비츠는 전쟁을 기술이나 학문의 영역이 아니라 사람들이 서로 부딪히면서 사는 사회생활의 영역에 속한다고 보았다. 즉 전쟁은 이론에 따라 전개되지 않으며 현장성과 의외성이 중요하다는 점을 지적한 것이다.

흔히 전쟁의 성패는 공격을 잘하는 것에 달려있다고 생각하기 쉽지만 클라우제비츠는 특히 방어의 중요성도 상세하게 설명한다. 만약 방어와 공격이 같은 수단을 가지고 있다면, 방어가 공격보다 더 쉽다는 것이다. 이 개념은 프로이센이 치룬 7년 전쟁에서 얻은 것 같다. 일반적으로 방어는 전력이 모자란 쪽이 취하는 전략이라고 보지만, 전력의 변화에 따라 방어에서 공격으로 신속하게 전환하여 국면을 바꿀 수 있어야하기 때문이다.

클라우제비츠는 전쟁에서 정신적 요소의 중요성을 처음 제창했다. 전쟁이론의 경계를 정신의 영역으로까지 넓힌 셈이다. 전투에서 중요한 요소가 되는 정신력으로는 최고지휘관의 재능과 군대의 무력 그리고 군대의 민족정신을 들었다. 여기에서 군대의 무력이라 함은 병사들의 용맹성을 이르는데, 때로 무분별하게 행동하고 힘을 과시하려는 충동이 잠재되어 있는 일반적으로 타고나는 용맹성과는 달리 습관과 훈련을 통하여 체득하는 것으로, 스스로 복종이나 규율, 규칙이나 방법이라는 고차원적인 요구에 따를 수 있는 것이어야 한다.

결론적으로 클라우제비츠의 『전쟁론』은 싸우면 반드시 이기는 전략을 주장하였다. 즉 집중화전략(총력전략)을 구사하며, 적의 힘의 중심(COV, Center of Gravity)을 찾아서 철저히 파괴하는 전략을 구사할 것을 주장하였다.

3. 란체스터법칙

(1) 란체스터법칙의 개요

영국의 항공 공학자였던 프레러릭 W. 란체스터(Frederick W. Lancheser)가 과거의 전쟁을 분석해 이끌어낸 군사 법칙이다. 전쟁에서 승리하기 위한 과학적 법칙이다. 제1차 세계대전은 '란체스터 법칙'을 탄생시켰다. 란체스터(Fredrick W. Lanchester)는 1868년생 영국 출신의 발명가, 엔지니어, 항공학자이다. 노년에 들어 항공학에 대해 심각하게 연구하던 란체스터는, 세계1차대전의 항공대전 기록에 대해 일련의 아이디어를 학계에 발표하게 되는데, 이를 정립한 것을 란체스터의 법칙이라고 부른다.

(2) 란체스터법칙의 내용

란체스터법칙은 강자가 승리하기 위해 압도적 우세를 바탕으로 속전속결을 치러야하는 이유와, 약자가 승리하기 위해 끈질긴 게릴라로 버티는 것이 중요한 이유에 대한 해답이 될 만큼, 현대 사회에서도 다양한 분야에서 활용되고 있는 법칙입니다

란체스터 제1법칙(일대일의 법칙) : 한 명이 한 명하고 만 싸울 수 있다면, 수가 많은 쪽이 그 차이만큼 앞서며 승리한다. 전투결과는 병력 차이에 비례한다.

란체스터 제2법칙(집중효과의 법칙) : 한 명이 복수의 상대와 싸울 수 있다면, 전력은 그 수의 제곱에 비례 한다. (예: 7대 비행기 : 5대 비행기 = 7의 제곱 : 5의 제곱 = 4: 0)

고급전투의 전투결과는 병력 차이의 제곱에 비례한다. 전쟁에서 사용하는 무기가 더욱 발전해서 사거리가 늘어나고, 그로 인해 목표를 선택적으로 제거할 수 있는 고수준의 전투에서는, 란체스터 1법칙에 적용받던 전투에 비해 더욱 놀라운 전투결과가 도출된다. 항공전 등 수준이 높은 전투의 결과는 양측의 수 차이의 제곱에 비례한다.

수리모델이 밝혀낸 약자의 전략과 강자의 전략이 란체스터법칙을 응용한 전략이다. 양 집단이 서로를 바라보고 있는 전장에서 병력이 적은 쪽은 일대일의 전투를 하는 것이 유리하고, 병력이 많은 쪽은 집중효과를 일으킬 수 있는 전투를 하는 것이 훨씬 유리하다. 따라서 대기업은 집중전략으로 마케팅을 하면 유리하나, 중소기업은 고객과의 개인적인 관계를 강화하는 등 일대일 대응을 긴밀히 하는 전략이 효과적이다.

4. 삼십육계

(1) 삼십육계의 개요

사서(史書)에 의하면 단공삼십육책(檀公三十六策)이라는 명칭이 등장하는데, 이것이 바로 삼십육계의 원형으로 추정 된다. 삼십육계는 손자병법, 오자병법 등 다른 병법서와 달리 전술수준의 임기응변만 제시하고 있다.

(2) 삼십육계 내용

삼십육계는 총설과 승전계, 적전계, 공전계, 혼전계, 병전계, 패전계 모두 6편으로 구성되어 있다. 전반 3개편은 아군이 유리할 때, 후반 3개편은 불리할 때의 전술이다. 각 편은 각각 6개 계책을 포함하고 있어서 모두 36개의 계책이 된다.

(3) 삼십육계 항목

① 승전계(勝戰計) : 승리하고 있는 전투에서의 계책.
1계 : 만천과해(瞞天過海) : 하늘을 가리고 바다를 건넌다.
2계 : 위위구조(圍魏救趙) : 위나라를 포위하여 조나라를 구한다.
3계 : 차도살인(借刀殺人) : 남의 칼로 사람을 해친다.
4계 : 이일대로(以逸待勞) : 편안하게 있으면서 적이 피로 해질 때까지 기다린다.
5계 : 진화타겁(進火打劫) : 상대의 위기를 틈타 공격한다.
6계 : 성동격서(聲東擊西) : 동쪽에서 소리 지르고 서쪽으로 공격한다.

② 적전계(敵戰計) : 대적하기 위한 계책.
7계 : 무중생유(無中生有) : 지혜로운 자는 무에서 유를 창조한다.
8계 : 암도진창(暗渡陳倉) : 기습과 정면공격을 함께 구사한다. (우회작전을 취하라)
9계 : 격안관화(隔岸觀火) : 적의 위기는 강 건너 불 보듯 한다.
10계 : 소리장도(笑裏藏刀) : 웃음으면서 안으로 칼을 숨긴다. (적을 방심시켜라)
11계 : 이대도강(李代桃彊) : 복숭아를 위하여 자두를 버린다.
12계 : 순수견양(順手牽羊) : 기회를 틈타 양을 슬쩍 끌로 간다.

③ 공전계(攻戰計) : 전투에서 공격하기 위한 계책

13계 : 타초경사(打草驚蛇) : 풀을 두드려 뱀을 놀라게 한다.

14계 : 차시환혼(借屍還魂) : 시체를 빌려 혼을 불어 넣는다. (무엇이나 이용하라)

15계 : 조호리산(調虎離山) : 호랑이를 산 속에서 유인해 낸다.

16계 : 욕금고종(欲擒姑縱) : 큰 것을 얻기 위해 작은 것을 풀어 준다.

17계 : 포전인옥(抛磚引玉) : 돌을 던져서 구슬을 얻는다. (새우를 미끼로 도미를 잡아라)

18계 : 금적금왕(擒賊擒王) : 적을 잡으려면 먼저 임금을 잡으라.(적의 요점을 공략하라)

④ 혼전계(混戰計) : 혼란스러운 전투에서의 계책

19계 : 부저추신(釜底抽新) : 가마솥 밑에서 장작을 빼내다.(적의 기세를 꺾으라)

20계 : 혼수모어(混水模魚) : 물을 흐려 놓고 고기를 잡는다.(혼란을 틈타 쳐들어가라)

21계 : 금선탈각(金蟬脫殼) : 매미가 허물을 벗듯 위기를 모면하다.

22계 : 관문착적(關門捉賊) : 문을 잠그고 도적을 잡는다.

23계 : 원교근공(遠交近攻) : 멀리 있는 자와 동맹을 맺고 가까이 있는 자를 공격한다.

24계 : 가도벌괵(假途伐虢) : 길을 빌려 괵나라를 치다.(약소국의 약점을 찔러라)

⑤ 병전계(倂戰計) : 우군과 같이 하는 전략

25계 : 투량환주(偸梁換柱) : 대들보를 빼다가 기둥으로 바꾸다.(주력을 바꾸라)

26계 : 지상매괴(指桑罵槐) : 뽕나무를 가리키며 회나무를 꾸짖는다.

27계 : 가치부전(假痴不癲) : 바보인 척은 해도 미친 척하지 않는다.

28계 : 상옥추제(上屋抽弟) : 지붕위로 유인한 뒤 사다리를 치우다.

29계 : 수상개화(樹上開花) : 나무 위에 꽃을 피운다.(위세 있게 보여라)

30계 : 반객위주(反客爲主): 손님이 주인으로 바뀌다.(주객을 전도시켜라)

⑥ 패전계(敗戰計) : 패하는 전투에서의 계책

31계 : 미인계(美人計) : 미녀를 이용하여 적을 대한다.

32계 : 공성계(空城計) : 빈 성으로 유인해 미궁에 빠뜨린다.

33계 : 반간계(反間計) : 적의 첩자를 역이용한다.

34계 : 고육계(苦肉計) : 내 몸을 상하게 하여 거짓을 진짜로 믿게 하라.

35계 : 연환계(連環計) : 여러 가지 계책을 연결시킨다.

36계 : 주위상(走爲上) : 도망가는 것이 상책이다. (때로는 전략상 후퇴도 필요하다)

5. 손정의 제곱법칙

(1) 손정의 제곱법칙의 개요

손정의(孫正義·일본명 손마사요시) 일본 소프트뱅크 사장은 손자병법을 중심으로 한 경영전략을 짜 창업 36년 만에 일본 최고이자 세계적 경영인으로 우뚝 섰다. 그는 손자병법을 자신의 경영 전략과 접목해 가로 5자, 세로 5자, 총 25자로 이루어진 '제곱법칙'을 만들었다.

손정의 소프트뱅크 회장이 손자병법과 자신이 창안한 글자를 조합하여 25문자로 만든 경영전략이다. 신규 사업에 도전할 때나 새로운 프로젝트를 시작할 때 등 이전과 다른 국면이나 분기점을 맞이할 때마다 항상 이 25문자를 머릿속에 떠올리고 끝임 없이 자문자답하며 검토했다고 한다. 그리고 자신이 나아가야 할 길을 판단했다고 한다.

(2) 손정의 제곱법칙의 내용

① 도천지장법(道天地將法): 큰 뜻을 세우는 통찰. 손자병법 제1편 시계편에 나오는 말. 도(道: 먼저 뜻을 세워라), 천(天: 천시를 얻어라), 지(地:지리를 얻어라), 장(將: 우수한 부하를 모아라), 법(法: 지속적으로 승리하는 시스템을 만들어라). 경영전선에서 이기기 위한 바른 길(道)은, 하늘(天)의 때와 땅(地)의 이점, 그리고 훌륭한 리더(將)가 있어 법(法)과 규율이 엄정할 때 올바른 뜻을 이루어 나갈 수 있다는 것이다.

② 정정략칠투(頂情略七鬪) : 비전을 가다듬는 안목.
정(頂: 비전을 선명하게 그려라), 정(情: 정보를 철저히 모아라), 략(略: 죽을힘을 다해 전략을 궁리하라), 칠(七: 70퍼센트의 승산이 있는지 파악하라), 투(鬪: 자신의 힘으로 싸워서 일을 이루어라). '모든 사안을 가장 높은 곳에 올라 멀리 보고 세부적인 것까지 꼼꼼하게 점검한 뒤 승률이 70%를 넘을 때 싸움에 임한다'는 뜻이다. '70% 승산'은 손 사장의 신(新)사업 진출 원칙으로 유명하다.

③ 일류공수군 (一流攻守群): 이기기 위한 전략
일(一: 철저히 1등에 집착하라), 류(流: 시대의 흐름을 타라, 시대의 흐름을 거스르지 마라),

공(攻: 온갖 공격력을 단련하라), 수(守: 온갖 리스크에 대비하라), 군(群: 단일 브랜드, 단일 비즈니스로 승부하지 마라). 손 사장 경영관의 정수로 평가받는다. 철저히 1등에 집중하고 시대의 흐름을 재빨리 읽고 행동하며, 다양한 공격력을 단련하고, 온갖 리스크에 대비해 수비력을 갖춘 뒤 단독이 아닌 집단으로 싸운다는 의미다.

④ 지신인용엄(智信仁勇嚴) : 진정한 리더의 소양. 손자병법 제1편 시계편에 나오는 말.
지(智: 지적 능력을 골고루 높은 수준으로 갈고 닦아라), 신(信: 신뢰할 만한 인물이 되라), 인(仁: 사람들의 행복을 위해서 일하라), 용(勇: 싸우는 용기와 퇴각하는 용기를 함께 가져라), 엄(嚴: 사랑하는 부하에게도 때로는 엄격해져라). 리더가 꼭 갖춰야 할 덕목 다섯 가지를 의미한다. '지혜, 신의, 어짐, 용기, 엄격함'으로 리더는 올바른 판단을 하고, 동료들과의 신의를 지키고, 인자한 성품으로 조직을 감동시키고, 위기에 앞장서는 용기를 가져야 한다는 의미다.

⑤ 풍림화산해(風林火山海): 승리를 얻는 전술. 전략적 유연함을 뜻한다.
풍(風: 움직일 때는 바람처럼 빠르게), 림(林: 중요한 협상은 비밀리에 진행하라), 화(火: 공격할 때는 불처럼 맹렬하게), 산(山: 위기에 빠져도 흔들리지 마라), 해(海: 싸움에 이겼다면 상대를 포용하라). 남보다 더 빠른 시간을 살아라. 협상은 물밑에서 은밀하게 진행하라. 총공세를 펼쳐 사업을 확장하라. 위기일수록 태연해야 한다. 진정한 승리는 모두를 아우르는 것이다. 제곱법칙은 손 사장이 창작한 해(海)로 마무리된다. 해는 패한 상대를 포용한다는 의미다. 최종적으로 자신이 공격한 나라와 시장을 치유하는 과정까지 진행돼야 모든 일이 마무리 된다는 의미로 풀이된다.

〈참고2〉 경영전략의 100년 역사

(1) Fredrick Taylor(1856~1915)의 과학적 관리법

테일러는 태업과 불신, 공포가 지배하던 19세기 공장에 '과학적 관리법'을 도입하였다. 과학적 관리법의 내용은 다음의 다섯 가지이다.

① 과업관리(task management) : '공정한 하루 작업량'을 결정

② 작업연구(work study) : 시간연구와 동작연구

③ 지도표 제도(instruction card) : '사용도구와 시간, 작업'이 표준화되고 매뉴얼화 됨.

④ 단계적 임금 제도 : 작업원의 의욕을 이끌어 내기 위한 방법이며, 하루 과업(공정 작업량)을 초과하면 임률이 상승하는 제도 임.

⑤ 직능별 조직 : 조직을 계획기능과 집행기능으로 나누고, 각각 전문 부문을 설치하였음.

테일러의 목표는 생산성 향상과 임금 상승을 모두 이루는 것이 목표였음. 그러나 경영자들은 '과학적 관리법'을 노동 생산성 향상의 도구로 사용할 뿐 그 성과를 노동자들과 나누지 않아, 노동자들이 반발하였다. 많은 노동조합이 과학적 관리법의 도입을 거부하였다.

(2) George Elton Mayo(1880~1949)의 인간관계론

메이요는 '사회적 존재로서의 인간'을 발견하고, '인간관계론'을 구축하였다. 1927년 전화기 제조회사인 웨스턴 일렉트릭의 호손공장에서의 실험을 통해 '노동조건보다 인간관계가 노동의욕을 좌우한다.' 고 주장하였다. 즉 인간은 경제적 대가 보다 사회적 욕구의 충족을 중시하며, 인간의 행동은 합리적이지 않으며 감정에 크게 좌우하고, 인간은 공식적인 조직보다 비공식적인 조직에 쉽게 영향을 받으며, 인간의 노동의욕은 객관적인 직장환경이 좋은가 나쁜가 보다 직장에서의 인간관계에 의해 더 좌우된다고 주장하였다.

엘튼 메이요는 일하는 사람들의 행복을 위해 제자인 뢰슬리스버거(Fritz Roethlisberger) 등과 함께 '인간관계론'을 구축하였다.

(3) Henri Fayol(1841~1925)의 통치·관리 프로세스

프랑스의 실업가 앙리 페이욜은 '기업활동'을 정의하고, 기업의 통치·관리 프로세스를 만들었다. 앙리 페이욜은 기업에 반드시 필요한 활동을 6가지로 분류 및 정리하였다.

① 기술활동 : 개발, 생산, 성형, 가공(개발·생산)
② 상업활동 : 구매, 판매, 교환(판매·구매)
③ 재무활동 : 자본의 조달과 운용(재무)
④ 보전활동 : 자산과 종업원의 보호(인사·총무)
⑤ 회계활동 : 재고정리, 대차대조표, 비용계산, 통계(경리)
⑥ 경영활동(administration) : 기업경영관리 프로세스, 계획(Planning) → 조직화(Organization) → 지령(Commanding) → 조정(Coordinating) → 통제(Controlling)

(4) Peter Drucker(1909~2005)의 목표를 바탕으로 한 관리(MBO)

드러커는 1946년에 출판한 『기업의 개념(Concept of the Corporation)』에서 사업부제등 분권화와 종업원들에 대한 권한위양을 주장했다. 그리고 1954년에 출판한 『경영의 실제(The Practice of Management)』에서 기업의 주요한 2가지 기능을 고객의 창조와 혁신이라고 주장하였다. 또한 드러커는 기업경영을 '기계적인 내부 관리' 뿐만 아니라 3가지 기업경영의 측면을 생각해야 한다고 주장하였다.

① 고객의 창조 : 기업은 고객에게 가치를 창조하기 위해 존재한다.
② 인간적 기관 : 기업은 사람을 생산적인 존재로 만들기 위해 존재한다.
③ 사회적 기관 : 기업은 사회와 공동체의 공익을 위해 존재한다. 기업의 사회적 책임(CSR, Corporate Social Responsibility)을 강조하였다.

아울러 기업의 관리는 '목표를 바탕으로 한 관리(MBO, Management By Objectives)'와 '자기관리'의 원칙을 주장하였다.

(5) Igor Ansoff(1918~2002)는 '시장에서의 경쟁' 개념 도입(경영전략)

엔소프는 군사용어인 전략을 사용해 '시장에서의 경쟁'이라는 개념을 도입하였다. 기업의 의사결정을 전략적(제품과 시장), 관리적(조직편성과 자원분배), 운용적(예산편성과 직접관리) 3 종류로 분류하였으며, 의사결정 대상을 전략(Strategy), 조직(Structure), 시스템(System)의 관점에서 생각한다는 3S 모델을 주장하였다. 경영자는 3가지 관점에서 의사결정을 하며, 이 중에서 가장 중요한 것은 전략적 의사결정이라고 주장하였다. 따라서 경영전략이란 현재(As Is)와 미래(To Be)를 연결하는 방침이라고 주장하였다.

앤소프는 경영전략을 각 사업의 방침을 결정하는 사업전략과 기업전체를 관리· 통합하는 기업전략으로 구분하였다. 특히 기업전략은 기업의 다각화 방침을 '앤소프 매트릭스'로 결정하고 사업의 포트폴리오를 관리하는 것으로 정의하였다. 앤소프는 기존 사업과의 시너지에 따라 4가지로 나누었다.

① 시장 침투 전략 : 기존의 시장에서 기존의 제품으로 승부한다.
② 시장 개척 전략 : 기존의 제품을 새로운 시장에서 판매한다.
③ 제품 개발 전략 : 새로운 제품을 개발해서 기존의 시장에서 판매한다.
④ 다각화전략 : 새로운 제품을 개발해서 새로운 시장에 판매한다.

〈앤소프 매트릭스〉

		제품	
		기존	신규
시장·고객	기존	① 시장 침투 전략	② 제품 개발 전략
	신규	③ 시장 개척 전략	④ 다각화 전략

(6) Kenneth Andrews는 기업전략을 위해 'SWOT 분석' 활용

앤드루스는 기업전략수준에서의 전략계획 수법을 'SWOT 분석'으로 제시하였다. 즉 외부환경분석, 내부환경(조직· 사람)분석, 전략구축, 실행계획 등의 프로세스를 제시하였다. 내부요인 중에서 자사의 목적을 달성하는 데 긍적적인 요소는 강점(Strength), 부정적인 요소는 약점(Weakness), 외부요인 중에서 긍정적인 요소는 기회(Opportunity), 부정적인 요소는 위협(Threat)으로 정리한다. 그리고 이렇게 자사의 내부능력과 외부환경에서 도출된 기회·위협에 강점·약점을 조합하여 전략을 수립할 수 있다. 기회와 강점을 조합하면 SO(적극공세 전략), 기회와 약점을 조합하면 WO(약점강화 전략), 위협과 강점을 조합하면 ST(차별화 전략), 위협과 약점을 조합하면 WT(방어/철수전략)전략을 수립하여 시행할 수 있다.

내부능력 / 외부환경	강점 (Strength)	약점 (Weakness)
기회 (Opportunity)	SO 강점을 가지고 기회를 활용	WO 약점을 보완해 기회를 활용
위협 (Threat)	ST 강점을 가지고 위험을 회피	WT 약점을 보완해 위험을 극복

(7) Philip Kotler의 전략적 마케팅 프로세스와 STP

코틀러는 5단계로 구성된 전략적 마케팅 프로세스를 만들었다.

① 조사(Research)

② 세분화(Segmentation) · 타킷설정(Targeting) · 포지셔닝(Positioning) :

시장을 자신에게 유리하도록 분할하고, 표적을 삼을 시장을 결정하며, 경쟁자에 대해 어떤 차이를 만들지를 결정하는 것이다.

③ 마케팅믹스(Product, Price, Place, Promotion) : STP를 구체화하는 단계이다.

제품, 가격, 유통채널, 프로모션 등 다양한 마케팅수단을 조합하는 것이다.

④ 실시(Implementation)

⑤ 관리(Control)

제품수명주기전략은 제품자체의 도입기, 성장기, 성숙기, 쇠퇴기에 따라 시장규모와 수익성, 타킷 고객, 사용해야할 방법이 대체로 정해진다는 것이다.

〈코틀러의 제품 수명주기(PLC, Product Life Cycle) 전략〉

특징		도입기	성장기	성숙기	쇠퇴기
전략		시장 확대	점유율 확대	점유율 방어	생산성 향상
매출규모(이윤)		저매출(저이윤)	매출급성장(이윤증가)	매출극대화(고이윤)	매출감소(이윤감소)
고객		혁신적 고객	선구자적 고객	일반 고객	후발 고객
경쟁지수		극소수	증대	안정세	감소
마케팅	제품	하나	다수	제품개선, 상표경쟁	제품계열검토, 폐기
마케팅	가격	시장침투 가격정책	초기고가 가격정책	경쟁가격 또는 가격절하	가격인하, 비용 최소화
마케팅	유통	선택적 (서서히 구축)	전속적 (판매점에 일부 할인)	전속적 (대규모 거래보상)	선택적 (비이익적 판매 점포 서서히 제거)
마케팅	광고	초기채택자의 요구에 맞춤	브랜드 편익을 대규모 시장 창출에 맞춤	타 유사제품과의 차별화 수단으로 이용	재고의 제거수단
마케팅	판촉	(중요성 고) 제품사용을 유발하는 샘플, 쿠폰 등	(중요성 중) 브랜드 위주 판촉	(중요성 중) 기존 고객들을 충성고객으로 전환	(중요성 최소) 최소화, 비용통제 중요, 판촉 효율성 검토

(8) Bruce Henderson(1915~1992)의 '시장 · 점유율 매트릭스'

브루스 헨더슨은 1963년 보스턴 컨설팅 그룹(BCG)을 설립하였다. 1969년 기업전략 도구인 'BCG 성장· 점유율 매트릭스' 또는 '제품 포트폴리오 관리(PPM)'를 제시하였다. 시장(예상) 성장률과 상대적 시장 점유율로 구분하여 2×2의 단순한 매트릭스를 고안하였다. 시장 성장률이 낮고(성숙 시장) 상대적 시장 점유율이 높으면 Cash Cow로 분류한다. 이러한 사업의 경우 투자를 최소한으로 억제하며 Cash의 창출원으로 삼는다. 그래서 돈을 짜내는 젖소(Cash Cow)이다. Cash Cow사업을 투자자금의 창출원으로 삼고, Star 사업에 자금을 투자하고, Star 사업으로 키울 Problem Child(Question Mark) 사업을 선별해 중점적으로 자금을 투입하고, Dog사업은 저성장·저점유율 사업으로 빨리 매각· 철수 한다는 전략이다.

〈BCG의 성장 · 점유율 매트릭스〉

		상대적 시장 점유율	
		높다	낮다
시장성장률	높다	Star	Problem Child (Question Mark)
	낮다	Cash Cow	Dog

(9) Michael Porter(1947~)의 '5Force분석'과 '전략3유형'

마이클 포터는 1980년에 『경쟁전략(Competitive Strategy)』을 출판하여, 기업환경 관계에 따른 경영전략을 수립할 것을 주장하였다. 마이클 포터는 포지셔닝을 중시하였다. 즉 경영전략의 목적은 기업이 수익을 올리는 것이며, 이익을 낼 수 있는 시장을 선택하고 경쟁자를 상대로 이익을 올릴 수 있는 위치를 차지해야 된다고 주장하였다.

마이클 포터는 5Force 분석을 통해서 당사가 하고자 하는 사업이 이익을 낼 수 있는 시장인지 여부를 판단할 수 있다고 주장하였다. 즉 당사가 하고자 하는 사업의 업계구조는 당사에 가해지는 압력으로 이해할 수 있으며, 여기에는 기존경쟁자(Competitor), 구매자(Buyer), 공급자(Supplier), 신규 참가자(Entrant), 대체품(Substitution) 등 5개의 힘이 존재하는데 이를 잘 분석하여 당사가 수익을 낼 수 있는 시장여부를 판단하게 된다.

〈마이클 포터의 5Force 프레임워크〉

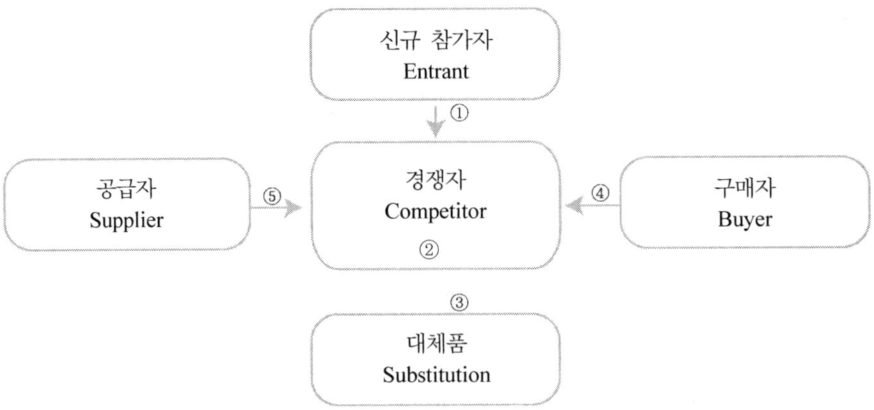

마이클 포터는 '5Force 분석'을 통해 이익을 낼 수 있는 시장을 선택하고, '전략 3유형'을 통해 이익이 나는 포지셔닝을 차지해야 된다고 주장하였다 . 시장의 일부(틈새)만을 대상으로 싸우는 것을 집중(Focus)전략, 시장전체와 싸울 때는 낮은 비용으로승부를 걸 수 있다면 코스트 리더십(Cost Leadership)전략, 고객에 대한 부가가치로 승부를 걸 수 있다면 차별화(Differentiation) 전략을 사용하면 된다고 주장하였다.

〈마이클 포터의 전략 3 유형〉

<table>
<tr><td colspan="2" rowspan="2"></td><td colspan="2">경재 우위의 원천</td></tr>
<tr><td>비용</td><td>차별화</td></tr>
<tr><td rowspan="2">대
상
시
장</td><td>넓
음</td><td>Cost Leadership</td><td>Differentiation</td></tr>
<tr><td>좁
음</td><td colspan="2">Focus
코스트 · 집중   차별화 · 집중</td></tr>
</table>

마이클 포터에 의하면 기업은 가치를 창출하기 위해서 활동하는데, 가치(Value)란 구매자들이 원하는 제품 또는 서비스를 구매한 대가로 기업에 기꺼이 지불하는 금액을 말한다. 가치를 창출하는 활동 들을 가치사슬(Value Chain)이라 하여 본원적인 활동과 지원활동으로 구분한다.

마이클 포터는 기업의 모든 활동을 5가지 본원활동과 4가지 지원활동으로 구분하였다. 기업이 성공하기 위해서는 이익을 낼 수 있는 포지셔닝 만으로는 부족하고, 이익을 낼 수 있는 기업 활동이 필요하다고 역설하였다. 마이클 포터는 기업의 활동을 구매물류, 제조·오퍼레이션, 출하물류, 마케팅과 판매, 서비스 등 5가지 본원적 활동과 전반관리(인프라스트럭처, 전략, 재무· 회계 등), 인적자원관리, 기술개발, 조달활동 등 4가지 지원활동으로 구분하였다. 기업이 경쟁사보다 우위를 확보하려면 저렴한 비용으로 이러한 활동을 수행하거나 차별화와 가치 증대를 유도하는 방식으로 기업 활동을 수행해야 한다고 주장하였다.

〈마이클 포터의 Value Chain〉

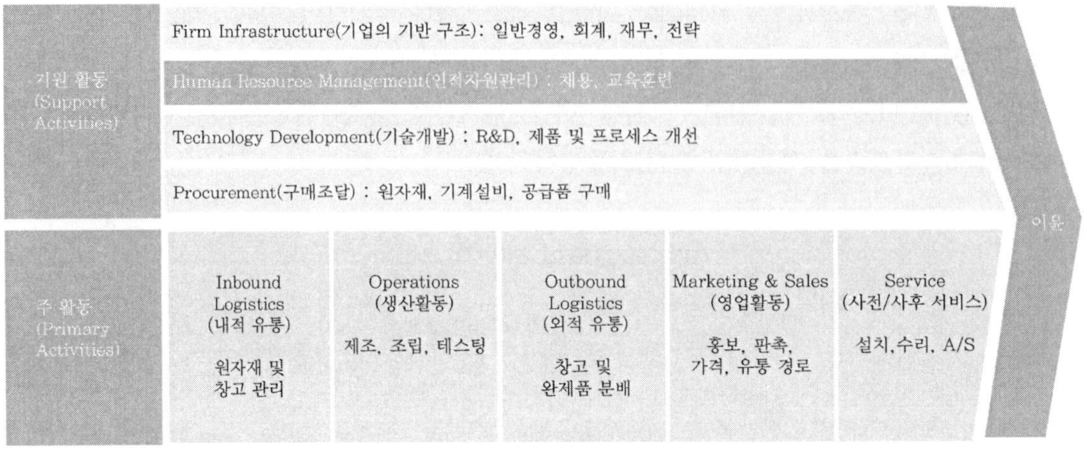

(10) Gary Hamel(1954~)의 '핵심역량(Core Competence) 전략'

게리 하멜은 기업이 수익을 낳는 원천은 사업의 포지셔닝도, 업무 효율성도 아니다. 경쟁력이나 고객 니즈 대응력의 원천이 되는 것은 핵심역량(Core Competence)이라고 주장하였다. 즉 핵심역량은 기술, 채널, 비즈니스모델 또는 인재 등 이다. 예를 들면 기업능력이 경쟁 상대가 흉내 내기 어렵고, 고객가치를 창출할 수 있으며, 타 사업으로 확장할 수 있는 힘이 있는 것이면 무엇이든 무방하다는 것이다.

게리 하멜은 먼저 자사의 미래의 경쟁상대를 충분히 비교해서 자사의 핵심역량을 파악하고, 그런 다음에 핵심역량이 효과를 발휘할 가능성이 있는 미래의 고객과 시장, 서비스를 찾아내 자신들의 시장을 개척해야 된다고 주장하였다.

(11) 김위찬과 르네 마보안의 '블루 오션 전략(Blue Ocean Strategy)'

마이클 포터가 1980년에 『경쟁전략(Competitive Strategy)』을 출간하면서, 경영학에서 전략분야가 본격적으로 체계화되기 시작했다. 그러나 마이클 포터는 전략을 경쟁(competition)의 관점에서 바라보았다. 즉 사업에서 경영전략은 '경쟁에서 이기는 것'이라고 보는 관점이다. 이에 반해 김위찬과 마보안은 좋은 전략이란 적이 없는 새로운 시장을 만들어 내는 것이라고 주장하면서 '블루 오션 전략(Blue Ocean Strategy)'을 제시하였다. 블루오션 전략은 경영전략의 패러다임 변화를 선도하고 있다. 경쟁의 패러다임에 갇혀 있던 전략에 대한 사고방식을 시장 창출이라는 패러다임으로 리셋(reset) 함으로써 새로운 성장의 기회를 포착할 것을 주장하였다. 즉 전략은 새로운 시장 콘셉트를 생각해 내고 그 것을 실현하는 능력을 창조하는 것(Value Innovation)이라는 것이다. 예를 들면 캐나다의 '태양의 서커스'는 쾌적함, 테마 및 예술성 등 독자적인 가치를 창조하여 성공(새로운 가치 세트를 표현하는 '전략 캔버스' 참고)하였다. 경쟁이 아니라 새로운 시장 콘셉트를 생각해 내고 그것을 실현함으로써 성공하였다.

〈새로운 가치 세트를 표현하는 '전략 캔버스' 〉

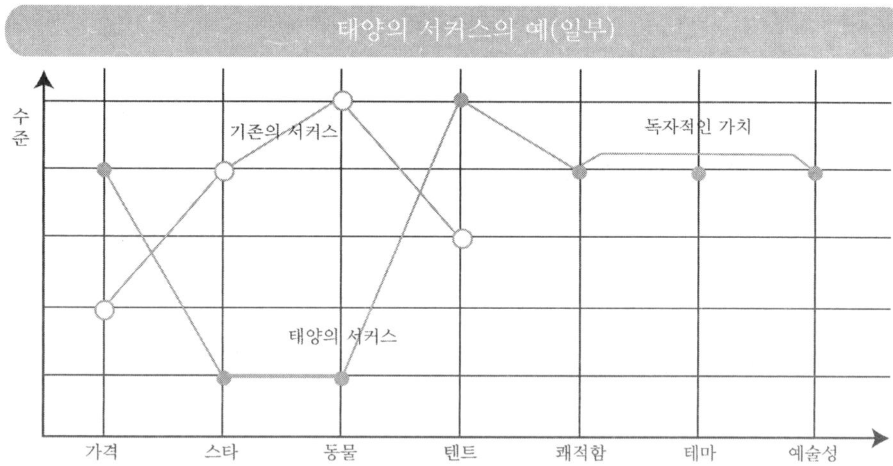

(12) Steve Blank와 Eric Ries의 '린 스타트업(Lean Startup)'

스티브 블랭크는 8개 회사를 창업에 참여해 그 중 4개를 상장시키는데 성공하였다. 스티브 블랭크는 이렇게 자신이 창업하여 성공시킨 비결은 '고객개발(Customer Development)모델'을 활용했기 때문이라고 밝혔다. 스티브 블랭크의 고객 개발 4단계는 다음과 같다.

① 1단계: 고객을 발견(귀로 듣고 발견)하는 단계이다.

② 2단계: 고객을 실증(팔아서 검증)하는 단계이다. 검증결과 변화가 필요하면 '피벗(Pivot: 궤도수정)을 해서 ①로 돌아간다.

③ 3단계 : 고객을 개척한다.

④ 4단계 : 조직을 구축(본격 확대)한다.

에릭 리스가 '린 스타트업'을 발전시켰다. 에릭 리스는 성공적인 기업을 만들어내는 과정은 불확실성과 싸워 결과를 만들어내는 과정이라는 기본전제를 하고 있다. 에릭 리스는 '린 스타트업'을 린 생산방식(Lean Manufacturing), 디자인 중심 사고, 고객 개발, 애자일 개발(Agile Development)[4] 같은 기존 경영 방법 및 제품 개발 방법론의 토대 위에서 만들었다. 그리고 이것은 지속적인 혁신을 만들어 내는 새로운 방식(프로세스)이라고 주장한다.

에릭 리스는 "혁신적인 제품의 성공 확률을 전 세계적으로 높이기"위해 린 스타트업의 방법을 아래와 같이 제시하였다.

① 창업가는 어디에나 있다. 극심한 불확실성 속에서 새로운 제품과 서비스를 만드는 조직이라면 모두 스타트업이다. 린 스타업 방법론은 소규모 기업에서 대기업까지 활용가능하다.

② 창업가 정신은 관리다. 스타트업은 제품만으로 성공할 수 없다. 스타트업이 극심한 불확실성 속에서 성공하려면 새로운 방식의 관리를 필요로 한다.

③ 유효한 학습이 필요하다. 스타트업은 지속 가능한 사업을 어떻게 만들지 학습하기 위해 존재하는 것이다.

④ 만들고 측정하고 배운다. 스타트업의 핵심은 아이디어를 제품으로 만들고, 고객이 어떻게 반응하는지 측정한 후, 이 부분을 그대로 지켜야 하는지, 다른 쪽으로 방향을 전환(pivot)해야 하는지를 학습해 나가는 것이다. 스타트업이 성공하려면 이러한 피드백 순환을 최대한 빨리 돌아야 한다.

⑤ 스타트업을 위한 새로운 측정방식을 사용해야 한다. 창업가로서 좋은 성과를 내기 위해서는 지루한 것들에 집중해야 한다. 성과를 어떻게 측정하고, 마일스톤(Milestone, 이정표·중요한 시점)을 어떻게 세팅하며, 일의 우선순위를 어떻게 정할지에 집중해야 한다.

에릭 리스는 린 스타트업의 성공을 위해서는 가설검증 사이클을 구축(Build), 계측(Measure), 학습(Learn)의 사이클을 구축해야 된다고 주장하였다. 아울러 빠른 검증을 위해 '최소 기능 제품(MVP, Minimum Viable Product)'을 활용하여야 하며, 매니지먼트 전체에 피벗(pivot, 궤도 수정)을 도입해야 한다고 주장하였다.

---

4) 애자일 방법론은 소프트웨어 개발 방법에 있어서 아무런 계획이 없는 개발 방법과 계획이 지나치게 많은 개발 방법들 사이에서 타협점을 찾고자 하는 방법론이다.

(13) Martin Reeves의 '적응전략'

보스턴 컨설팅그룹(BCG)의 마틴 리브스는 2015년에 『Your Strategy Needs a Strategy』를 출판하여, 기업환경을 고려하여 경영전략을 수립하여야 한다는 적응전략을 제창하였다. 기업이 마주하는 경영환경이 다양성과 범위가 계속 늘어나고 있다. 따라서 각 사업에 적합한 전략수립 방식 또는 여러 방식들의 적절한 조합을 선택해야 할 뿐만 아니라 환경이 변화하는 데 따라 그 조합을 조정해야 한다. 경영전략을 모든 환경에 적용할 수는 없게 되었다. 그러므로 기업이 처한 상황에 따라 적합한 전략수립 방식을 선택하는 일이 중요해 졌다. 이러한 때에 보스턴 컨설팅그룹(BCG)의 마틴 리브스는 사업환경을 5가지로 분류하여 사업환경에 맞는 전략을 제시하였다.

① 환경이 너무 가혹 : 서바이벌(Survival) 전략(재생적 전략)이 필요하다.
② 환경예측 가능, 변형할 수 없음(전통적 Classical 환경) : 대형화를 꾀하라.
③ 환경예측 가능, 변형가능(예지적 Visionary 환경) : 선도자(세상을 바꾸는 전략)가 돼라.
④ 환경예측 어려움, 변형가능(개척형 Shaping 환경) : 판을 바꾸는 전략을 수행하라.
⑤ 환경예측 어려움, 변형할 수 없음(적응형 Adaptive 환경) : 신속하게 적응(모방전략)하라.

〈전략 팔레트 : 5가지 환경과 전략 수립 방식〉

구분	전통적	적응형	예지력	개척형	재생적
환경의 속성	예측가능 변형불가능	예측불가능 변형불가능	예측가능 변형가능	예측불가능 변형가능	혹독한 상황
핵심아이디어 (필요조건)	대형화를 꾀하라	신속하게 움직여라(모방)	선도자가 돼라	판을 바꾸어라	생존을 확보하라
적용할 수 있는 산업	공공산업, 자동차, 석유	반도체, 섬유	창업(신규), 기존산업파괴	일부SW, APP개발	경제위기 시 금융기관
관련전략	BCG매트릭스 5FORCE분석 핵심역량	시간중심경쟁 일시적 우위 적응형 우위	블루오션	네트워크, 생태계, 플랫폼	변환, 기업회생

제 5 장

중소기업 창업 성공전략

제1절

창업 성공 전략 개요

창업! Start-up! 빅데이터 전문가가 우리나라 반만년 역사에서 창업이라는 단어를 시대별로 검색해 본다면 어떤 결과가 나올까요? 아마도 지금 시대가 창업이라는 용어가 가장 많이 언급되는 시기가 아닐까 생각된다. 우리나라 반만년역사 중에서 지금처럼 창업을 강조했던 적은 없었던 것 같다. 참신한 아이디어가 있으면 정부의 지원자금으로 시제품을 제작해 볼 수 있는 창업환경이 지금의 우리나라 창업환경이다. 중소기업진흥공단의 '창업성공패키지(청년창업사관학교)', 중소벤처기업부가 주관하는 '스마트창업학교', '창업선도대학' 및 '성장도약 패키지 지원사업' 등 1년에 약 2,500개 이상의 창업아이템에 대해 정부에서 무상으로 자금을 지원하여 창업을 지원해 주고 있다. 창업을 생각하는 예비창업자는 무상으로 지원하는 창업자금을 지원받으면서 창업하는 것이 대세가 되고 있다. 또한 가수를 선발하듯 다양한 실천창업리그를 개최하여 우수한 창업아이템에 대해 상금과 초기 개발자금(seed money)에 대해 투자를 하고 있다.

필자는 다양한 중소기업 지원업무를 수행하였고, 다년간 창업사관학교에서 창업자를 위한 멘토링 업무를 담당하였다. 이러한 경험을 바탕으로 창업 성공전략을 아래와 같이 요약하여 제시하고자 한다.

(1) 창업자가 자신이 모든 역경을 이겨내고 성공 할 때까지 끝까지 인내해 나갈 내공을 키워야한다. 또한 건강관리와 스트레스관리는 필수적이라고 할 것이다.

(2) 어떤 아이템을 해야 창업에 성공할 수 있을까? 생활의 불편함, 고통(pain)을 정의하고 그 고통을 없앨 수 있는 해결책을 제시할 수 있다면, 창업의 성공확률은 매우 높을 것이다.

이렇게 아이템을 선정하였으면, 빨리 최소기능제품(MVP)을 제작하여 시장의 반응을 보면서 지속적으로 수정·보완해 나가야 한다. 따라서 시장조사는 반드시 필요하며, 기술창업의 경우는 창업아이템에 대한 특허검색이 반드시 필요하다.

(3) 우리나라는 참신한 아이디어가 있으면 정부의 지원자금으로 시제품을 제작해 볼 수 있는 정말 좋은 창업환경이므로, 반드시 정부지원금을 창업초기에 활용하여야 한다. 예비창업지원자금, 창업초기자금, 성장도약패키지 자금 등 지원자금은 다양하게 준비되어있다. 이를 활용하는 것은 창업자의 몫이다. 정부지원자금의 신청서는 심사자가 이해하기 쉽도록 작성하여야 하며, 제품(서비스)이나 비즈니스모델을 반드시 그림으로 제시할 것을 강력히 추천한다.

(4) 예비창업자와 초기창업자들은 반드시 창업넷, 중소벤처기업부, 중소기업진흥공단, 소상공인시장진흥공단, 소상공인시장진흥공단 시장정보시스템 그리고 특허청 특허정보검색서비스를 늘 정기적으로 방문하여 정보를 획득하여야 한다. 이들 기관의 홈페이지를 최소한 1주일에 1회 이상 방문하기를 강력히 추천한다.

(5) 창업 후 3년의 전략은 생존전략이다. 이를 위해서는 멘토와 선배 기업인 등 인적네트워크를 갖추는 것이 반드시 필요하다. 전문가들(멘토, 변리사, 회계사, 세무사, 노무사 등)과 자금을 지원하는 기관(중소기업진흥공단, 소상공인시장진흥공단, 창업진흥원, 창업투자회사 등)과의 관계를 늘 우호적으로 유지하도록 노력해야 한다.

제2절

창업의 개요

창업! Start-up! 우리나라 국어사전에 보면 창업(創業, Start-up)이란 "나라나 왕조 따위를 처음으로 세움", "사업 따위를 처음으로 이루어 시작함"이라고 설명하고 있다. 창업이란 새롭게 나라나 왕조를 세우거나, 사업을 처음으로 시작하는 것을 말한다고 하겠다.

선배 창업자들은 "창업은 시작이 가장 어렵고, 또 가장 중요하다."고들 말한다. 또한 "창업은 마치 지도도 나침반도 없이 거친 바다를 항해하는 것과 같다"라고 하는 창업자도 있다. 그러나 'Startup Bible'의 저자 배기홍(뮤직쉐이크 미국 지사장)은 "창업은 실로 엄청난 도전 이며 즐거운 여행이다."라고 하였다. 또한 『The Lean Startup』의 저자 Eeic Ries는 "스타트업이란 극심한 불확실성 속에서 신규 제품이나 서비스를 만들려고 나온 조직이다.“ 라고 하였다. 결국 창업이란 창업자가 사업아이템을 가지고 창업자금을 투자하여 수익을 창출하고 사업을 영위하는 것을 말한다고 할 것이다.

이러한 창업(創業, Start-up)의 법률적 정의로는 중소기업창업지원법 제2조에서 "창업이란 중소기업을 새로이 설립하여 사업을 개시하는 것"이라고 정의하고 있다. 이러한 창업의 정의는 획일적이지 않고 지원목적에 따라 적용기준을 다르게 규정할 수 있다. 즉, 중소기업창업지원법에서 창업의 개념을 규정하고 있지만 조세감면을 목적으로 한 조세특례제한법과 같이 입법취지에 따라 창업지원 대상 업종 및 적용기간 등을 규정하기도 한다.

그러면 예비창업자들이 창업하는 이유는 무엇일까?

내 회사를 경영하고 싶어서, 자유로운 직장생활을 원해서, 더 많은 소득을 원하기 때문에, 독립하고 싶어서, 내 지식을 기업경영에 활용하고 싶어서, 개인적인 도전을 위해서, 성취 욕구를 충족시키기 위해서 등 다양한 이유가 있을 것이다. 사업을 처음으로 시작하려는 예비창업자 들은 어떤 이유로 창업하려고 하는지, 창업의 목적은 무엇인지를 스스로 분명히 정리할 필요가 있다. 창업은 결코 낭만적이지 않고, 극복해야할 요소가 많은 과정이기 때문이다. 창업의 이유와 목적이 분명하면, 창업과정에서 어려움을 겪을 때 창업을 하려고 했던 초심으로 돌아가서 다시금 힘을 내서 시작하는 에너지를 얻을 수 있다. 창업하여 사업을 계속 영위하는 대표들을 볼 때, 사업을 추진하는 비전과 목표를 분명히 정립하고 사업을 시작하는 것이 향후 창업과정에서도 많은 도움이 되는 경우를 보게 된다.

또한 창업의 형태도 다양하다고 볼 수 있다. 특허 등 기술을 바탕으로 한 기술창업이 있고, 번뜩이는 아이디어를 가지고 사업을 시작하기도 한다. 기술창업과 아이디어창업에 따라 창업의 전략도 달라질 것이다. 또한 창업은 1인이 창업하는 경우와 팀으로 창업을 하는 경우가 있다. 또한 대학생 창업이 있고 직장을 다니면서 충분히 준비하여 창업하는 경우도 있다. 또 직장생활을 오래하여 한 분야의 전문가가 되어 본인의 기술과 노하우로 창업을 하는 경우 등 창업의 형태와 방법 및 창업의 유형은 다양하다고 할 것이다.

어떠한 경우이든 창업이란 개인이나 팀이 사업아이디어를 가지고 사업목표를 세워 적절한 사업기회에 자본, 인원, 설비, 원자재 등 경영자원을 확보하여 재화를 생산하거나 서비스를 제공하는 기업을 설립하는 것이라고 할 것이다.

제3절

창업의 핵심요소

창업에 대한 다양한 정의가 있겠지만, 본서에서의 사업을 처음으로 시작하는 것으로 정의 하겠다. 아울러 창업은 기술창업, 아이디어창업, 도소매업창업, 서비스업창업, 프랜차이즈 창업 등이 있다. 본서에서는 창업의 핵심요소는 제조업(지식서비스업 포함) 등 기술창업을 위주로 설명하고자 한다. 성공적인 창업을 위해서는 다양한 요소가 필요하다고 하겠다. 우선 예비창업자(팀)가 있어야하고, 다음으로 사업아이디어(기술, 제품, 서비스)가 있어야 하며, 제품과 서비스를 구매해줄 시장 또는 소비자가 있어야 하며, 무엇보다도 이런 것을 생산할 자본이 있어야 할 것이다. 따라서 이러한 창업에 필요한 요소들을 창업의 핵심요소라고 한다. 창업의 핵심4요소에 대해 살펴보고자 한다.

3-1 예비창업자(창업팀)(Man, Start-up Team)

창업을 준비하는 많은 예비창업자와 상담하고 멘토링하면서 예비창업자(창업팀)의 중요성을 새삼 느끼게 된다. 창업의 핵심4요소를 기술하고 있지만 사업은 결국 사람이 하는 것이다. 따라서 예비창업자의 중요성은 아무리 강조해도 지나치지 않는다고 본다. 예비창업자의 창업하고자하는 비전, 창업아이템, 창업을 성공적으로 진행하기 위한 철저한 준비 여부를 보면 창업의 성공여부를 어느 정도 예측할 수 있다. 창업은 사업을 처음으로 시작하는 것이므로 이를 수행하는 예비창업자가 얼마나 많이 창업을 준비하느냐가 창업의 성패에 큰 영향을 미친다고 할 것이다.

최근에 예비창업자를 위한 창업아카데미가 학교 및 지방자치단체 등 다양한 기관에서 시행하고 있으므로 이러한 프로그램을 통해서 창업의 기초지식을 습득하고 자신이 하고자 하는 제품 및 서비스를 공개적으로 테스트를 받고 시작하는 것이 좋을 것으로 본다. 창업(Start-up)의 핵심은 사람이라고 하겠다. 기업의 업무는 사람이 수행하게 되며 업무를 수행하는 사람이 갖고 있는 기업가정신과 의지, 능력과 자질, 사업에 임하는 태도, 구성원의 협력관계 등에 따라 기업의 성패가 좌우된다.

미국 실리콘 밸리의 엔젤 투자 대부인 론 콘웨이는 “투자에서 가장 중요한 요소는 시장의 크기와 창업자의 능력이지만, 결국 시장의 크기는 창업자가 극대화할 수 있다.”라고 하여 예비창업자의 중요성을 강조하였다. Jim Collins는 그의 저서 『좋은 기업을 넘어 위해한 기업으로 (Good to Great)』에서 위대한 기업을 이끄는 경영진의 심증을 다음과 같이 표현했다. “나는 우리가 이 버스를 어디로 몰고 가야할지 정말 모릅니다. 하지만 이건 웬만큼 압니다. 우리가 적합한 사람들을 버스에 태운다면, 적합한 사람들을 적합한 자리에 앉히고 부적합한 사람들을 버스에서 내리게 한다면, 이 버스를 멋진 어딘가로 몰고 갈 방법을 알게 되리라는 겁니다.” 필자는 중소기업진흥공단에 25년 근무하면서 1,000여개의 중소기업을 방문하였다. 전국의 경영컨설팅을 신청한 기업에 대한 경영진단과 경영지도를 위해서, 창업자금을 신청하는 업체에 대한 실태조사를 위해서, 이업종교류회에 참여업체의 이업종교류회 지원 등을 위해서 전국의 중소기업을 상담하고 방문하였다. 또한 국민벤처펀드를 운영하면서 투자유치를 위해 1,000개 업체의 사업계획서를 검토하고 상담하여 60여개 업체를 투자하고, 그 중에서 6개 업체를 코스닥에 상장시켰다. 많은 업체를 상담하고 진단·지도하고 투자하면서 중소기업 대표자의 중요성을 피부로 느낄 수 있었다는 것이다. 창업하여 성장·발전하는 중소기업과 대표자는 경제적 공동체이라는 것이다. 또한 대표자가 창업하면서 그리는 꿈과 비전의 높이 정도까지만 중소기업이 성장한다는 것이다.

3-2 사업아이디어(기술, 제품, 서비스)(Idea, Product & Service, Technology)

사업아이디어(기술, 제품, 서비스)는 철저히 시장 중심이어야 한다. 고객이 원하는 기술, 제품 및 서비스를 제공하는 사업을 영위해야 한다. 즉, 무슨 사업을 할 것인지에 대한 내용으로 구체적으로 어떤 제품이나 서비스를 생산하여 시장에 팔 것인지를 결정하여야 한다.

① 우수한 기술이나 사업아이디어를 우수한 제품(서비스)으로 생산하여 고객에게 제공할 수 있어야한다.

② 우수한 제품이나 서비스로서 가격이나 품질 면에서 경쟁력을 갖고 있어야 한다.

③ 소비자가 기대하는 것 이상의 가치를 제공할 수 있어야 한다.

창업아이템은 계속 발전되어야 하며, 지속적으로 혁신해 나가야 한다. 사무기기 전문기업, 휴렛팩커드(HP)의 창업 아이디어는 볼링장의 커터 감지센서 이었다. HP는 이 아이디어로 전혀 수익을 창출하지 못했고, 그 후에도 자동 변기세척기 등 다양한 제품들을 출시했으나 번번이 실패했다. 그런 후에 마침내 첫 번째 성공작인 오실로스코프를 출시하면서 오늘의 HP로 진화했다. 또한 포스트잇과 스카치테이프를 포함해 약 5만 5천개의 제품을 생산.유통하는 다국적기업인 3M의 창업 당시 아이디어는 광산업이었다. 3M도 'Minnesota Mining and Manufacturing'의 약자이다. 그러므로 창업당시의 아이템은 수익을 발생하도록 지속적으로 개선되고 혁신되어져야 한다.

3-3 시장(Market)

창업자가 좋은 아이디어로 좋은 제품(서비스)을 생산하여 공급하여도 판매할 수 있는 시장과 고객이 없으면 무슨 소용이 있겠는가? 창업 아이템은 철저히 대가를 주고 구입하려는 소비자가 있는 아이템을 선정하여야 한다. 창업하려는 대상제품이나 서비스를 구매하려는 고객이 있는지를 철저한 시장조사와 분석을 통해서 파악하여야 한다. 많은 경우에 기술의 우수성만을 믿고 제품을 개발한 후 시장을 개척하려는 경향이 있는데, 그것 보다는 시장의 가능성을 보고 제품이나 서비스를 개발하는 것이 성공가능성이 더 높다고 할 것이다.

㈜티켓몬스터(신현성 대표)는 유명한 음식점을 저렴하게 활용할 수 있는 공동구매의 수요를 파악하여 창업에 성공하였다. ㈜골프존(김영찬 대표)은 비싼 외산제품을 대체하려는 시장의 수요와 골프장에 처음 가는 초심자들의 수요를 파악하고 스크린골프시뮬레이터로 창업에 성공하였다.

3-4 자본(Money, Capital Stock)

창업을 하려는 사람이 좋은 아이디어를 가지고 있으며, 이를 구매할 소비자가 있는 좋은 시장이 존재한다고 해도 사업 진행에 필요한 자금이 없다면 사업을 수행할 수 없다. 창업을 하기 위해서는 일정한 자금이 필요하고, 자본은 자기자본과 외부에서 조달하는 타인자본이 있다.

자기자본은 자체 조달된 자본으로서 상환의무가 없는 자본이다. 개인기업의 경우 창업사업의 수행에 필요한 자금(Seed Money)은 개인 사업주가 투자 하게 된다. 반면에 여러 명의 사업주가 공동으로 사업을 영위할 경우에는 공동사업을 영위하는 사업주 모두가 자금을 부담한다. 법인기업의 경우 주주 또는 출자자들이 기업에 투자하게 되는 금액을 발하며 법인기업의 투자자는 개인, 법인 모두가 될 수 있다.

타인자본은 창업자 또는 창업기업의 주주나 출자자가 기업에 투자하는 자본 이외에 사업의 수행에 필요한 자금을 타인으로부터 조달하게 되는 자금을 말하며 친인척, 지인, 금융기관으로부터 차입하게 되는 자금 등을 말하며 상환의무가 있는 자본이다.

제4절

업종별 창업프로세스

4-1 창업의 일반절차

창업은 창업팀이 모여서 창업을 구상하고 이를 계획하여 창업을 실행하는 일련의 프로세스로 이루어진다. 창업의 4대 요소에서 살펴보았듯이 창업자 혹은 창업팀이 구성되면 먼저 사업아이템을 검토하고, 사업아이템에 대한 예비사업타당성을 검토한다. 예비사업타당성 검토 시 기술창업이면 특허 등을 검토하는 것이 중요하며, 도. 소매업, 프랜차이즈업의 경우는 상권분석이 특히 중요한 검토사항이 될 것이다. 이후 약식의 소비자분석과 시장조사를 통해 최종 사업아이템을 선정하게 된다. 여기까지가 창업구상 단계가 되겠다.

사업아이템이 선정되면, 구체적인 사업타당성 검토를 실시하게 된다. 사업타당성 검토는 시장성분석, 기술성분석(기술창업에 한함), 수익성 및 경제성분석, 자금수지(자금조달 방법) 및 성장성분석으로 구성된다. 이러한 네 가지 분석을 통칭해서 사업의 타당성분석(Feasibility

Analysis)이라 한다. 사업타당성분석이 끝나면 구체적인 사업계획서를 작성하게 된다. 여기까지가 창업계획 단계에 해당한다.

사업계획서 작성이 완료되면, 개인 기업으로 설립할 것인지 또는 법인 기업으로 설립할 것인지를 결정한다. 그 후 인력채용 및 사무실을 확보하고 회사를 설립한다. 이것이 창업 실행의 단계이다. 이러한 절차가 일반적인 창업절차이다. 제조업, 도.소매업, 서비스업 등 구체적인 업종별 창업절차는 별도로 살펴보고자 한다.

〈창업 일반 절차도〉

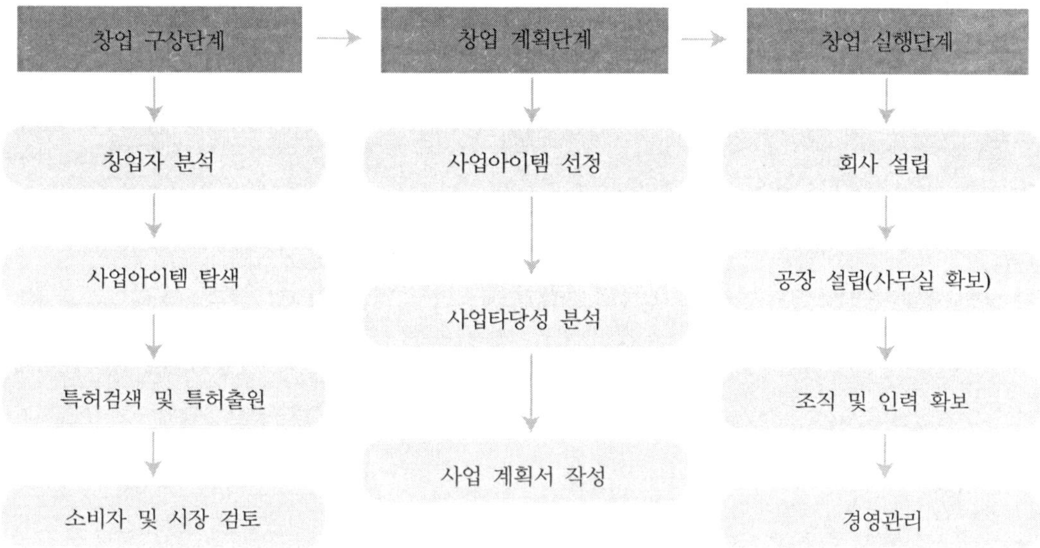

4-2 제조업(지식서비스업 포함) 창업절차

〈제조업(지식서비스업 포함) 창업절차〉

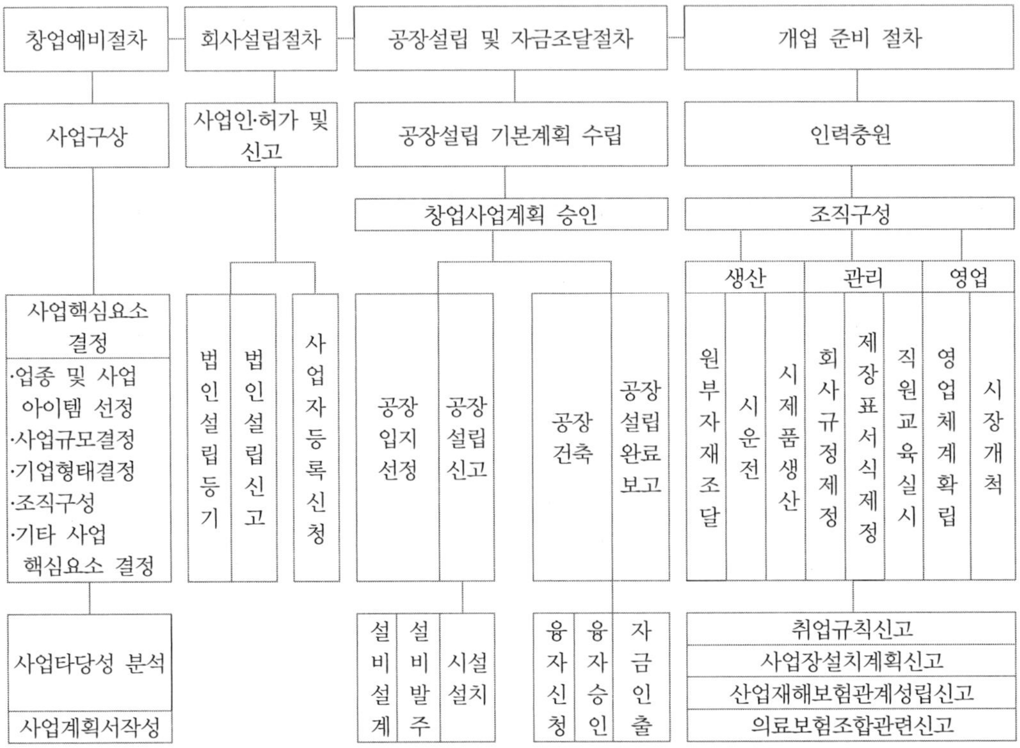

제조업이란 물품을 대량으로 만드는 사업을 말한다. 또한 「소득세법」에서는 제조업이란 것은 제조장을 설치하고 그 제조장을 이용하여 유기적 물질 또는 무기적 물질에 물리적 작용 또는 화학적 작용을 가함으로써 새로운 생산품을 생산하여 판매하는 영업이라고 정의하고 있다.

통계청에서 작성하는 한국표준산업분류에서는 제조업의 종목을 음식료품.담배제조업, 섬유.의복.가죽산업제조업, 목재.나무제품 제조업, 종이.종이제품 제조업, 화합물.석유.석탄.고무.플라스틱제품 제조업, 비금속광물제품 제조업, 제1차 금속산업 제조업, 조립금속제품.기계.장비 제조업, 기타제조업 등으로 분류하고 있다. 소매업이나 서비스업에 비해 제조업 창업절차가 더 복잡하다. 제조업 중에서도 직접공장을 건축하여 창업하는 경우가 임대공장에서 창업하는 경우보다 더 복잡하다. 이러한 제조업 창업의 기본 절차는 위와 같다.

4-3 도소매업 창업절차

〈도·소매업 창업절차〉

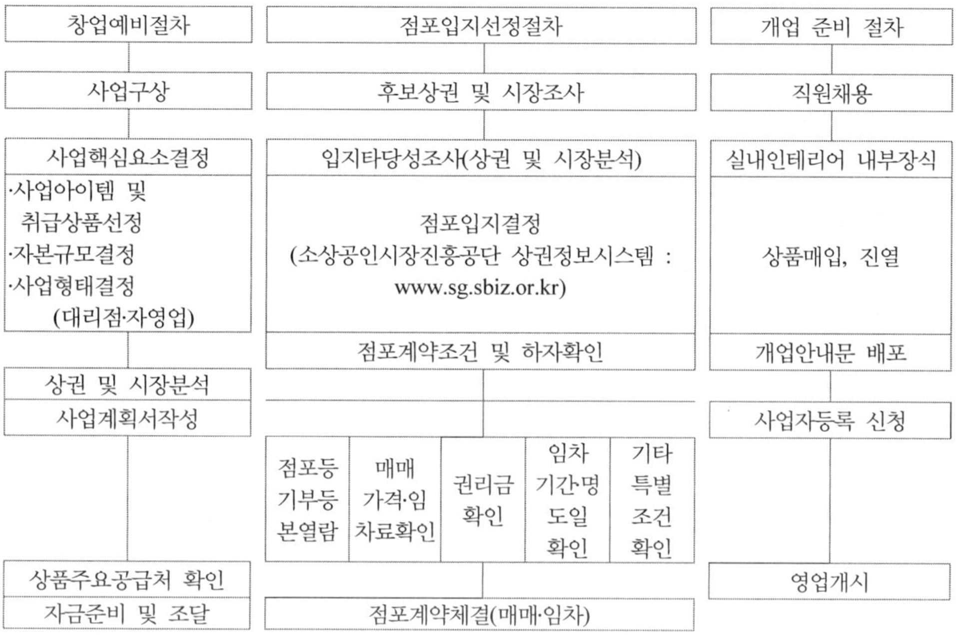

도.소매업의 창업절차는 제조업에 비하여 매우 간단하다. 우선 공장 설립에 따른 복잡한 절차가 필요 없으며, 일반적으로 소규모로 사업을 시작하기 때문에 법인설립절차가 필요 없는 개인기업의 창업이 많다. 도.소매업의 경우는 점포입지가 매우 중요하다. 특히 소매업의 경우에는 점포위치가 사업의 성패를 좌우하기 때문에 상권 및 시장분석, 점포입지 분석 및 선택이 중요한 요인으로 작용하고 있다. 도.소매업 창업의 기본 절차는 위와 같다.

4-4 서비스업 창업절차

〈서비스업 창업절차〉

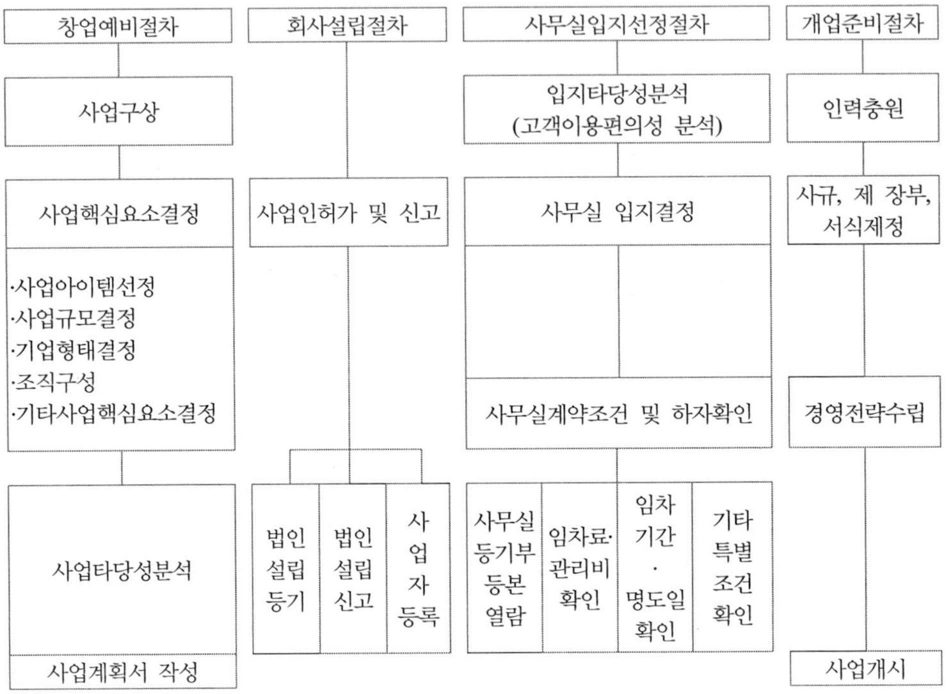

서비스업은 개인서비스업과 사업서비스업으로 나누어진다. 부동산 관련 서비스업처럼 개인서비스업의 창업절차는 간단하다. 그러나 사업서비스업은 법인형태로 설립되는 경우가 많아 제조업에서와 같이 법인설립절차가 필요하다. 서비스업은 주로 임직원의 지식을 바탕으로 하여 운영되며, 종업원의 능력이 사업 성패에 큰 영향을 미치게 된다. 따라서 서비스업 창업에서는 창업자가 해당분야의 전문지식을 보유하고 있는 것이 유리하다. 또한 사업서비스업은 업종에 따라 사업 인.허가를 받아야 하는 경우가 많으므로 이점도 유념하여야 한다. 서비스업의 창업절차는 위와 같다.

〈소상공인시장진흥공단의 상권정보시스템〉
(www.sg.sbiz.or.kr)

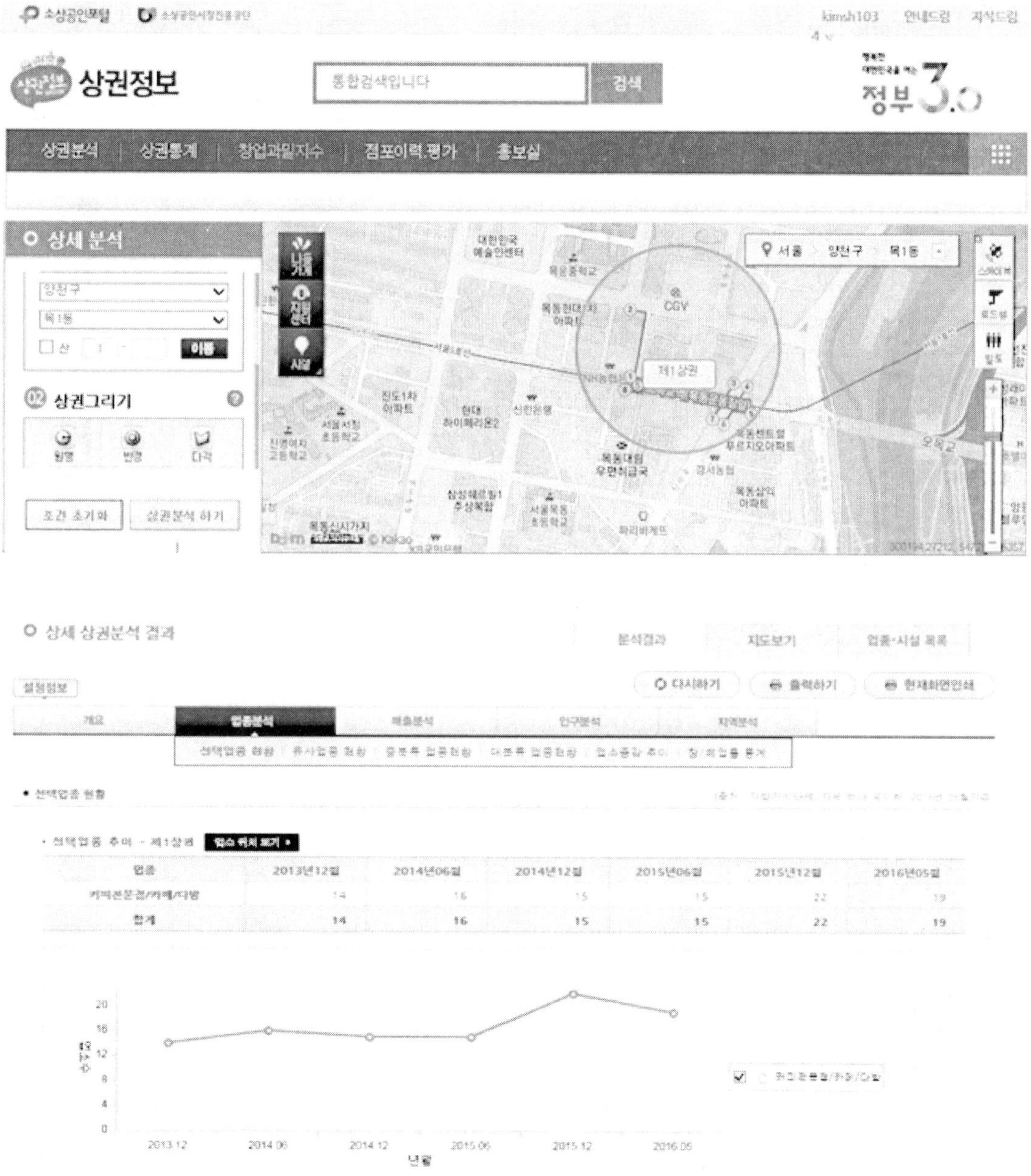

제5절

창업아이템 발굴

5-1 창업아이템 발굴 개요

사업아이템을 찾기 전 명심해야 하는 것은 남이 잘 하는 것이 아니라 내가 잘 하는 것이 좋은 사업아이템이라는 점이다. 사업아이템을 결정하기 위해서는 자신의 적성과 경험, 노하우, 능력을 고려하여 관심과 흥미가 있는 것을 선택하여야 하며, 성장성과 미래 전망을 면밀하게 분석하여 위험을 최소화할 수 있는 아이템을 선택하여야 한다. 또한 다른 기업과 차별화되는 요소로 자신의 아이디어를 찾고 적극 활용해야 할 것이다.

제조업, R&D 기반 기술창업, 도소매업, 지식기반서비스업 등 사업의 업종별, 유형별로 아이템을 찾는 방식은 상이할 수 있다. 그러나 시장 동향과 소비자 동향을 파악하기 위해서는 관심 있는 분야의 전문서적, 잡지, 신문 등을 참고하여 미리 시장조사를 하여야 하며 인터넷 창업사이트와 중소벤처기업부, 창업넷, 키프리스 사이트 등에 방문하여 상권분석, 업종분석, 정부지원 자금 분석, 기술분석을 하여야 한다. 유통이나 도소매업의 경우에는 재래시장, 마켓 등을 통한 오프라인 시장 방문과 옥션, G마켓 등 오픈 마켓 사이트 방문을 통해 시장의 흐름을 공부하고 느껴야 한다.

디자인 상품이나 아이디어 상품을 제조하여 판매할 경우에는 북유럽, 일본 등 디자인 선진국을 방문하여 눈에 들어오는 디자인 감각을 익히는 것이 도움이 된다.

사전에 이러한 준비가 끝난 다음에는 창업지원기관을 방문하거나 전문가의 도움을 받아 창업을 차근하게 준비하면 된다.

5-2 성공적인 창업아이템 발굴 사례

어떤 아이템을 해야 창업에 성공할 수 있을까? 생활의 불편함, 고통(pain)을 정의하고 그 고통을 없앨 수 있는 해결책을 제시할 수 있다면, 창업의 성공확률은 매우 높을 것이다.

핀테크 선두주자 '스퀘어'를 잭 도시(Jack Dorsey)와 공동 창업했던 짐 매켈비(Jim Mckelvey)는 유리세공 작품을 팔아 회사를 꾸려나가고 생계를 유지하던 중 거액의 손님을 놓치는 일이 발생했다. 유리 세공 작품을 신용카드를 결제할 단말기가 없어 거래가 성사될 수 없었던 것이다. 그는 여기서 바로 창업의 실마리를 잡았다. 단말기 없이도 신용카드를 그어 계산할 수 있는 모바일 포스시스템이었다. 휴대전화 이어폰 잭에 꽂는 작은 소형단말기와 앱 하나만 있으면 됐다. 간단한 방식으로 신용카드 결제가 가능해지자 비싼 단말기를 살 수 없었던 소상공인들은 열광했다. 이렇게 단말기 없이 계산 가능한 모바일 포스시스템으로 '대박'을 터트렸다.

드롭박스(세계 최대 파일공유 서비스)의 CEO 드류 휴스턴(Drew Houston)은 기존의 저장 장치에 불편함을 느끼고 창업하여 성공하였다.

모바일 차량예약 서비스 Uber 창업자 트래비스 캘러닉(Travis Kalanick)은 자신의 불만을 해결하기 위해 창업하여 성공하였다. 캘러닉이 2008년 파리방문 시 택시가 잡히지 않아 30분 이상을 허비하여 심한 불편함 느꼈다. 개인차량 운전자와 승객을 스마트폰을 통해 연결해 해주는 우버 앱을 만들었다. 자신이 있는 위치에서 목적지를 입력하면 가까운 거리에 있는 운전자가 자신의 차로 일정금액을 받고 태워주는 서비스로 대박을 터트렸다.

5-3 | 창업아이템 선정 시 참고할 사이트

http://k-startup.go.kr (창업넷: 창업지원 종합안내 시스템)
http://smba.go.kr (중소벤처기업부)
http://sbc.or.kr (중소기업진흥공단)
http://semas.or.kr (소상공인시장진흥공단)
http://kised.or.kr (창업진흥원)
http://sg.sbiz.or.kr (소상공인시장진흥공단 시장정보시스템)
http://kipris.or.kr (특허청 특허정보검색서비스)

제6절

사업타당성 분석

6-1 사업타당성분석 개요

새로운 사업, 신기술의 개발과 새로운 투자기회는 기업 성장의 동력으로서 창업자 또는 경영자에게 있어 가장 중요한 고유 업무 중의 하나이다. 이러한 신규 사업에의 진출, 투자기회 또는 신기술개발의 시행 여부에 대한 객관적이고 구체적인 의사결정을 도와줄 수 있는 방법으로서 사업타당성 분석을 수행하게 된다. 특히 예비창업자들이 가장 놓치기 쉬운 부분이 바로 사업타당성 검토 부분이다. 4차 산업혁명시대에 소비자들의 다양한 기호, 요구 변화 및 경쟁 심화 등으로 제품 및 산업의 수명 주기가 단축되고 있다. 따라서 소비자들의 기호와 빠른 욕구 변화를 사전에 예측하고 정확하게 파악하지 못하는 경우에는 고도화되고 치열한 경쟁 구도에서 도태될 수밖에 없다.

결국 사업타당성 분석은 기업의 생존에 직결되는 시장의 경제성인 "투하 자본에 대한 투자자의 요구 수익률을 확보할 수 있느냐?" 등에 대한 경영자의 사업추진능력, 기술성, 시장성, 경제성, 위험정도 등을 분석하고 평가하는 총체적인 과정을 말한다.

사업의 성공 가능성에 대한 정보를 파악하기 위해 수행하는 사업타당성 분석의 내용과 형식은 창업하고자 하는 경영자의 특성과 사업아이템에 따라 다양하지만, 일반적으로 시장성분석, 기술성분석, 수익성 및 경제성분석, 자금수지(자금조달 방법) 및 성장성분석으로 구성된다.

이러한 사업 진행을 위한 다각적인 분석을 종합해서 사업의 타당성분석(Feasibility Study or Feasibility Analysis)이라 한다.

6-2 시장성분석

시장성분석은 창업자의 아이템의 성격과 자금사정을 고려하여 조사방법을 선택하여야 하나, 반드시 시장조사를 하고 창업을 하는 것이 좋다. 충분히 시장조사를 하지 않고 사업을 진행하다가 귀한 자금을 모두 소진하고 사업을 포기하는 사례를 많이 목격하였다. 시장분석에서는 시장의 특성 및 구조, 잠재수요, 유통경로, 판매시장 환경, 경쟁상태, 시장진입 가능성 및 중장기 수급전망 등을 검토한다.

〈시장성 분석 항목표〉

평가요소	세부 평가 항목
전체적인 시장현황 분석	기존 제품과 유사 경쟁제품동향 분석
제품분석	제품자체의 강·약점, 라이프사이클, 보급률
경쟁력 요소 분석	경쟁사의 재무상황, 생산능력, 시장점유율
채산성 분석	제품원가, 영업비용 분석, 마진율 분석
수요예측	수요예측→판매계획, 생산계획, 자금조달계획

시장조사에 적합한 조사 방법 중 여러 측면을 고려해 볼 때, 정보의 외부 유출방지 측면에서 웹 서베이(Web Survey), 갱 서베이(Gang Survey), FGI(Focus Group Interview)등을 추천할 수 있다. 더불어 제품들의 특성이 동일한 경우 하나의 조사로 분석이 가능할 수 있으나, 제품들의 특성이 서로 달라서 조사대상자의 조건이 각각 상이한 경우에는 제품별로 개별적인 조사를 실시하여야 한다.

〈적정한 시장조사방법〉

조사 방법	조사진행자 (진행형태)	측정도구	조사문항수	조사 소요시간	실사기간 (표본 당 비용)
1:1개별 면접조사	대면조사 면접원 (1:1진행)	설문지	많은 질문이 가능함	20분 내외	장기 (보통)
전화 면접조사	전화조사 면접원 (1:1진행)	설문지	20문항 이내가 적당	5분-10분	단기 (저가)
웹 서베이	웹상의 프로그램 (1:1진행)	설문지	많은 질문이 가능함	시간제약 없음	단기 (초저가)
갱 서베이	담당 연구원 (다수와 진행)	설문지	1개 제품당 20문항정도	1시간 이내	단기 (고가)
개별 심층면접	전문 면접원 (1:1진행)	가이드라인	심층면접이 가능한 15개 문항	1시간 이내	단기 (초고가)
FGI	전문 진행자 (6-8명다수와 진행)	가이드라인	약 20문항 정도	1시간 30분 정도	단기 (고가)

6-3 기술성 분석

기술창업의 경우 기술성분석은 아무리 강조해도 지나치지 않다. 특히, 특허청 특허정보검색 서비스(http://kipris.or.kr)를 활용하여 반드시 관련제품의 특허등록 여부를 확인해 볼 것을 강력히 추천한다. 기술성분석은 제품의 기술수준, 품질, 성능 분석, 생산시설 계획, 기술 및 기능 인력 확보 등을 검토한다.

〈기술성 분석 항목표〉

구분	평가요소	세부 평가 항목
기술 도입 및 분석	핵심기술의 존재성	핵심기술 존재 여부
	기술의 특성	기술의 용도, 물리적 및 화학적 특성
	기술의 경쟁성	국내 주요 경쟁사의 기술, 유사기술의 존재 여부, 원가경쟁력 정도
	대체기술의 존재 여부 및 출현 가능성	보유기술과 기술수명주기, 기술의 장래성 평가

6-4 수익성(경제성) 분석

(1) 수익성 분석

창업업체가 수익성분석을 하는 것은 결코 쉬운 일이 아니다. 시제품생산도 하지 않은 단계라면 더 더욱 어려운 것이 수익성 분석이라고 할 것이다. 창업하려는 아이템이 확정되면, 창업하려는 아이템에 대해 시장성 및 기술성 분석을 실시해야 함은 앞에서 살펴보았다. 창업아이템의 시장성과 기술성이 타당한 것으로 평가되면 간단하든 구체적이든 수익성분석이 필요하다. 수익성분석은 재무관리 담당자가 주도적 역할을 수행하여야 한다. 만약 재무전문가가 없다면 공인회계사 등 외부전문가의 도움을 받아서 하는 방안도 있다.

수익전망은 추정손익계산서를 근거로 하여 예측한다. 향후 3-5년의 추정 손익계산서가 계산되면 손익계산서상 연도별 매출액, 매출총이익, 영업이익, 세전순이익, 당기순이익을 분석한다.

매출액에 대한 매출원가는 동 업계와 비교하여 과다하지 않은지, 판매비와 일반관리비는 매출액 또는 전체적인 영업규모에 비해 과다하지 않은지 종합하여 분석해 보아야 한다. 마지막으로 당기순이익 규모가 적정한지, 매출액에 대한 당기순이익률은 경쟁사 대비 어느 수준인지도 검토되어야 한다. 흑자실현 가능시점의 분석이 중요하다. 아무리 제조 창업기업이라 하더라도 2-3년 이내에 이익실현이 불가능한 경우이거나 5년 이내에 이월결손금이 보전되지 않는 사업이라면 사업의 계속여부를 재검토하여야 한다.

(2) 경제성 분석

창업기업에 있어서 경제성 분석은 수익성분석 보다 더욱 전문성을 요구하는 분석이다. 경제성분석까지 하면서 사업을 하는 경우는 흔치 않다고 본다. 다만, 투자금액이 커서 경제성분석을 필요로 할 경우도 있다고 할 것이다. 사업계획의 경제성 분석은 목표수익률 이상의 수익률 실현이 가능하며, 얼마나 확실성이 있는지를 순현재가치법(Net Present Value Method), 내부수익률법(Internal Rate of Return Method)등의 재무적 방법을 사용하여 평가한다.

경제성분석에는 순현재가치법, 내부수익률법, 회수기간법 및 회계적이익률법이 사용되어진다. ① 순현재가치법(NPV, Net Present Value Method)은 사업이 창출하는 미래현금흐름의 현가에서 초기 투자금액을 뺀 값을 순현가(NPV)라고 하며, NPV가 양(+)이면 투자안이 경제성이 있다고 평가한다. ② 내부수익률법(IRR, Internal Rate of Return Method)

은 어떤 사업안에서 예상되는 현금유입의 현재가치와 투자 액을 일치시켜주는 할인율에 의해 사업안의 경제성을 평가하는 방법이다. 내부수익률(IRR)이 목표수익률 보다 크면 경제성이 있다고 평가한다. ③ 회수기간법은 언제 초기투자액이 회수되느냐에 따라 투자 여부를 결정 하는 방법이다. ④ 회계적이익률법은 평균회계이익률이 목표평균회계이익률을 초과한다면 투자안을 채택하는 방법이다.

〈주요 수익성 평가기법의 특징 비교〉

종 류	정 의	투자안 채택여부	비 고
순현재가치법 (NPV)	NPV = 미래현금흐름의 현재가치 - 최초 투자예상액	순현재가치(NPV)가 0보다 클 때	주요 평가수단
내부수익률법 (IRR)	미래현금흐름의 현재가치와 최초 투자예상액을 동일하게 하는 할인율	내부수익률(IRR)이 가중평균자본비용(WACC)보다 높을 때	보조적 평가수단
회수기간법	최초 투자금액을 회수하는데 걸리는 기간	회수기간이 짧을수록	보조적 평가수단

6-5 성장성 및 위험요소 평가

창업아이템에 대한 시장성, 기술성 및 수익성분석결과 사업타당성이 있다고 분석이 되면 이제 마지막 단계로 성장성·자금수지·위험요소분석을 하여 사업의 진행여부를 최종적으로 검토하게 된다. 마지막으로 자금 수지 및 조달능력을 검토하고 기업의 성패에 중대한 영향을 미칠 수 있는 위험요소의 분석과 장기적인 기업경영 측면에서 지속적인 성장발전이 가능한지를 분석한다.

(1) 자금수지 및 자금조달 능력 검토

창업아이템이 선정되면 사업추진에 따른 적정자금 규모를 추정하고 검토하여야 한다. 적정자금규모가 추정되면 자금조달능력 및 가능성을 검토하여야 하며, 조달된 자금의 상환능력이 있는지를 검토해야 한다.

① 소요자금의 규모결정은 사업규모와 함께 생각하는 것이 좋다. 반면 사업규모는 자금조달능력에 의해서 결정되어진다. 따라서 소요자금 규모결정은 자금조달능력과 연계시켜 검토하는 것이 합리적이다. ② 창업에 따르는 불확실성을 고려하여 총 소요자금의 1.5배 내지 2배로 자금조달계획을 수립하는 것이 필요하다. ③ 자금 조달 및 운용계획표는 기간 및 자료성격에 따라 총괄자금계획, 시설자금 조달계획, 연도별 소요자금 및 조달계획을 작성한 후 이를 심층적으로 분석 한다. ④ 차입금 상환능력 검토 시에는 연도별 매출액과 당기순이익의 규모 및 증가율을 감안하여 수립하여야 한다.

(2) 성장성 분석

기업의 성장성, 즉 미래지향성 분석은 근본적으로 장기 경영계획을 전제로 분석하는 것이다. 기업의 미래지향성 분석은 연도별 생산, 판매계획의 적정성, 인력증원의 합리성, 시설투자의 적정성, 수익전망의 합리성, 자금조달·운용계획의 실현가능성 등 경영전반에 걸친 장기예측의 정확성을 검증함으로써 이루어진다. 그러나 창업기업에 있어서 창업 초기부터 장기 경영계획수립이 불가능하기 때문에 이들 여러 요소를 분석대상으로 할 수는 없으나, 최소한 다음 상황에 대해서는 장기분석이 반드시 필요하다. ① 제품의 수명 및 신제품의 개발전망에 대해 분석한다. ② 추정재무제표에 의한 매출액, 당기순이익 등의 적정성 및 성장전략의 달성가능성을 분석한다. ③ 조직 및 인력구성에 대해 분석한다.

(3) 사업 위험요소 분석

마지막으로 정부의 정책변화 등 사업의 위험요소를 종합적으로 검토해야 한다. 추후 경영환경이 변화하면 그에 상응하는 새로운 대책이 나오지 않으면 안 된다. 실무에서 가장 많이 사용되는 방법은 주요 경영환경변수가 새로운 사업에 미칠 영향을 몇 가지 시나리오로 가정하여 미리 대비책을 강구하는 것이다. 예를 들어, 가장 비관적인 경우, 가장 낙관적인 경우, 그리고 정상적인 경우 등 세 가지 상황을 가정하여 사업타당성 분석을 실시하고 추후 각 경우에서의 경영자의 선택권에 대한 가상 시나리오를 준비한다. 이를 유연한 투자예산(flexible budget)이라고 부른다. 유연한 투자예산은 기업의 미래성장성을 예측하는데도 도움을 준다.

〈환경변화에 따른 위험요소〉

위험의 종류	위험요소
정부정책 변화	- 조세, 관세정책 및 금융지원제도의 변화 - 금리 및 환율의 변동 - 중소기업 고유 업종의 제한 해제 및 수입개방 - 환경규제
시장경쟁의 격화	- 경쟁기업의 진입 - 판매가격의 변화
생산요소의 변동	- 주요 원자재 파동 - 인건비 상승
기 타	- 노사분규 - 공장건설의 지연 - 시설자금 또는 운전자금의 조달 실패 - 공장 주변지역의 환경악화

제7절 사업계획서 작성

7-1 사업계획서 개요

사업계획서(Business Plan)는 성공적인 창업을 위한 출발점이다. 사업계획서는 이익실현을 위해서 기업의 보유자원을 효율적으로 활용하기 위한 경영 전략을 체계적으로 문서화 한 것으로 정의할 수 있다. 구체적으로 창업사업계획서(Start-up Business Plan)는 창업과 관련하여 기술개발, 생산, 판매, 자금 등을 명확히 초점을 맞추어 창업 계획을 요약정리 한 보고서이다. 창업의 목표가 무엇인지 설명하고 향후 사업추진 동안 목표를 달성하기 위해 어떠한 수단을 사용할 것인지를 설명하는 서류이다. 또한 창업아이템을 추진하기 위한 사업방향 및 수행능력 등을 외부에 객관적으로 제시하고 투자자들에게 이를 설득시키는 가장 중요한 자료이다. 뿐만 아니라 창업의 성공을 위해서 하고자 하는 사업의 초점을 명확히 맞추어 간결하게 메시지를 전달하는 것이며, 돈 벌 수 있는 아이디어(Business Idea)를 실행 가능한 구체적인 계획으로 발전시켜 체계적으로 문서화 한 것으로 정의할 수 있다.

7-2 사업계획서의 중요성 및 필요성

대학교 실천창업경진대회, 예비창업자자금, 창업성공패키지 및 창업선도대학 등에 제일 먼저 제출하게 되는 것은 사업계획서이다. 따라서 사업계획서는 기업의 얼굴이자 무기이며 언어이다. 사업계획서는 성공적인 창업을 위한 지속적인 활동에 필요한 방법과 절차, 활동 범위 등을 글로 표현한 것으로, 대외적으로는 기업의 얼굴이다. 사업계획서는 벤처기업가의 꿈을 성취하기 위한 사업의 현장과 자금조달(예비창업자자금, 창업사관학교)의 전쟁터에 가지고 나가야 할 무기이다. 사업계획서는 대표와 창업팀원 및 종업원이 비전을 공유하기 위한 언어이자 종업원들과 부서간의 의사소통을 위한 언어이다. 따라서 사업계획서는 창업 중소기업에게 매우 중요한 문서인 것이다.

창업사업계획서의 필요성은 아무리 강조해도 지나치지 않다. 창업사업계획서를 작성해봄으로써 신규 사업의 타당성을 다양한 각도에서 체계적으로 점검해 볼 수 있다. 창업아이템의 시장과 경쟁상황 등 제반 현상을 명확히 분석함으로써 장애요인을 제거할 수 있는 도구를 제공하고 신규 사업의 성공 가능성을 높일 수 있게 한다. 창업일정의 로드맵을 작성하여 계획대로 진행함으로써 창업비용의 절감과 확보를 가능하게 한다. 이러한 창업사업계획서는 실제 창업을 추진하면서, 추진 상황을 관리하고 평가 할 수 있는 핵심 자료로 활용 가능하기 때문에 창업사업계획서의 작성은 반드시 필요하다

7-3 사업계획서의 역할

사업계획서는 창업기업의 목표, 사업추진 방향 설정, 사업화 단계 진행 방향 제시, 창업자의 실현의도, 기업 및 관리자와 종업원의 목표를 담고 있기 때문에 창업자의 길잡이 역할을 한다. 또한 사업계획서는 창업기업의 주요 문제와 상황 등의 체계적 정보제공, 이해관계자와 정보교류, 상호문제 해결 전략 도출과 상호 이해를 증진하는데 도움을 준다. 아울러 사업계획서는 사업의 잠재성을 이해관계자들에게 전달하는 역할, 창업자의 비전과 야망이 나타나 이해관계자들과 의사소통이 잘 될 수 있게 하며, 투자자 및 관련자들로부터 자금 유입을 유도하는 역할을 한다.

7-4 좋은 사업계획서 작성 원칙

사업계획서는 용도에 따라 다양한 유형이 있을 수 있다. 또한 신청기관마다 다른 사업계획서를 요구하기 때문에 요구하는 기관에 맞게 작성하면 된다. 다만, 일반적인 사업계획서의 작성원칙은 다음과 같다.

(1) 이해하기 쉽게

사업계획서는 해당 분야 비전문가도 이해할 수 있도록 쉽게 작성되어야 한다. 이해하기 쉬운 사업계획서를 검증하는 방법 중의 하나는 그 사업에 비전문가인 자신의 지인에게 사업계획서를 보여주는 것이다. 이해하기 쉬운 사업계획서를 만들기 위해서는 사업에 대한 충분한 내용을 담고 있어야 한다. 사업의 강점과 기회 요소뿐만 아니라 약점과 위협 요소까지 포함하고 있어야 한다. 기술적인 전문용어나 특정 업종의 속어들은 가급적 사용하지 말고 쉽게 풀어 설명해야 한다.

(2) 간결하고 명료하게

초기 창업자들은 사업에 대한 지나친 열정과 의욕으로 사업계획서에 너무 많은 내용을 담고자 하는 실수를 범한다. 간결하고 명료하면서도 분명한 메시지를 전달할 수 있어야 한다.

(3) 객관성 유지

사업계획서는 객관성이 결여되어서는 안 된다. 자칫 자신감이 너무 지나쳐 제3자가 느끼기에 허황하고 실현가능성이 없다고 판단되면 신뢰에 큰 타격을 입을 수 있다. 따라서 공공기관 및 전문기관의 증빙자료를 근거로 제시하면 좋다. 또한 시장수요조사와 정확한 회계지식을 가지고 매출액과 수익이 추정되어야 한다.

(4) 일관성과 정확성

사업계획서는 전체적인 내용의 일관성을 유지하여야 하며, 제시되는 숫자가 정확성을 유지하여야 한다. 사업계획서의 일관성은 내용의 일관성과 표현의 일관성이 있어야 한다. 시장에는 어떤 기회와 위협 요소가 있으며, 자사의 강점과 약점이 무엇이며 결론적으로 성공할 수 있는 요소가 무엇인가를 체계적으로 일관되게 설명해야 한다. 또한 사업계획서에는 편집방식, 숫자 또는 화폐단위 등을 통일해서 표현해야 한다.

(5) 독특한 개성

기업의 독특한 개성을 효과적으로 부각시키고 분명한 메시지를 전달하기 위해서는 사업계획서를 기업의 특성에 맞도록 개성 있게 작성해야 한다. 다양성은 기업의 개성이며, 독특한 개성은 벤처기업의 핵심경쟁 요소인 '비교우위 차별성'을 의미한다.

〈좋은 사업계획서 작성원칙〉

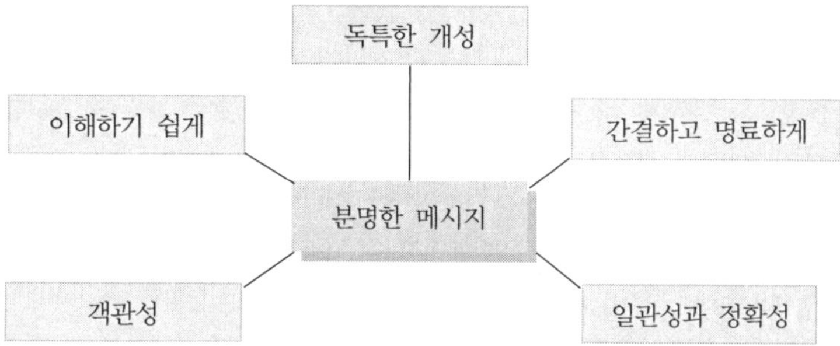

7-5 사업계획서 유형

창업사업계획서는 크게 3가지 유형으로 나눌수 있다. 우선 요약 사업계획서가 있다. 이는 두 세 장의 분량으로 사업전반의 핵심내용을 집약한 것으로 전체사업계획서 전반부에 삽입한다. 두번째는 서술형 사업계획서이다. 이는 사업내용에 대한 상세한 설명과 편안한 접근에 강점이 있어서 공공기관 용 사업계획서 및 기관투자가용으로 선호되고 있다. 30페이지 내지 40페이지 정도로 작성한다. 세번째로 프리젠테이션용 사업계획서가 있다. 사업내용에 대한 발표가 목적이며, 다양한 도표와 축약된 사업내용 전달에 강점이 있다. 보통 프리젠테이션용 사업계획서는 20페이지 내외로 작성한다. 그리고 서술형 사업계획의 보완자료로 활용된다.

7-6 비즈니스 모델

1) 비즈니스 모델(Business Model)의 개념

비즈니스모델은 조직이 가치를 창조하고 전파하여 수익을 내는 방법을 논리적으로 설명하는 설계도이다. Timmers(1998)는 비즈니스모델이란 제품, 서비스, 정보의 흐름에 대한 아키텍처(구성도)로써, 비즈니스의 다양한 참여자, 참여자들의 역할, 참여자들에 대한 잠재적 이익 및 수익의 원천에 대한 설명을 하는 것으로 정의하였다. 한편 Osterwalder는 비즈니스모델이란 비즈니스와 관련된 여러 요소들과 이 요소들 간의 관계성을 표현함으로써, 특정 기업의 비즈니스 논리를 표현할 수 있도록 해주는 개념적인 도구라고 정의하였다.

2) 비즈니스 모델 캔버스(The Business Model Canvas)

비즈니스 모델 캔버스는 알렉산더 오스터왈더(Alexander Osterwalder)와 예스 피그누어(Yves Pigneur)가 2010년 『Business Model Generation』 이라는 저서를 통해서 제안한 캔버스이다. 비즈니스 모델 캔버스는 "비즈니스 모델을 분석하고 디자인하는 핵심툴"로써, 총 9개의 요소로 구성된다.

비즈니스모델 9개의 요소는 가치제안(Value Proposition), 고객 세그먼트(Customer Segmentation), 채널(channels), 고객 관계(Customer Relationships), 수익원(Revenue Streams), 핵심 자원(Key Resurces), 핵심 활동(Key Activities), 핵심 파트너십(Key partnerships), 비용 구조(Cost Structure) 등 9가지 이다.

〈The Business Model Canvas 9〉

<table>
<tr><td>Key Partners</td><td>Key Activities</td><td>Value Propositions</td><td>Customer Relationships</td><td>Customer Segments</td></tr>
<tr><td rowspan="3">⑧ 핵심 파트너쉽
비즈니스 파트너로서 나의 부족한 자원/ 역량을 보완할 수 있는 파트너</td><td>⑦핵심 활동
본인이 control 가능한 핵심활동</td><td rowspan="3">①가치제안
고객에게 어떠한 차별화된 가치를 제공할 수 있는지를 기술</td><td>④고객관계
세그맨트된 고객과 어떤 형태로 지속적인 관계를 유지할 것인가 기술</td><td rowspan="3">②고객세분화
어떤 고객에게 가치(상품/서비스등)을 제공할지를 고민한다.</td></tr>
<tr><td>Key Resources</td><td>Channels</td></tr>
<tr><td>⑥핵심자원
본인이 control 가능한 핵심자원</td><td>③채널
고객에게 가치(상품/서비스)를 어떤 경로로 제공할 것인가를 기술</td></tr>
<tr><td colspan="2">Cost Structure</td><td colspan="3">Revenue Streams</td></tr>
<tr><td colspan="2">⑨비용구조
비즈니스를 하면서 발생하는 모든 비용
- 저비용구조가 바람직</td><td colspan="3">⑤수익원
수익의 창출은 어떤 구조, 지속적인 수익 창출 구조인지 기술</td></tr>
</table>

7-7 사업계획서 작성 실무

창업 사업 계획서(Start-Up Business Plan)는 사람, 사업 아이디어(기술, 제품, 서비스), 시장, 자본에 대한 추진 계획을 요약 정리한 보고서이다. 또한 창업사업계획서는 창업 성공을 위하여 하고자 하는 사업의 초점을 명확히 하며, 돈 벌 수 있는 아이디어(Business Idea)를 실행 가능한 구체적인 계획으로 발전시킨 계획서이면 충분하다. 창업사업계획서는 사람, 기술, 시장, 자본, 비즈니스 모델, 창업 로드맵, SWOT분석과 비전이 포함되면 충분하다고 할 것이다.

(1) 사업계획서 작성에 앞서 창업자가 반드시 해야 할 질문

창업사업계획서를 작성하기에 앞서 창업자는 반드시 아래와 같은 내용에 대해 자기스스로 질문하고 신중하게 답변하여야 한다.

① 내가 하고자 하는 창업 아이템의 본질은 무엇인가?

- 내 창업 아이템(제품과 서비스)은 무엇인가?
- 내 창업 아이템의 핵심역량은 무엇인가?

② 누가 내 고객인가?

③ 얼마나 많은 사람이 이 제품과 서비스를 살 것인가?

④ 이 사업을 창업하는 데 얼마의 자본이 필요한가?

- 내가 가지고 있는 자금(seed money)은 얼마이며, 조달 가능한 자금은 얼마인가?

⑤ 내 사업을 어떻게 홍보해야 할까?

⑥ 제품의 가격은 적절한가?

⑦ 언제 손익분기점에 도달할 수 있을 것인가?

(2) 창업 사업 계획서 구성요소

① 요약 사업 계획서 : 창업아이템 개요, 창업 로드맵 및 비전, 비즈니스 모델

② 사람 : 창업자 및 팀원 현황, 창업동기, 창업가로서 역량(전문성 포함)

③ 기술 : 기술(제품)의 개요, 기술(제품)의 차별성(독창성), 기술(제품)의 모방 가능성 (난이도), 기술(제품)의 구현 가능성(실현 가능성), 시제품 제작 및 생산계획

④ 시장성 : 국내외의 관련 기술(제품) 동향, 경쟁사 현황, 국내외의 시장규모와 수요분석, 시장진입 가능성, 목표고객, 시장의 성장성, 마케팅 전략

⑤ 자본 : 추정 재무제표(추정 손익 계산서, 추정 재무상태표, 추정 현금흐름표), 자금계획(자금수지표), 창업 소요자금 및 자본 조달 계획

⑥ 비즈니스모델, 창업 Road Map, SWOT 분석 및 Vision

〈창업 사업계획서 구성〉

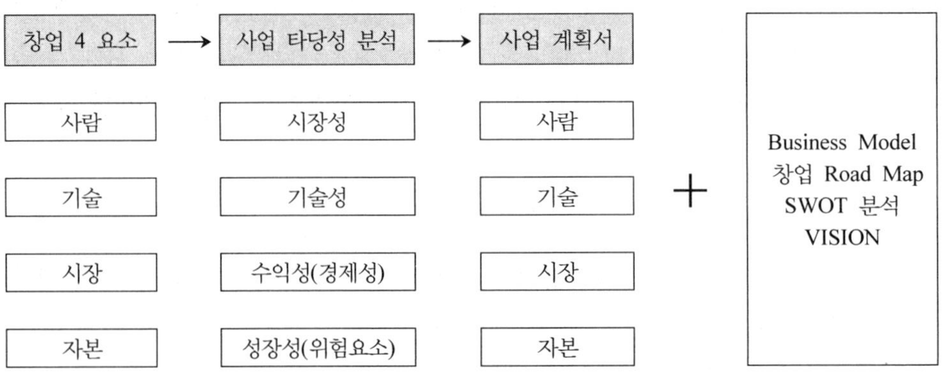

제8절

사업의사 결정

8-1 사업규모 결정

창업아이템에 대한 사업타당성 검토가 완료되고, 사업계획서로 이를 정리하고 나면 최종적으로 사업의사결정을 할 단계이다. 창업자는 사업타당성 분석을 참고로 향후 사업방향을 결정하여 사업의 규모를 결정하고 사업계획을 수립하여 추진하여야 한다. ① 선정된 아이템의 투자계획에 따른 규모를 결정하여야 한다. ② 창업자가 자기자본과 타인자본을 이용한 자금조달능력에 따른 사업규모를 경정하여야 한다. ③ 사업장 확보 유무에 따른 사업규모를 결정하여야 한다. ④ 판매계획에 따른 생산능력 확보여부에 따른 사업규모를 결정하여야 한다.

8-2 기업형태 결정

인.허가 사항은 사업을 시작하기 전에 각 관계 법령에 따라 받아야 하는 행정 절차이며, 세부적으로는 허가, 신고, 등록, 지정, 면허 등이 있다. 창업하려는 업종이 인.허가 대상 사업인지 여부에 대해서 잘 모르면 일단 도청, 시청, 구청에 알아보거나 「기업지원플러스 G4B 홈페이지(www.g4b.go.kr)」 또는 「온라인 법인설립시스템 홈페이지(www.startbiz.go.kr)」에서 검색하면 쉽게 확인할 수 있다. 인.허가를 받기 위해서는 업종에 따라 그 사업에 관한 인적 요건(자격기준 등), 물적 요건(사업장 및 시설 기준 등) 또는 순자산 요건(최소자본금 기준 등)을 갖추어야 한다.

법적인 문제까지 해결되면 이제 회사를 설립해야 하는 단계이다. 이 단계에서는 개인기업으로 창업할 것인지 법인기업으로 창업할 것인지를 검토하여야 한다.

〈법인기업과 개인기업의 비교〉

법인기업	비교항목	개인기업
개인에 비해 복잡	설립절차	사업자등록만으로 가능
대표가 바뀌어도 계속성유지	기업영속성	대표가 바뀌면 신규사업자
유한책임(지분한도 내)	대표자책임	무한책임
대체로 높음	대외신인도	대체로 낮음
일정 비용 필요	설립비용	거의 없음
자금조달 용이, 대자본 가능	자금조달	자금조달 한계, 대자본 불가능
제약 있음(사적 유용 금지)	이익금사용	제약 없음(개인자금 사용)
비교적 많음	관리비용	비교적 적음
자산 100억 이상 법인 의무	외부감사	적용대상 아님
과세표준 2,400만원 초과 시 법인사업자가 유리	세금부담	과세표준 2,400만원 이하 시 개인사업자 유리
법인세, 대표 급여의 비용 인정	과세체계	소득세, 대표급여의 비용 불인정
의무	복식부기의무	요건에 따라 다름

8-3 개인회사 설립

개인회사 설립절차는 간단하다. 창업하려는 사업장 관할 세무서장에게 사업자등록 신청을 함으로써 개인회사는 설립한다. 다만 사업 특성상 사업의 인가·허가·등록이 필요한 사업은 사업자등록을 신청하기 전에 반드시 인가·허가·등록이 필요하다. 사업의 인가·허가·등록 통지를 받은 개인사업자는 사업개시일로부터 20일 이내에 사업장을 관할하는 세무서에 사업자등록을 신청하면 된다. 사업자 등록 시 구비서류는 ① 사업자등록신청서(세무서에 비치), ② 사업장을 임차한 경우에는 임대차계약서 사본 ③ 법령에 의하여 허가 · 등록 · 신고를 받아야 하는 사업의 경우에는 사업허가증 사본, 사업등록증 사본 및 신고필증 등 이다.

8-4 주식회사 설립

주식회사설립은 발기설립과 모집설립의 2가지 방법이 있다. 발기설립은 설립 시에 발행하는 주식 전부를 발기인만이 인수함으로써 설립하는 방법이다. 발기설립은 이사와 감사의 선임은 발기인의 의결권의 과반수로 결정하며, 대체로 중.소규모 기업에 적합하다. 모집설립은 설립 시에 발행하는 주식 일부는 발기인이 인수하고 나머지는 주주를 통해 인수한다. 모집설립은 이사와 감사의 선임은 창립총회의 결의로 결정하며, 대체로 대규모 기업에서 선호하는 방법이다.

자본금 10억원 미만의 발기설립으로 주식회사를 설립하는 회사는 온라인법인설립시스템(www.startbiz.go.kr)을 활용하여 법인을 설립할 것을 강력히 추천한다. 시간은 1주일 정도 걸리고 비용은 등록세를 제외하고는 비용이 발생하지 않기 때문에, 신규로 법인을 설립하는 경우 반드시 온라인 법인설립시스템을 사용하여 설립하는 것을 추천한다.

8-5 온라인 법인설립 시스템(www.startbiz.go.kr)

온라인 법인설립 시스템은 회사설립을 위한 가이드, 사업인.허가, 회사설립 절차 정보를 종합적으로 제공하고 다수의 신청서 및 기타 제출서류를 작성하여 회사 설립 업무를 온라인으로 쉽고 빠르게 처리하는 회사설립 시스템이다. 온라인 법인설립시스템(www.startbiz.go.kr)은 2010년 발기설립서비스를 구축완료하고, 2011년부터 모든 회사설립서비스로 확대하여 시행되고 있다. 상담전화는 법정 근무 시간 중에 가능하며, 1577-5475로 전화하면 된다.

주식회사 설립방법은 다음과 같다. ① 회원가입 및 개인 공인 인증서가 필요하다. ② 법인인감이 필요하다. ③ PC와 로컬로 연결된 Twain 드라이버 버전의 스캐너 필요(법인인감 업로드시 필요)하다. ④ 자본금 통장이 필요하다. 자본금 납입관련 잔액증명서를 발급받을 발기인대표 명의의 입출금 개인계좌가 필요하다. 중소기업은행, 국민은행, 외환은행, 수협중앙회, 농협중앙회, 우리은행, SC제일은행, 씨티은행, 신한은행, 하나은행, 부산은행, 광주은행, 대구은행,

전북은행, 제주은행이 가능하다.(단 우체국, 저축은행 등 제2금융권은 제외) ⑤ 주식회사 설립의 경우 조사보고서 작성을 위한 지분 없는 감사 1인의 선임이 필수적이다. 최소인원은 대표자와 지분 없는 감사 등 총 2인으로 설립가능하다. 유한, 합명, 합자회사의 경우 2인 이상이 필요하며, 유한책임 회사의 경우 1인으로 설립이 가능하다. ⑥ 최저자본금제 폐지로 100원 이상 비용으로 법인설립이 가능하다.

제9절

창업 후 3년 생존전략

무역협회 보고서(2015. 5.25) 『지속적인 R&D·사업발굴로 위기를 기회로』에 따르면 우리나라 창업업체의 창업 3년 후 생존율은 2013년 기준 41.0%로 OECD 17개 주요 회원국 가운데 최하위에 그쳤다. 룩셈부르크가 66.8%로 가장 높았으며, 호주 62.8%, 이스라엘 55.4%, 미국 57.6%, 이탈리아 54.8% 순이었다. 한국은 신생 기업의 75% 이상이 평균 창업 5년이 안돼 폐업했다. 10년 이상 사업을 지속한 기업은 8% 남짓에 불과해 평균 생존기간이 짧았다. 그러면 창업 후 3년 생존전략은 무엇일까? 필자는 25년간 중소기업진흥공단의 자금지원업무와 7년의 창업사관학교 멘토링 업무를 담당하면서 만났던 많은 창업기업 대표들의 부침을 바라보면서 최소한의 생존전략을 제시하고자 한다.

(1) 예비창업지원자금, 창업초기자금, 성장도약패키지 자금 등 지원자금은 다양하게 준비되어 있다. 따라서 반드시 정부지원금을 창업초기에 활용하여야 하며, 시제품제작과 추가 R&D는 무조건 정부자금으로 활용하도록 한다. 초기의 Seed Money는 가급적 아껴두는 것이 좋다. 그래서 악착같이 3년은 버티자. 창업초기는 챙피할 것이 없다. 사무실은 무조건 정부에서 무료로 제공하는 창업지원센터를 활용하도록 노력해야 한다. 창업초기 절감한 경비는 3년

후에 정말로 자금이 필요로 할 때 사용하는 히든카드가 될 것이다.

(2) 예비창업자와 초기창업자들은 반드시 창업넷, 중소벤처기업부, 중소기업진흥공단, 소상공인시장진흥공단, 소상공인시장진흥공단 시장정보시스템 그리고 특허청 특허정보검색서비스를 늘 정기적으로 방문하여 정보를 획득하여야 한다. 이들 기관의 홈페이지를 최소한 1주일에 1회 이상 방문하기를 강력히 추천한다.

(3) 가급적 빨리 최소기능제품(MVP, Minimum Viable Product)을 제작하여 시장의 반응을 보면서 지속적으로 수정·보완해 나가야 한다. 시장이 원하지 않는다면 '피벗(Pivot: 궤도수정)'이 필요하다. 따라서 지속적으로 시장환경을 직시하여야 한다. 고객과 정부정책 등에 민감하게 반응해야 한다. 이렇게 하여 초기에 매출을 올릴 수 있도록 해야 한다.

(4) 매출이 이루어지면, 특허(실용신안권, 상표권, 저작권 등) 출원 및 등록 등 지식재산권확보와 더불어 정부의 수출지원화사업에 적극 참여하여야 한다. 회사의 카다로그, 제품소개서, 홈페이지, 동영상제작을 제작하여 해외에 수출하는 길을 적극적으로 모색해야 한다.

아울러 조달청(우수조달물품지정) 및 중소벤처기업부(우선구매 대상 지정) 등 정부조달물품으로 지정을 신청하여 매출 거래선을 다양화해야 한다. 또 벤처기업지정, KC인증, NEP, NET, GS(Good S/W), ISO9000 등 각종 인증도 계획을 세워서 획득하여야 한다.

(5) 기업은 사람이다. 창업 이후 3년간 생존하기 위해서는 멘토와 선배 기업인 등 인적 네트워크를 갖추는 것이 반드시 필요하다. 전문가들(멘토, 변리사, 회계사, 세무사, 노무사 등) 과 자금을 지원하는 기관(중소기업진흥공단, 소상공인시장진흥공단, 창업진흥원, 창업투자회사 등)과의 관계를 늘 우호적으로 유지하도록 노력해야 한다. 아울러 대표자 및 기업의 신용도 관리를 철저히 하여야 한다. 살아남아야 성장하고 발전해 나갈 수 있다.

〈참고1〉 지식재산권 (Intellectual Property Right) 알아보기

1. 지식재산권

(1) 지식재산권 개요

지식재산권은 지적창작물에 대한 독점적이고 배타적인 권리를 인정하는 재산권을 말한다. 그동안 지식재산권은 공업소유권 혹은 산업재산권, 그리고 저작권으로 나누어 불리던 것을 통합하여 지식재산권(Intellectual Property Right)으로 총칭하고 있다. 이러한 지식재산권은 산업재산권, 저작권, 신지적재산권으로 크게 나누어진다.

〈지식재산권 분류〉

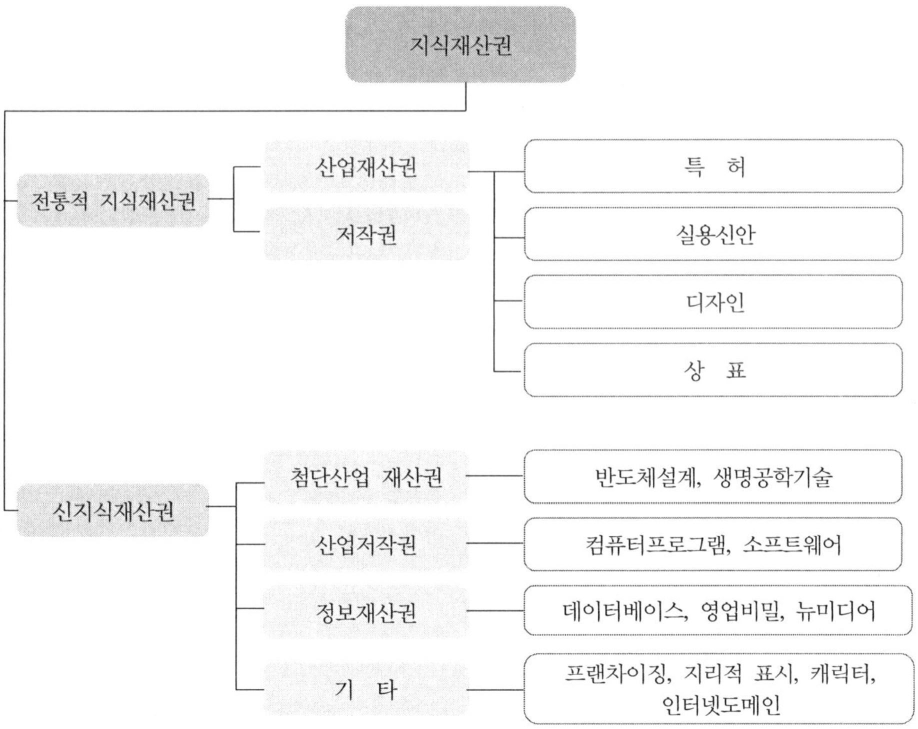

(2) 산업재산권

산업재산권은 특허권, 실용신안권, 디자인권, 상표권이 있으며, 구체적인 산업재산권의 내용을 살펴보면 아래와 같다.

〈산업재산권 요약〉

구분	특허권	실용신안권	디자인권	상표권
보호 대상	발명 (기술적사상의 창작으로 고도한 것)	고안 (기술적 사상의 창작이나, 고도할 필요는 없고 물품에 대해서만 인정)	물품의 디자인 (물품의 형상, 모양, 색채 또는 이들의 결합으로 시각을 통하여 미감을 일으키는 것)	자기의 상품을 타인의 상품과 식별시키기 위한 표장 (기호, 문자, 도형, 입체적 형상, 색체, 홀로그램, 동작)
등록 요건	법정 특허요건 (산업상 이용가능성, 신규성, 진보성)	특허권과 같음 (특허에 비해 진보성의 진보 정도는 낮음)	공업 상 이용가능성, 신규성, 창작성	타사 상품 식별력이 있을 것
권리 발생 및 내용	특허권 설정 등록 시 발생하며, 특허발명을 실시할 권리를 독점	특허권과 같음	설정 등록 시 발생하며, 실시할 권리를 독점	설정 등록 시 발생하며, 실시할 권리를 독점
보호 기간	출원일로부터 20년	출원일로부터 10년	설정 등록일로부터 15년	설정 등록일로부터 10년

(3) 저작권

저작권은 ① 저작재산권(지적창작물에 대한 복제권, 공연권, 방송권, 전시권, 배포권), ② 저작인접권(실연자의 녹음, 녹화권, 실연방송권, 음반의 경우 음반제작자의 복제 · 배포권, 방송의 경우 방송사업자의 복제 및 동시 중계권), ③ 저작인격권(저작자가 자기의 저작물에 대하여 가지는 인격적 이익 보호) 등이 있다.

(4) 신지적재산권은 ① 산업저작권(컴퓨터 프로그램 등을 보호), ② 첨단산업재산권(DNA 조작기술이나 생명공학기술 등의 산물), ③ 정보재산권(영업비밀이나 뉴미디어 등에 적용) 등이 있다.

2. 특허출원 및 심사절차

지적재산권 중에서 대표적인 특허권의 출원과 심사절차를 살펴봄으로써 타 지적 재산권의 출원과 심사절차를 참고하면 되겠다.

(1) 방식심사

서식의 필수사항 기재여부, 기간의 준수여부, 증명서 첨부 여부, 수수료 납부 여부 등 절차상의 흠결을 점검하는 심사이다.

(2) 심사청구

출원인이 심사를 청구한 출원에 대해서만 심사하는 제도로서, 특허출원에 대하여 출원 후 5년간 심사청구를 하지 않으면 출원이 없었던 것으로 간주(실용신안 등록 출원의 심사청구기간은 3년)된다.

(3) 출원공개

출원공개제도는 출원 후 1년 6개월이 경과하면 그 기술내용을 특허청이 공보의 형태로 일반인에게 공개하는 제도이다. 심사가 지연될 경우 출원기술의 공개가 늦어지는 것을 방지하기 위하여 도입된 제도이다.

(4) 실체심사

산업 상 이용가능성, 신규성 및 진보성 등 특허요건을 판단하는 심사로서 이와 함께 공개의 대가로 특허를 부여하게 되므로 일반인이 쉽게 실시할 수 있도록 기재하고 있는가를 동시에 심사한다.

(5) 특허결정

해당 출원이 특허요건을 충족하는 경우, 심판관이 특허를 부여하는 처분이다.

(6) 설정등록 및 등록공고

특허결정이 되면 출원인은 등록료를 납부하여 특허권을 설정등록하며, 이때부터 권리가 발생한다. 설정 등록된 특허출원 내용을 등록공고로 발행하여 일반인에게 공표한다.

〈특허출원 후 심사 흐름도〉

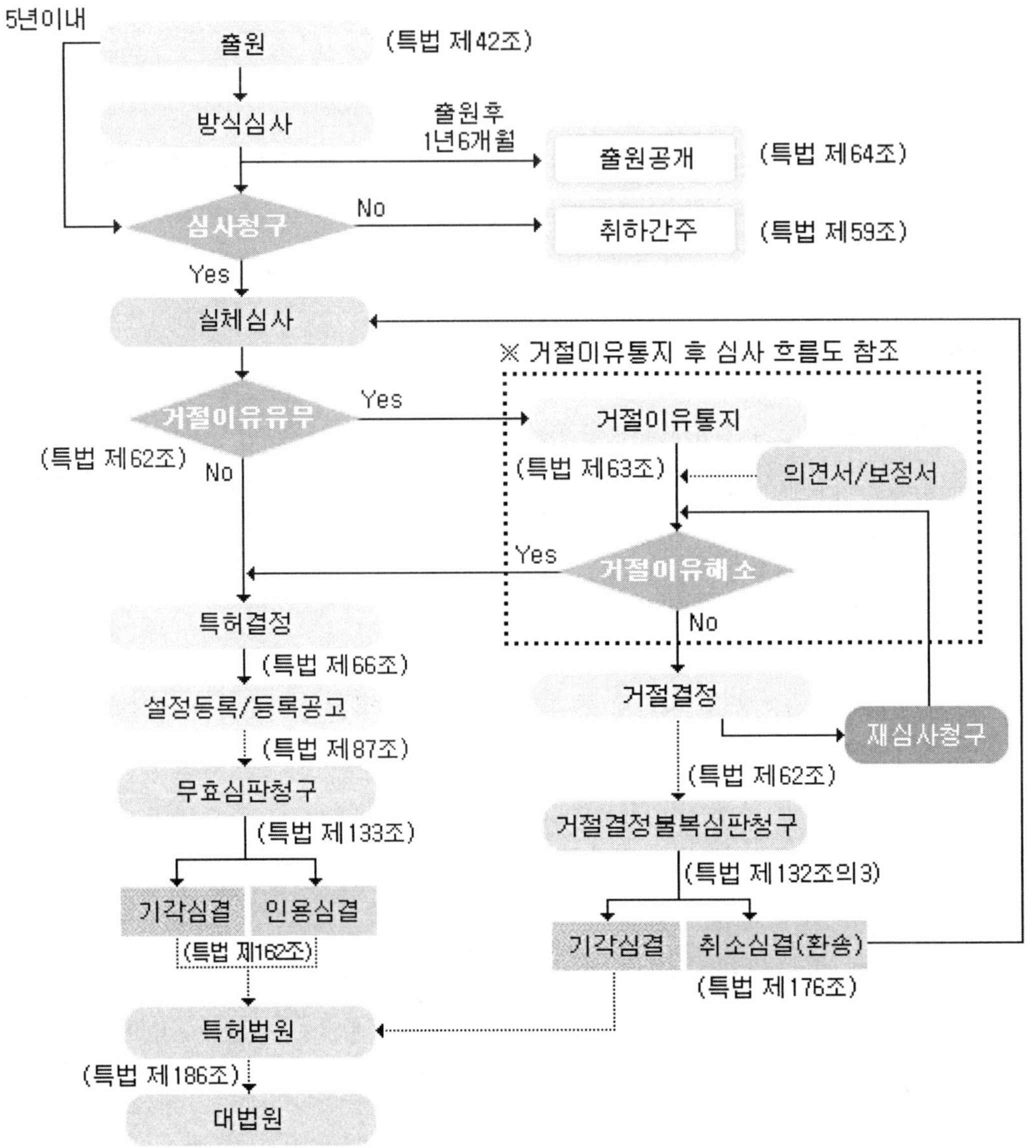
5년이내
출원
(특법 제42조)
방식심사
출원후
1년6개월
출원공개
(특법 제64조)
심사청구
No
취하간주
(특법 제59조)
Yes
실체심사
※ 거절이유통지 후 심사 흐름도 참조
거절이유유무
Yes
거절이유통지
(특법 제62조)
No
(특법 제63조)
의견서/보정서
Yes
거절이유해소
No
특허결정
(특법 제66조)
설정등록/등록공고
(특법 제87조)
무효심판청구
(특법 제133조)
기각심결
인용심결
(특법 제162조)
거절결정
재심사청구
(특법 제62조)
거절결정불복심판청구
(특법 제132조의3)
기각심결
취소심결(환송)
(특법 제176조)
특허법원
(특법 제186조)
대법원

3. PCT(Patent Cooperation Treaty) 출원

창업자는 국내특허 뿐만 아니라 해외에도 특허를 출원하여야 하며, 해외특허출원 시 PCT제도를 알고 있어야 한다. 특허협력조약(PCT, Patent Cooperation Treaty)에 의한 국제출원은 출원인이 자국 특허청(수리관청)에 특허를 받고자 하는 국가를 지정하여 PCT 국제출원서를 제출하면 각 지정국에서 정규의 국내출원으로 인정해주는 제도이다. 1970년 6월 워싱턴에서 체결되어 1978년 6월 발효되었다. PCT 가입국은 2018년 1월 현재 152개국으로 특허제도를 도입하고 있는 나라의 대부분이 이 조약에 가입하고 있으며, 우리나라는 1984.8.10.일 가입국이 되었다. 이 조약에 의거한 국제 특허출원에 대한 사무총괄은 세계지적재산권기구(WIPO) 산하의 국제사무국(스위스 제네바 소재)에 의해 행하여진다. PCT 출원은 제1국에 출원한 날로 부터 1년 이내에 우선권주장을 하면서 수리관청을 지정하여 수리관청에 PCT 출원을 한다. PCT 출원을 하면서 출원하고자 하는 나라를 지정(152개국 전부 지정도 가능)하면 지정된 나라에 출원한 것으로 간주된다. 그 이후 제1국에 출원(최초출원)한 날로 부터 30개월 내에 지정된 나라의 특허청(지정관청)에 그 나라 언어로 번역 하여 출원하면, 제1국에 출원한 날짜로 소급 적용되며 심사를 통하여 특허를 받도록 되는 것이다.

〈참고2〉 손익분기점(Break Even Point, BEP)분석

창업을 하여 사업을 운영하다 보면 'BEP(손익분기점, break even point)'에 대해 얘기하는 경우가 많다. '예상 BEP 도달 시점이 언제인가?, 몇 년 내 BEP 도달을 목표로 하고 있는가?, 판매가격 책정 시 BEP를 고려했는가?' 등 사업 운영 시 필요한 손익분기점에 대해 알아보고자 한다.

〈손익분기점 도표〉

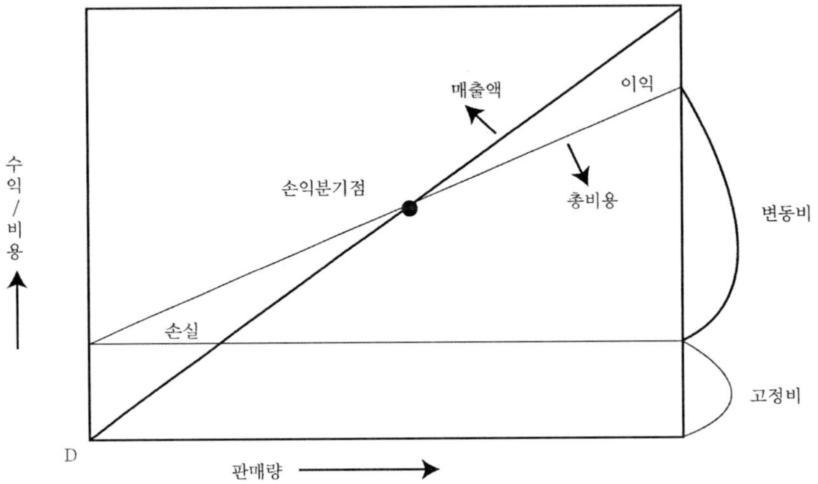

손익분기점이란 기업경영에 있어서 수익총액과 비용총액이 일치하게 되는, 이익도 손실도 없는 매출액 또는 조업도를 말한다. 손익분기점 분석의 핵심은 어느 정도 매출액이 손익분기점 매출액이며, 영업 개시 후 언제 도달 할 것인가를 분석하는 것이다. 손익분기점 분석은 자금조달계획을 미리 수립하기 위한 척도로도 활용된다.

$$\text{손익분기점(Q : 판매량)} = \frac{\text{총 고정비}}{\text{단위당 공헌이익(판매가격 - 변동비용)}}$$

$$\text{손익분기점(P : 매출액)} = \frac{\text{총 고정비}}{\text{단위당 공헌이익(판매가격 - 변동비용) / 판매가격}}$$

먼저, 가장 많이 사용되는 의사 결정은 BEP 시점을 고려한 자금관리 전략수립으로서 만약 판매가격이 정해져 있다면 기계구입비, 임대료 등 매출과 상관없이 발생하는 고정비를 기준으로 얼마만큼(수량) 팔아야 투자한 금액을 회수할 수 있을지 파악하여 기본적인 자금관리 계획을 수립할 수 있다. 어느 시점까지는 투자한 원금을 회수할 수 없다는 점을 반영하여 지속적인 사업운영을 위해 확보해야 할 운전자금 규모를 파악하고 이를 대비하기 위해 자금관리 전략을 수립하는 것이 바로 손익분기점을 고려한 자금관리 전략이라 할 수 있다.

적절한 손익분기점 분석 및 활용을 위해 우선적으로 해야 할 일은 바로 상세한 비용 분석이다. 손익분기점은 고정적으로 지출되는 비용 및 제품별 상세원가에 대해 명확히 알고 있어야 정확한 분석이 가능하기 때문이다. 다만, 비용분석이라는 것이 제조원가인지 판매관리 비용인지 여부, 변동비인지 고정비인지 여부, 어떤 의사결정과 관련된 관련원가인지 상관없는 매몰비용인지 여부, 특정대안에 대한 선택여부에 따라 회피가 가능한 원가인지 회피할 수 없는 원가인지 등을 파악하는 수준의 상세한 분석을 의미한다는 점에 주의할 필요가 있다.

손익분기점분석의 사례를 살펴보고자 한다. 먼저 창업 후 매월 소요되는 고정비(임차료, 급여 등)를 계산한다.(예 : 40백만원) 커피점의 커피 1잔의 변동비(원재료비, 부품비 등)를 계산한다. (예 : 3,000원) 커피 1잔의 판매가격이 5,000원이라고 하면 변동비를 공제한 2,000원이 공헌이익이 된다. 커피점은 매월 40백만원의 고정비가 발생하므로 제품 1단위를 팔면 2,000원의 공헌이익이 발생하고, 매월 20,000잔을 팔아야 고정비 40백만원을 보전 할 수 있다. 따라서 월 매출액 100백만원이 수익과 비용이 일치하게 되는 손익분기점매출이라고 한다.

[풀이]

○ 손익분기 매출액 = 총고정비 / 공헌이익률 = 40,000,000/0.4 = 100,000,000원
○ 손익분기 판매량 = 총고정비 / 단위당 공헌이익 = 40,000,000/2,000 = 20,000잔
○ 공헌이익률 = 단위당 공헌이익/단위당 판매가격 = 2,000/5,000 = 0.4
○ 단위당 공헌이익 = 판매단가 – 단위당 변동비 = 5,000 – 3,000 = 2,000원

〈참고3〉 사업계획서 양식 및 작성 사례[5)]

1. 사업계획(개요)

□ 사업목표

시제품(기술)개발범위	※ 본 사업을 통해 달성하고자 하는 시제품 제작 및 마케팅 등의 사업화 목표를 구체적으로 기술	
최종결과물	※ 본 사업을 통해 산출되는 최종 결과물이 무엇인지 구체적으로 기술	<최종결과물 이미지>

□ 창업아이템 요약 설명

아이템명		
아이템 요약설명	※ 핵심기술 및 사업화전략 등을 중심으로 간략히 아이템을 요약하여 설명	
	※ 아이템의 특징을 나타낼 수 있는 참고사진(이미지) 또는 설계도 삽입	※ 아이템의 특징을 나타낼 수 있는 참고사진(이미지) 또는 설계도 삽입
	<사진(이미지) 또는 설계도 제목 >	<사진(이미지) 또는 설계도 제목 >
고객 세분화	※ 목표 고객의 세분화, 분석 등 창업아이템을 누가 구매할 것인지를 분석(40~50대 직장인 남성, 20~30대 청년층, 육아와 직장생활을 병행하는 워킹맘, △△△이 필요한 기관 및 단체 등 구체적 작성)	
고객 관계관리	※ 목표고객과의 상호작용, 관계관리 방안 등 고객과의 관계를 지속적으로 유지할 수 있는 방법, 디자인 제작과정에 고객 참여, 사회활동 등	
가치제안	※ 추구하는 가장 핵심적인 가치(혁신적인 디자인, 편리함 등) 환경 친화적 디자인, 화학물질 없는 000제품, 합리적 가격의 000제품 등 성능, 디자인, 사회적 가치, 새로움 등 핵심가치 강조	
채널	※ 주요 유통채널(소매점, 온라인, 대형마트 등) 제품의 가치를 어떻게 전달하고 어떤 채널을 통해 구매하게 할 것인지를 작성	
수익원	※ 주요 수익원(판매비, 이용료, 후원금, 가입비 등) 어떤 부분에서 수익이 창출되는지를 작성	
핵심자원	※ 창업(기업)의 핵심자원(브랜드, 인적자원 등) 사업을 진행하는데 없어서는 안되는 자원을 작성	
핵심활동	※ 마케팅, 디자인, 기술개발, 사후관리 등 창업기업의 경영에 필요한 핵심적 활동 제품의 가치 유지와 고객관리를 위한 중요 활동을 작성	

5) 본 양식은 「창업선도대학 사업계획서」 샘플양식이며 변경될 수 있다.

2. 창업가로서의 역량

□ 창업자 소개

※ 창업자로서 본인의 역량을 나타낼 수 있는 실례(창업동기, 창업역량, 기업가정신 실천사례, 창업사업화 추진의지 등)를 중심으로 본인소개

3. 비전과 창업로드맵

□ 창업로드맵 개요

목 표	※ 창업을 통해 궁극적으로 이루고자 하는 목표를 서술

⬆

창업자 개인역량	창업아이템의 기술성	창업아이템의 사업성

□ 창업로드맵 실천전략

목 표	
전 략	
시 기	

➡

목 표	
전 략	
시 기	

➡

목 표	
전 략	
시 기	

⬇

목 표	
전 략	
시 기	

⬅

목 표	
전 략	
시 기	

⬅

목 표	
전 략	
시 기	

4. 창업아이템의 기술성

□ 창업아이템 기술의 차별성(기술의 독창적 구성)

※ 창업아이템의 핵심기술에 대하여 설명하고, 유사(경쟁)제품의 유무와 비교를 통한 기술의 차별성 및 독창성을 서술

□ 창업아이템 기술의 모방가능성(기술의 난이도)

※ 창업아이템의 기술을 난이도 중심으로, 모방가능성 차단을 위한 지식재산권 확보여부와 확보를 위한 노력 등을 서술

□ 창업아이템 기술의 구현가능성(실현가능성)

※ 창업아이템(기술)의 구현 계획(실현가능성)을 표현하고 부연설명 서술

5. 창업아이템의 시장성

□ 창업아이템의 시장분석

※ 국내외 시장분석으로 통해 예상되는 시장규모와 수요분석, 시장진입가능성, 목표고객 등을 서술

□ 창업아이템의 성장가능성

※ 창업아이템이 속한 산업의 현재 성장단계와 향후 성장가능성, 지속적인 수익창출방안 등을 서술

6. 창업사업화 추진계획

□ 창업사업화 추진일정

창업사업화 추진내용	M1	M2	M3	M4	M5	M6	M7	M8	M9	M10	비고
예) 아이템 개발기획											
시제품 제작업체 선정											
마케팅(홍보) 계획 수립											
…											

□ 총 사업비 조성내역

합계 (총 사업비) (100%)	정부지원금 (70% 이하)	(예비)창업자 부담금 (30%이상)		
		현　　금 (10% 이상)	현　　물 (20% 이하)	소　　계
천원	천원	천원	천원	천원

	품명	현물환산액 (계)	산출내역
현물부담 산출내역	(예비)창업자 인건비	OOO천원	월 급여 × ○○개월 (10개월 이내)
	재료비 (OO시약)	OOO천원	구매가액 × 수량 × 사용률
	사무실 임차료	OOO천원	월 임차료 × ○○개월 (10개월 이내)
	…		

□ 월별 사업비 집행계획

(단위 : 천원)

항　목	M1~M2	M3~M4	M5~M6	M7~M8	M9~M10	계
예) 시제품개발비	○○	○○				
기술정보활동비						
마케팅비						
계						

※ 필자가 제시하는 사업계획서 양식 및 샘플[6)]

○○○사업계획서

□ 개요

<table>
<tr><td colspan="2">대표자</td><td colspan="5">홍길동</td></tr>
<tr><td rowspan="4">소
재
지</td><td>본사□
지사□</td><td colspan="5">주소 : (우)[-]</td></tr>
<tr><td rowspan="3">공장</td><td colspan="5">주소 : (우)[-]</td></tr>
<tr><td rowspan="2">면
적</td><td>대지 : ㎡</td><td>용도지역</td><td colspan="2">(전용공업, 공업, 준공업, 상업, 주거)지역, 기타지역( )</td></tr>
<tr><td>공장 : ㎡</td><td>소 유</td><td colspan="2">□ 자가, □ 임차(소유자 :)</td></tr>
<tr><td colspan="2">주생산품목
(서비스
품목)</td><td colspan="5">샐러드, 도시락 및 음료</td></tr>
<tr><td colspan="2">가동상황</td><td colspan="2">월평균( )일, 1일평균( )시간</td><td>주거래은행</td><td colspan="2">은행, 지점</td></tr>
<tr><td colspan="2">생산방식</td><td colspan="2">자사제조( )%, 외주가공( )%</td><td colspan="3">주문생산( )%, 시장생산( )%</td></tr>
<tr><td colspan="2">종업원 수</td><td colspan="3">사무직 명, 기술직 명, 기능직등 명, 합계 명</td><td>자 본 금</td><td>백만원</td></tr>
</table>

□ 회사연혁(별지사용 가능)

년 월	주요내용(설립, 상호 / 대표자변경, 법인전환, 자본증자, 사업장/공장이전 등 주요사항 기재)
2018. 3	D-CAR 설립

□ 경영진 (년 월 일 현재)

직 위	성 명	주민등록번호	경영실권자 와의 관계	최종학력	주요 경력
대표	홍길동				

□ 주주상황 (년 월 일 현재)

주주명	경영실권자 와의 관계	소유주식 금액(백만원)	비율	주주명	경영실권자 와의 관계	소유주식 금액(백만원)	비율

6) 필자가 제시하는 사업계획서 양식과 샘플을 참고하여 사업계획서를 작성하고, 각 기관에서 요구하는 사업계획서 양식에 맞추어 수정사업계획서를 작성하면 될 것이다.

□ 구체적 사업 내용 및 동기

■ 사업 내용

학교 앞에서 트럭을 세워 놓고 다이어트 도시락을 고객들에게 제공하려고 한다. 고객들은 균형 잡힌 식사를 제공받고 건강을 유지하면서도 몸매관리를 할 수 있게 된다. 전문 영양사가 있어서 체계적인 식단 상담을 받을 수 있다. 다이어트를 시작하려 하거나 다이어트에서 실패한 고객들, 그리고 건강한 식생활을 원하는 고객들을 위해 다이어트 도시락을 제공할 것이다. 트럭에서 그날그날 가져온 신선한 채소를 사용하여 샐러드를 만들기 때문에 신선도가 높고, 학교 앞 학생들의 부담을 덜어주기 위해 가격을 최대한 낮추려고 한다. 또한 메인메뉴를 3개 이상 주문한다면 오토바이로 배달을 해줄 것이다.

■ 사업 동기

최근 들어 먹고 사는 걱정이 줄어들게 되면서 자연히 사람들은 외모에 관심을 가지게 되었다. 201*년 다이어트 관련 상품의 시장 규모는 2조원 정도이다. 그 중 2000억 정도는 식품이 차지하고 있다. 그리고 식품시장은 201*년이면 2배 정도 성장할 것으로 전문가들은 추정한다. 이에 따라 성장하는 다이어트 식품산업에서 사업을 시작한다면 성공할 수 있는 확률은 당연히 높아질 것이라 예상할 수 있다. 우리는 최근 트렌드에 맞추어 그리고 더 나아가 미래의 성장 비전을 가지고 사업을 시작하려 한다.

□ 비즈니스 모델(수익창출 방법)

1. 우선 전문영양관리사를 고용하여 영양이 고르고 맛있는 음식을 제공한다.
   →체계적인 영양체계를 갖춰 전문적인 D-Car의 이미지를 구축한다.

2. 주문은 홈페이지나 SNS를 통해서 고객들이 필요한시간과 먹고자하는 식단을 미리 예약할 수 있도록 예약시스템을 도입한다.

3. 11시~14시 시간이 부족한 고객들을 위하여 3개 제품 이상 주문 시 배달서비스를 한다.

4. 대학교 안에서 학교 행사가 있을 시 적극적으로 지원을 해 준다.
   (예를 들어, 축제 때 저렴한 가격에 주점 안주로 샐러드를 제공해 주는 활동 등)
   →이를 통해서 주점에 우리 샐러드를 홍보할 수 있다.

□ 수익모델 설명(그림으로 설명)

□ 주요 생산제품(상품 및 서비스) 개요(필요시 별지작성)

<table>
<tr><td>제품용도
및 특성
(상품 및
서비스
주요내용)</td><td>I. 상품 : 다이어트 식단과 다이어트 음료와 간식
1. 샐러드 메뉴
- 고구마 / 감자 / 단호박 샐러드(3중 선택 or섞어서) / - 야채 + 계절과일 등
2. 샐러드 골라서 먹기
1단계 : 야채모듬 / 고구마 / 감자 / 단호박 / 참치두부 스테이크
2단계 : 브로콜리 / 파프리카 / 계절과일 / 새싹채소 / 오이 / 양파 / 견과류
3. 음료(단백질 쉐이크)
- 단백질에다 다음과 같은 첨가물을 넣어서 먹는다.
- 딸기 / 바닐라 / 쵸코 / 쿠키 + 우유 / 두유 / 물
4. 간식
- 견과류 한 봉지 / 바나나 / 고구마 / 계란
5. 도시락(매일 메뉴는 바뀐다. --- 홈페이지를 통해 식단 전달)
- 현미밥 + 저칼로리 반찬 3-4가지(두부조림 / 나물무침 / 마른반찬 등)
6. 월남쌈(채소 + 닭가슴살) : 낱개로 판매한다.

Ⅱ. 서비스 주요내용
1. 다이어트에 관심있는 사람들을 위해 무료 상담제공과 함께 각자에게 알맞은 SNS-CAR 의 식단을 추천한다.
2. 도시락 3개 이상을 주문 할 시에는 배달을 제공한다.
3. SNS를 통해 실시간 상담을 하고 주문도 받고 할인행사도 진행한다.</td></tr>
<tr><td>제품생산
공정도
(서비스
흐름도)</td><td>* 주제품에 대해 기재하며, 비제조업의 경우 서비스 흐름도를 작성</td></tr>
</table>

□ 주요 생산제품(상품 및 서비스) 개요(필요시 별지작성)

<table>
<tr>
<td>시장상황
(시장규모,
주요 수요처,
경쟁업체현황,
서비스업의
경우 지역
선정 등)</td>
<td>1. 다이어트 시장규모
다이어트 시장규모는 201*년 2천억원 정도로 성장했고, 201*년에 10%정도 성장할 것이라 전망되고 있다. 다이어트 시장에는 차음료, 티백차, 건강기능식품, 생식, 체중조절식품 등이 있는 것으로 조사되었다.

2. 경쟁업체 현황
현재 약 20개의 온라인 다이어트 식단 판매 업체가 존재하며, 자사의 주 판매 방식인 대학가 앞 오프라인 매장은 현재 경쟁사가 없는 것으로 조사 되었다. 대부분의 업체가 서로 비슷한 가격과 제품을 제공하고 있었고 특징으로는 높은 품질의 재료를 사용하고 다양한 식단을 제공하는 것으로 나타났다. 판매 형식은 온라인으로 주문을 받고 아침 8시까지 배달을 완료하는 방식으로 진행되고, 회사원을 주 고객층으로 삼고 있다. 상대적으로 대학생에 비해 소득이 높은 회사원이 주 고객층이기 때문에 한 끼 당 가격이 9000원으로 높은 수준인 것으로 조사되었다.</td>
</tr>
<tr>
<td>기술품질
경쟁력
(국내외경쟁사
제품과 기술,
품질, 가격
비교)

(서비스업의
경우 경쟁
점포분석포함)</td>
<td>1. 경쟁사의 특징
- 식단의 다양함 / - 최고급 국내산 원재료
- 높은 가격 / - 온라인 주문

2. 자사의 경쟁력
① 가격 차별화
<table>
<tr><th></th><th>자 사</th><th>타 사</th></tr>
<tr><td>가격</td><td>4000원</td><td>9000원</td></tr>
<tr><td>원가</td><td>1000원</td><td>2500원</td></tr>
<tr><td>마진율</td><td>250%</td><td>260%</td></tr>
</table>
② 고객차별화 / 포지셔닝 차별화
타사의 주 고객층은 회사원이지만 자사의 주 고객층은 대학생이다. 타사의 경우 온라인을 통한 판매를 위주로 하지만, 자사의 경우 오프라인을 통한 판매를 함으로써 차별화하였다.</td>
</tr>
<tr>
<td>수요전망
및 판매계획
(서비스업의
경우 통행인
분석 등 포함)</td>
<td>- 수요전망 -
사업 초기(3개월)에는 인지도가 적기 때문에 수요가 적을 것으로 예상된다. 하루에 50개정도의 도시락과 40개정도의 음료(단백질 쉐이크)가 팔릴 것으로 예상된다.
그 이후에는 어느 정도 인지도가 높아질 것이란 감안할 때 하루에 70개정도의 도시락과 55개의 음료에 대한 수요가 있을 것이라 전망한다.

- 판매계획 -
사업 초기에는 인지도가 적기 때문에 적은 수요가 예측되고 판매량을 늘리기 위해 다양한 홍보활동과 무료 시식회, 지속적인 설문조사 등을 통해 고객에게 자사의 제품을 알려 판매를 촉진 시킨다.
그 이후에는 지속적인 고객분석, 시장분석을 통해 기회와 위협을 예측하고, 신제품의 개발, 새로운 시장지역의 개발, 판매경로의 강화 등을 통해 시장점유율을 높여 사업초기보다 높은 이익을 실현한다.</td>
</tr>
</table>

□ 매출 및 비용계획

[매출 및 비용계획] **(단위 : 천원)**

구분	1월	+2월	+3월	+4월	+5월	+6월	+7월	+8월	+9월	+10월	+11월	+12월
매출												
비용												
이익												

* 창업 월을 포함하여 1년의 매출액과 비용을 추정해 주시기 바랍니다.
* 월매출계획을 수립하고, 경비(인건비, 재료비, 임대료, 기타경비 등)를 월 단위로 계획하여 이익을 추정한다.
* 매출 및 비용의 구체적인 자료는 별도 양식으로 첨부해 주시기 바랍니다.

□ 마케팅계획 및 종업원 채용계획

[마케팅계획]

제품(product) : - 대학생을 위한 식단(주 고객)
- 회사원을 위한 식단(교직원, 교수 및 인근회사원)

가격(price) : - 식단(원), 단백질 쉐이크(원), 간식(견과류 등)(평균 원)

유통(place) : - 직접 수주 / - 웹 & 앱

촉진(promotion) : - 오프라인 프로모션 : 판촉, 시식회, 대학신문
- 온라인 프로모션 : 사이트 홍보, 배너광고, 블로그광고, 키워드 광고 등

[종업원 채용계획]

신규채용 3명
- 식단개발 및 영양사 1명
- 식단배달 1명
- 판매 1명

□ SWOT분석

[강점Strength] · 저렴한 초기 투자비용 · 트럭을 이용한 높은 고객 접근성 · 영양전문가의 체계적 식단설계 · 다양한 메뉴제공으로 다양한 고객 수요 충족 · 지역농수산 시장을 이용, 신선하고 저렴한 재료 구입가능 · 온라인, SNS서비스를 통한 높은 고객만족유지	[약점Weakness] · 대학교 학생으로 한정된 고객층 · 학식(3,500 원)대비 비싼 가격 · 창업 초기 낮은 인지도
[기회Opportunity] · 다이어트에 대한 지속적 수요증가 · 학교 앞 다이어트 전문 식당 미비 · 20-30대의 웰빙에 대한 관심도 증가 · 앞으로 성장하는 산업	[위협Threat] · 대형 외식업체의 시장진입 · 주요고객(학생)의 높은 가격탄력성 · 잦은 식자재 가격변동 위험

□ 자금계획

[자금의 수요판단] 총 원 필요 1. 스넥카용 중고차량 및 오토바이 구입비용 : 원 2. 차량 개조 및 설비 구입비용(냉장고 및 집기류 등) : 원 3. 직원 임금 : 원 (월 기준) 4. 원재료 구입비용 : 원 (월 기준) 5. 가스, 기름 등 기타 관리비용 : (월 기준)
[자금의 조달방법] 자기자본 : 경영진과 주주 2,000만원 타인자본 : 소상공인정책자금을 통한 융자 3,000만원 자기자본 + 타인자본 = 총 5,000만원

〈참고4〉 주식회사 설립절차

1. 주식회사 설립절차 개요

상법상의 법인은 주식회사, 유한회사, 합명회사, 합자회사, 유한책임회사 등 5개 법인이 있으나, 여기서는 주식회사 설립절차에 대해서 살펴보고자 한다. 주식회사는 1인 이상의 발기인이 발기인조합을 구성하여 상법이 정하는 바에 따라 정관작성, 주식인수 및 주금납입 등 일정한 절차를 거쳐 법원에 설립등기를 함으로써 설립된다.

〈주식회사 설립절차〉

1. 발기인의 구성

2~3. 상호결정 및 정관의 작성

4~5. 주식 발행사항의 결정 및 정관인증

발기설립의 절차	모집설립의 절차
6-1A. 발기인의 주식총수 인수	6-1B. 발기인에 의한 주식 인수
6-2A. 출자의 이행(현물출자 포함)	6-2B. 주주의 모집 및 주식의 청약
6-3A. 이사와 감사의 선임	6-3B. 주식의 배정과 인수
6-4A. 설립경과의 조사	6-4B. 주금의 납입(현물출자 포함)
6-5A. 변태설립사항의 조사	6-5B. 변태설립사항의 조사
6-6A. 창립총회 개최	6-6B. 창립총회 개최

7. 법인설립 등기

8. 법인설립 신고(사업자등록 신청)

2. 발기인 구성

발기인은 정관을 작성하고 기명날인 또는 서명한 자로서 실질적으로 주식회사의 설립을 기획하고, 그 설립 사무를 집행하는 사람이다.

☞ 발기인 자격 : 내.외국인 및 법인 또는 자연인, 미성년자도 법정대리인의 동의가 있으면 가능

☞ 발기인 수 : 최소 1인 이상(상법상 발기인의 수에 대한 규정은 없음)

☞ 발기인 주식인수 : 발기인은 1주 이상의 주식을 인수(인수주식에 대한 자금출처를 입증)

또한 회사의 설립 방법을 발기설립, 또는 모집설립 중 어떤 것으로 할 것인가는 발기인들의 합의에 의하여 임의로 결정할 수 있다. 발기설립은 발기인이 발행주식 총수를 인수하는 방법으로 자본금 10억 미만의 경우 정관 및 의사록 공증의무 면제, 주금납입증명서 대신 잔고증명서로 대체가 가능하다.

〈발기설립과 모집설립의 차이〉

구 분	발기설립	모집설립
발기인	1인 이상 발기인	좌동
주식취득	발기인이 모든 주식인수	발기인이 일부 인수하고 나머지(1주 이상)는 주식청약(연고모집, 공개모집)을 통해 모집
자본금	제한 없음	좌동
주금납입증명서	자본금 10억 미만은 잔고증명서로 대체	주금납입증명서 필요
정관 및 의사록 공증	자본금 10억 미만은 발기인 기명날인 또는 서명으로 대체	공증인 인증필요
임원선임	이사 3인, 감사 1인 이상. 단, 자본금 10억 미만은 1인 또는 2인을 이사로 선임할 수 있고, 감사는 선임하지 않을 수 있음	좌동
설립경과 조사	이사와 감사 중 발기인이었던 자, 현물출자자 또는 회사성립 후 양수할 재산의 계약당사자인 자는 조사보고에 참가하지 못한다.	좌동
변태설립사항 조사	검사인의 선임을 법원에 청구. 단, 현물출자에 대한 공증인 및 감정인의 감정결과 첨부도 가능	좌동

3. 상호결정

사용하고자 하는 상호는 법령에 특별한 규정이 없는 한 '주식회사' 등과 같이 회사형태를 반드시 표기하여야 하며, 로마자 등의 표기를 사용하고자 하는 경우 반드시 정관에 기재되어 있어야 한다. 사용하고자 하는 상호를 여러 개 준비하여 대법원 인터넷등기소(www.iros.go.kr)의 법인상호 찾기 메뉴를 통하여 관할등기소 내 동일상호 사용법인 유무를 조회한다. 동일한 사업목적의 동일 상호가 아닌 상호에 대해 영문표기법을 포함하여 관할 등기소의 등기관에게 직접 문의한다. 이렇게 결정한 상호라 하더라도 등기가 완료되기 이전에 제3자가 먼저 사용등기를 하게 되는 경우가 있으므로 등기절차를 신속히 처리하거나 필요한 경우 상호에 대한 가등기를 해 둘 수 있다.

4. 정관작성

발기인은 상호, 본점소재지, 자본금규모 등 회사의 기본을 확정하는 등 회사의 조직과 활동에 관한 기본규칙을 기재한 정관을 작성하고 발기인 전원이 기명날인 또는 서명을 해야 한다. 정관의 내용은 반드시 기재하지 않으면 정관 자체의 효력을 무효화 시키는 절대적 기재사항과 기재하지 않으면 정관 효력에는 영향이 없지만 이를 정관에 기재하지 않으면 그 효력이 발생하지 않는 상대적 기재사항, 그리고 임의적 기재사항으로 구분 된다.

(1) 절대적 기재사항

기재하지 않으면 정관 자체의 효력을 무효화 한다.

① 목적 : 목적은 구체적인 사업내용을 기재(수개의 목적 기재가능). 즉 ‘제조업’, ‘도매업’ 등과 같이 포괄적이고 불분명한 작성은 안 됨

② 상호 : 상호는 주식회사라는 문자를 사용하며, 유사상호 사전검토 필요. 로마자 등의 표기를 하고자 하는 경우 괄호를 사용하여 표기

③ 회사가 발행할 주식의 총수 : 회사가 발행할 수 있는 주식 수의 한도로서 장래에 발행하기로 예정하고 있는 주식의 총수

④ 액면주식을 발행하는 경우 1주의 금액 : 1주의 금액은 균일하여야 하고, 1주의 금액은 1백 원 이상 이어여야 함

⑤ 회사의 설립 시에 발행하는 주식의 총수 : 납입자본으로서, 동 주식의 납입이 이루어져야 회사가 설립됨

⑥ 본점의 소재지 : 최소행정구역까지 표시한다.

⑦ 회사가 공고를 하는 방법 : 관보 또는 일간신문에 공고해야 하며 추상적, 선택적(A신문 또는 B신문)으로 기재하여서는 안 된다.(2010.5. 28일 이후부터 전자적 방법에 의한 공고도 가능함)

⑧ 발기인의 성명.주민등록번호 및 주소 : 주민등록번호가 없는 재외국민 또는 외국인의 경우에는 생년월일을 기재하고 외국인의 성명은 국적과 원지음을 한글 등으로 기재한 후, 괄호를 사용하여 본국에서의 표기를 병기한다. [예 : 사내이사 미합중국인 존리(John. Lee)]

(2) 상대적 기재사항(변태설립사항)

기재하지 않아도 정관 자체의 효력에는 영향이 없지만 정관에 기재하지 않으면 효력 없다.
① 발기인이 받을 특별이익과 이를 받을 자의 성명
② 현물출자자의 성명과 그 목적인 재산의 종류, 수량, 가격과 이에 대하여 부여할 주식의 종류와 수
③ 회사 성립 후 양수할 것을 약정한 재산의 종류.가격.수량 및 양도인의 성명
④ 회사가 부담할 설립비용과 발기인이 받을 보수액

(3) 임의적 기재사항

회사의 필요에 의하여 기재한다.
① 이사.감사의 수
② 총회의 소집시기
③ 영업연도 등

5. 주식발행 사항의 결정

정관을 작성할 때 회사 설립 시 발행하는 주식의 종류와 총수를 결정 하여야하지만, 주식발행에 관한 나머지 사항은 정관에서 특별히 정한 사항이 없으면 발기인 전원의 동의로 이를 정할 수 있다.

6. 정관의 인증

회사를 설립할 때 처음 작성하는 정관을 원시정관이라 하고, 원시정관은 공증인의 인증을 받아야 그 효력이 생긴다. 다만, 자본금 10억 원 미만의 회사를 발기설립 하는 경우는 발기인들이 기명날인 또는 서명함으로써 효력이 인정된다.

공증인의 인증을 받은 정관이 창립총회에서 변경되더라도 창립총회에 기재된 것이 증거가 되므로 다시 공증을 받을 필요는 없다.

7. 발기설립

(1) 발기인의 주식인수

발행주식과 발행가액이 결정되면, 발기인은 서면으로 1주 이상의 주식을 인수하여 발행주식 총수를 인수하여 한다. 구두에 의한 인수는 효력이 없고 인수 시기는 제한이 없으나 주금의 납입 전까지 인수해야 한다.

(2) 출자의 이행

각 발기인은 발행하는 주식을 서면에 의하여 전부 인수하고, 지체 없이 발기인 조합(발기인)에서 지정한 납입은행.기타 금융기관의 납입장소에 그 인수금액 전액을 납입하여야 한다. 현물출자를 하는 발기인은 납입 기일에 재산을 인도하고, 등기 및 등록 기타 권리의 설정 또는 이전을 필요로 하는 경우에는 서류를 완비해 제출하여야 한다.

현행 상법에서는 현물출자를 정관의 상대적 기재사항(변태설립)으로 규정하고 검사인의 검사를 받도록 하고 있다. 금전이외의 재산을 출자하는 것을 현물출자라 하며 재무상태표 상의 자산에 있는 동산.부동산.유가증권.특허권.광업권.상호 및 영업상의 비결 등 재산적 가치가 있는 사실관계와 영업의 일부 또는 전부도 가능하다.

(3) 이사 및 감사 선임

주금의 납입과 현물출자의 이행이 끝나면 발기인들은 지체 없이 발기인 총회를 개최하여 의결권의 과반수의 결의로 이사와 감사를 선임하되 이사는 사내이사.사외이사.기타 비 상무(常務)이사로 명확하게 구분하여 선출한다. 이사는 3인 이상, 감사는 1인 이상을 선임하되 자본총액이10억 미만인 회사는 이사 선임을 1인 또는 2인으로 할 수 있고, 감사를 선임하지 않을 수 있다. 사외이사와 기타상무이사는 필요에 따라 둘 수 있으나 사내이사는 반드시 1명이상을 두어야 한다. 설립경과조사를 감사 또는 이사로 하여금 수행하고자 하는 경우 발기인이 아닌 자로 선출하여야 한다.

(4) 설립경과 조사

이사와 감사는 취임 후 지체 없이 회사의 설립에 관한 모든 사항이 법령 또는 정관의 규정에 위반되지 아니하는지 여부를 조사하여 발기인에게 보고하여야 한다. 이사와 감사 중 발기인이었던 자, 현물 출자자 또는 회사성립 후 양수 할 재산의 계약 당사자는 동 조사에 참여하지 못한다. 만일 이사와 감사가 전부 단서에 해당하는 경우, 이사는 공증인으로 하여금 조사를 하여 보고하게 하여야 한다. 정관에 현물출자 등 변태설립사항이 규정되어 있는 경우에는 이에 관한 조사를 하도록 관할소재지의 지방법원에 검사인의 선임을 청구하여야 하고 검사인의 선임신청은 이사 전원의 연서로 작성한다. 변태설립사항이 없는 경우에는 변태설립사항 조사를 생략하고 창립총회를 개최하여 대표이사 선임 등의 절차를 수행한다.

8. 모집설립

(1) 발기인의 주식인수

발행주식과 발행가액이 결정되면 발기인이 주식 일부를 인수하고, 나머지는 응모주주를 대상으로 모집한다. 각 발기인은 반드시 1주 이상을 인수해야 하며, 인수 시기는 제한이 없으나 주금의 납입 전까지 인수해야 한다.

(2) 주주의 모집 및 주식의 청약

현행 상법은 주식청약서 주의를 채택하고 있으므로 발기인은 정관의 절대적 기재사항과 변태설립사항, 회사조직의 대강과 청약조건 등 회사설립 개요를 응모주주가 알 수 있도록 기재한 주식 청약서를 작성하여야 한다.

(3) 주식의 배정과 인수

발기인 조합은 응모한 주식 청약인에 대하여 사전에 정한 방법에 따라 총 발행주식 수 중 인수해야 할 주식을 배정하면 이것에 의하여 주식인수가 확정된다. 주식 인수인 또는 주식 청약인에 대한 통지나 최고(催告)는 주식인수증 또는 주식청약서에 기재한 주소 또는 주식 청약인이 요구하는 주소로 통지한다. 주식의 인수를 청약하고자 하는 자는 주식청약서에 법정사항을 기재.날인하고 발기인에게 제출하여 회사로부터 주식을 배정 받으면 납입기일에 인수가액의 전액을 납입한다.

(4) 주식대금의 납입

발행하는 주식의 총수가 인수된 때에는 발기인과 주식인수인은 주식인수가액(주금)을 납입할 의무를 지며, 주식청약서에 기재된 은행.기타 금융기관에서만 납입하여야 한다. 만일, 납입금액의 보관 및 납입장소를 변경할 때에는 법원의 허가를 얻어야 한다. 현물출자를 하는 발기인은 발기설립 시와 동일하게 납기일에 출자의 목적인 재산을 인도하고 등기.등록 기타 권리의 설정 또는 이전이 필요할 경우 서류를 완비하여 제출하여야 한다.

(5) 창립총회

창립총회는 주식 인수인들로 구성되고, 설립중인 회사의 의결기관으로 주금의 납입과 현물출자의 이행이 완료되면 발기인은 지체 없이 창립총회를 소집하고 이사 및 감사의 선임 등을 결의한다. 총회의 결의는 출석한 주식인수인의 의결권의 2/3이상이며, 인수된 주식 총수의 과반수에 해당하는 다수로 한다.

발기인은 회사 창립에 관한 사항인 주식인수와 납입에 관하 제반 상황과 변태설립사항에 관한 실태를 서면으로 기재하여 보고한다. 이사와 감사 등 주식회사의 임원을 선임한다. 정관의 변경 또는 설립폐지의 결의를 할 수 있으며, 소집통지서에 이러한 뜻의 기재가 없는 경우에도 결의 할 수 있다. 창립총회에서 변태설립 사항이 부당하다고 인정한 때에는 이를 변경할 수 있고, 이에 불복하는 발기인은 주식인수를 취소할 수 있음. 정관을 변경할 때에는 공증 없이도 설립절차를 속행할 수 있다.

(6) 설립경과 조사

이사와 감사는 취임 후 지체 없이 회사의 설립에 관한 모든 사항이 법령 또는 정관에 위반되지 아니하는지 여부를 조사하여 창립총회에 보고하여야 한다. 발기인 및 재산인수의 당사자인 이사와 감사는 이 조사 및 보고에 참여하지 못하며, 이사와 감사 전원이 제척사유에 해당하는 경우에는 이사는 공증인으로 하여금 조사보고를 하도록 하여야 한다.

9. 등록세 납부

법인설립등기 신청을 하기 위해서는 등록세를 납부하고 영수증 또는 감면받은 사항을 첨부하도록 되어 있어 시.군.구에 등록세 납부필증을 발급받아 은행에 납부 한다.

구 분	등기 등록 종류	세 율
법인등기	영리법인 설립 및 자본증가	0.4%
	비영리법인의 설립 및 출자증가	0.2%
	본점 및 주사무소 이전	건당 75,000원
	분사무소 설치 및 기타등기	건당 27,000원

* 수도권과밀억제권역 안에서의 법인의 설립과 지점 또는 분사무소의 설치 등의 등기에 대하여 일반세율의 3배를 적용(지방세법 138조)

〈등록세 계산 사례〉

■ 서울시 구로디지털단지에서 자본금 10,000,000원으로 법인 설립 시 등록세 계산 사례

등록세 : 10,000,000원 x 4/1000 = 40,000원
교육세 : 40,000원 x 20/100 = 8,000원

☞ 위 계산에 따르면 등록세가 40,000원이나, 지방세법 제137조 2항의 규정에 의거 등록세액이 75,000원 미만이면 75,000원으로 한다는 규정에 따라 계산하면 아래와 같다.

☞ 등록세: 75,000원, 교육세는 75,000원 x 20/100 = 15,000원 총 90,000원이다. 따라서 최저 법인등록세(교육세 포함)는 90,000원 이다.

☞ 서울특별시에서 창업할 경우이므로 90,000원 x 3배 = 270,000원이 최저 등록세(교육세 포함)이다.

10. 법인설립 등기

법인설립등기는 발기설립의 경우는 검사인 등의 설립경과 조사 종료일 또는 창립총회가 종료한 날로 부터 2주 이내에 법인설립 등기를 하면 된다. 모집설립의 경우는 창립총회가 종료한 날로부터 2주 이내 법인설립 등기를 하면 된다. 만약 이 기간 내에 등기신청을 하지 않는 경우 과태료가 부과된다.

제 6 장

중소기업 경영관리전략

제1절

중소기업 경영관리 전략 개요

Michael E. Porter에 의하면 기업은 가치를 창출하기 위해서 활동하는데, 가치를 창출하는 활동 들을 가치사슬(Value Chain)이라 한다. 가치를 창출하는 활동들은 5가지 주 활동과 4가지 지원활동으로 구분한다. 이러한 주 활동과 지원활동 중에서 중소기업의 인사·노무관리, 생산관리, 마케팅, 재무관리에 대한 전략을 간략히 살펴본다.

〈Michael E. Porter의 Value Chain(가치 사슬)〉

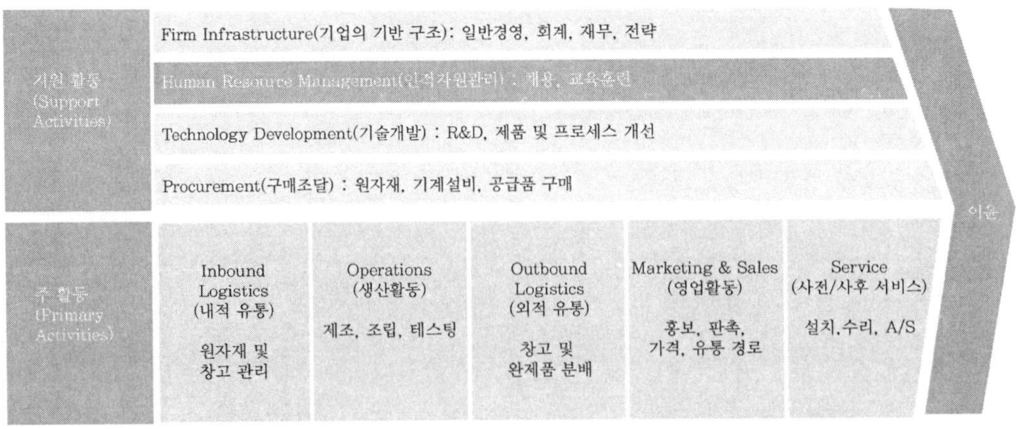

제2절

중소기업 인사 · 노무관리 전략

2-1 중소기업 인사· 노무관리 개요

많은 중소기업인 들은 창업초기에는 시제품을 생산하여 매출을 올리는 것에 집중하여 기술과 자본이 부족한 것에 어려움을 호소하곤 한다. 그러나 매출이 증가하여 인력을 5명이상 채용하게 되면 인사· 노무관리를 제일 골치 아파한다. 그리고 종업원들과의 여러 가지 어려움으로 상처를 받기도 한다. 믿었던 직원의 배신, 퇴직한 직원들의 고소·고발로 어려움을 겪었다고 토로하기도 한다. 이제 중소기업 경영자들은 회계업무를 공인회계사나 세무사에게 의뢰하고, 특허등록을 할 때 변리사를 활용하듯이, 인사·노무관리를 위해 공인노무사를 적극적으로 활용하여야 한다. 이제는 노동관계법령을 반드시 지켜야한다는 현실인식이 필요하다. 그리고 중소기업 경영자는 노동관계법령, 단체협약, 취업규칙, 근로계약 등에 대해 공부하고, 외부전문가를 활용하여 최소한 법령을 몰라서 지키지 않는 우는 범하지 않았으면 좋겠다. 또한 상시근로자 수에 따라 적용되는 근로기준법에 대해서는 주의를 기울이면서 직원들을 채용하고, 채용된 직원들이 계속 근무할 수 있도록 기업과 직원이 상생하는 방안을 늘 고민하는 노력이 필요하다.

이제 우리나라 중소기업도 인사관리(PM, Personal Management)를 넘어서 인적자원관리(HRM, Human Resource Management)와 전략적 인적자원관리(Strategic HRM)의 개념을 이해하고 도입하려는 노력이 필요하다고 본다.

2-2 중소기업의 인적자원관리의 중요성 및 개념

제프리 페퍼(Jeffrey Pfeffer)는 『사람이 경쟁력이다(Competitive Advantage Through People)』라는 그의 저서를 통해서 사람을 통해서 경쟁우위를 확보하는 일이 중요함을 강조하였다.

'기업은 사람이다' 또는 '인사만사(人事萬事)'라는 말은 기업에서 사람관리가 얼마나 중요한 가를 나타내는 말인 것이다. 전통적으로 경영관리의 한분야인 인사관리(Personal Management)는 인적자원을 생산요소의 하나인 노동력을 효율적으로 관리하는 과정으로 이해해 왔다. 그러나 오늘날에는 인사관리 대신 인적자원관리(Human Resource Management) 개념으로 대체되어 가고 있다. 이러한 인적자원관리는 인적자원의 개발측면을 강조한다. 그리고 인적자원관리는 기업의 경제적 효율성과 사회적 효율성을 극대화시키기 위해 인력을 대상으로 확보, 개발, 보상, 유지, 이직활동을 계획(plan)하고 실천(do)하고 통제(see)하는 제반 활동을 말한다. 그리고 최근 대기업에서는 기업의 전반적인 전략관점에서 인적자원을 핵심역량으로 관리하는 전략적 인적자원관리(Strategic HRM)를 도입하려는 시도를 하고 있다.

우리나라 중소기업에 있어서 바람직한 인사관리 및 노사관계 관리는 근로자의 직업생활의 질과 만족도를 제고시키고, 나아가 국민경제 발전에 기여함으로써 궁극적으로는 국가의 전반적 경쟁력을 향상시키는데 매우 중요한 역할을 한다. 그러나, 우리나라의 노사관계는 세계 최하위 수준에 머무르고 있고, 이는 근로자의 잦은 이직, 기업의 투자심리 축소 등 경제발전 및 국가경쟁력 향상에 장애요인으로 작용하고 있다. 이와 같은 문제의 원인은 중소기업의 경우에는 사용자의 인사관리의 중요성에 대한 인식 부족에 따른 인사관리 소홀, 노사협의회의 형식적 운영 및 성과참여 불허용에 따른 근로자들의 불신과 소외감, 낮은 조직몰입도 등에서 기인한다는 분석들이 나오고 있다. 현대적 인사관리에서는 근로자를 기업의 가장 소중한 자산(Human Asset)으로 취급하고, 인사관리도 "Human Resources Management"(인적자원관리)

라는 용어를 사용하지만 우리나라는 근로자들의 근면성·성실성을 바탕으로 놀라운 경제성장을 이룩하였음에도 대부분의 중소기업들은 아직도 근로자를 자산보다는 비용측면에서 인식하려는 경향이 강하다. 인사관리의 용어도 노동력관리를 의미하는 "노무관리"라는 용어를 보편적으로 사용하고 있는 실정이다.

그럼에도 불구하고 우리나라 중소기업도 이제는 인사관리(PM, Personal Management)를 넘어서 인적자원관리(HRM, Human Resource Management)와 전략적 인적자원관리(Strategic HRM)의 개념을 이해하고 도입하려는 노력이 필요하다고 본다.

2-3 인적자원관리의 기능적·관리적 차원의 활동

인사관리의 체계는 기능적차원은 인력확보, 인력개발, 인력평가, 인력보상, 인력유지 및 인력방출의 기능이 있다. 관리적차원에서는 인사계획, 인사실행, 인사통제의 활동이 있다.

〈인사관리의 기능적 · 관리적 차원의 활동〉

구분	확보	개발	평가/보상	유지	이직
계획	인력수요·공급 예측	교육훈련 필요성, 경력욕구 분석	보상에 대한 욕구, 구조 분석	근로자 개인 목표 및 욕구 분석, 노사관계 시스템 분석	인력 수요·공급, 이직원인 분석
실행	모집, 선발	교육훈련, 이동·승진, 경력개발	임금수준, 임금체계, 복리후생	모티베이션 전략, 산업안전, 단체교섭	인력감축, 이직대책
통제	모집활동효과, 선발활동 타당성 분석	교육훈련 효과분석, 배치·이동·승진, 공정성 및 만족도 분석	보상수준의 적정성, 임금체계의 공정성, 복리후생 프로그램의 효과성	근로자 사기 수준, 산업재해빈도 및 피해, 단체교섭 결과 분석	인력감축 프로그램, 이직감소 프로그램 효과 분석

2-4 기업의 수명주기에 따른 전략적 인사관리활동

기업은 도입기, 성장기, 성숙기 및 쇠퇴기의 라이프 사이클을 가진다. 따라서 기계적인 인사관리가 아니라 성장단계에 따른 전략적 인사관리가 필요하다.

〈성장단계별 전략적 인사관리 활동〉

구분	도입기	성장기	성숙기	쇠퇴기
중심가치	기업가정신	영업	경쟁력	비용통제
고용관리	우수인력 및 전문가 영입	적절한 양적·질적 공급	이직 및 배치전환 장려	인력감축 계획과 실행
평가관리	사업계획 달성도 기준	성장성, 시장점유율 기준	효율성 및 이윤 기준	원가절감 기준
보상관리	고임금 또는 경쟁적 임금수준	대외경쟁력, 대내공정성	비용통제	엄격한 비용통제
개발관리	미래의 기능요건 확인과 경력경로 설정	조직개발	고령인력 기능과 유연성 유지	재훈련 실시와 경력 상담

2-5 중소기업 인사관리시스템 변화

중소기업의 외부환경변화는 인사관리시스템의 변화를 요구하고 있다. 첫째 세계화이다. 대외경제개방에 따라 국경을 초월한 인재확보 · 유지 · 관리가 중요한 과제로 떠오르고 있다. 또한 파견인 관리(유배증후군과 재귀국 문제), 현지인 채용, 지역별 조직구조, 본사인력의 세계화 및 글로벌리더 양성 등의 인사관리가 필요하다. 둘째 정보화 및 디지털시대가 도래했다. IT 기술 발달에 따라서 직무재설계, 기존인력 재배치, 평생학습체계(CoP, Community of Practice)구축 등이 필요하다. 셋째 고령화사회가 도래했다. 현재 우리나라는 고령화사회(65세 이상의 인구가 전체인구의 7%이상)이며, 오는 2022년에는 고령사회(14%이상)로, 오는 2030년도에는 초고령사회(20%이상)로 진입할 것으로 예상된다. 우리나라는 2016년부터 법적 정년 60세가 시행(300인 미만인 중소기업은 2017년도부터 적용) 되었고, 임금피크제, 직무재설계, 직무급 등의 도입도 필요한 시점이다. 넷째 비정규직이 많이 증가하였다. 중소기업에도 기간제근로자, 파견근로자 등 비정규직이 많이 증가하였다. 이에 따라 비정규직의 정규직 전환, 비정규직의 차별대우 해결방안, 근로의욕과 사기 저하 문제의 해결이 큰 과제로 떠오르고 있다. 마지막으로 '국가직무능력표준(NCS)' 이 도입되는 등 제도가 변화하고 있다. 따라서 중소기업 현장에서는 NCS를 경력개발, 경력모형, 직무기술서, 채용 · 배치전환 · 승진 등에 있어서 체크리스트, 직업능력 자가진단도구, 교육훈련, 자격검정 기준 등으로 활용하려고 노력 중에 있다.

2-6 중소기업 인적자원관리 방안

(1) 인력부족 대응방안

인력난 해소를 위해 중소기업이 강구할 수 있는 자구노력 방안은 다음과 같다. 비정규직 활용(시간제, 파견 근로자 활용), 탄력근로시간제, 선택근로시간제 활용, 외국인력의 고용, 산업기능요원 활용, 근무시간의 연장, 시설자동화, 국외로의 사업장 이전 등이 있다.

〈중소기업 인력부족 시의 대응방안〉

구분	신규 채용	일용직 활용	시간외 및 휴일근무	협력업체 활용	외국인 및 산업 기능요원 활용	생산향상 노력 등	계
구성비 (%)	81.7	25.2	21.7	17.4	12.2	14.0	100.0

* 자료 : 중소기업중앙회, 『중소기업 구인·구직 미스매치 실태조사(2010)』

(2) 고급 기술인력, 이직 및 근로조건 관리 방안

중소기업이 고급 기술인력을 확보 및 활용하기 위해서는 대기업에서 퇴직한 경영 및 기술인력의 중소기업 유입을 촉진하고, 내부 직원의 지속적인 교육 및 훈련이 필요하다. 또한 이직관리는 중소기업 입장에서 매우 중요하다. 이직을 줄이기 위해서는 금전적 방법 외에 비금전적 방법을 강구(예 : 직원과의 인간관계 강화 등)하고, 임금체계를 능력과 업적을 중시하는 제도로 개편(예 : 연봉제, 직능급 등 능력급 도입)하는 방안을 검토해 볼 필요가 있다. 아울러 성과배분제도(예 : 경영성과에 따라 현금, 주식, 기타 복지기금 등 지급)를 도입하는 방안도 검토해 보아야 한다.

2-7 근로기준법을 효율적으로 준수하기 위한 방안

중소기업경영자도 이제는 근로기준법에 대해 이해하고 공부하여야 한다. 근로기준법은 5인 이상의 근로자를 사용하는 모든 사업 또는 사업장에 적용한다는 것을 알아야 한다. 따라서 중소기업경영자는 근로기준법에 대해 충분히 알지 못하기 때문에 공인노무사를 활용하여 적극적으로 대응할 것을 강력히 추천하다. 또한 상시 10인 이상의 근로자를 고용하는 중소기업 경영자는 반드시 취업규칙을 작성하여 고용노동부 장관에게 신고하여야 한다. 만약 취업규칙 작성 및 신고의무를 위반하면 500만 원 이하의 벌금을 물어야 한다는 것을 알아야 한다.

취업규칙과 다른 법령 및 계약과의 관계에 대해서도 깊은 이해가 필요하다. 즉 취업규칙은 법률, 단체협약에 반할 수 없으며, 이에 위반한 부분은 당연히 무효가 된다. 그러나 취업규칙이 단체협약보다 유리한 근로조건을 규정한 경우에는 취업규칙이 우선 적용된다는 것을 알아야 한다.

〈취업규칙과 다른 법령 및 계약과의 관계〉

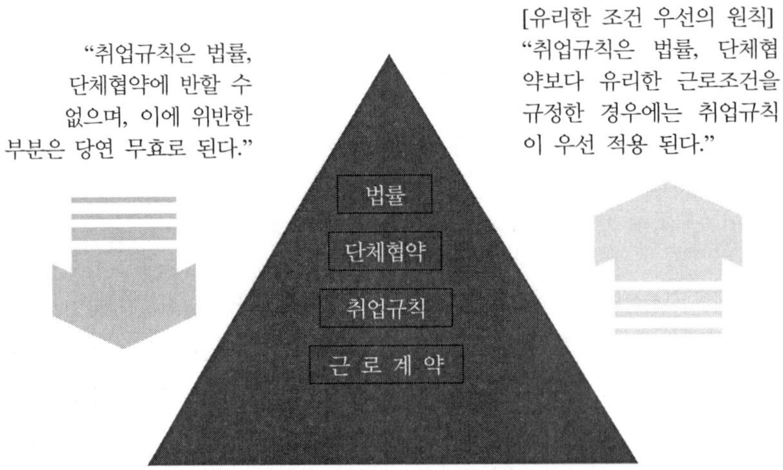

〈참고1〉 중소기업 인적자원관리의 현황과 문제점

1. 중소기업의 인력부족 현황과 원인

2013년 말 중소기업 고용비중은 87.5%로, '고용 없는 성장시대'의 일자리 창출자로서 국민경제에서 큰 역할을 담당하고 있음. 2014.12 현재 중소제조업의 근로자 현 인원은 2,376천명, 업체당 평균 종사자 수는 18.8명, 인력 부족률은 1.58%로 나타났음.

	구분	단위	`13.5	`14.5	`14.12
연력현황	o현인원	천명	2,086	2,271	2,376
	-기업체당 평균 종사지수	명	19.0	18.6	15.8
	o인력 부족률	%	2.59	1.48	1.58
	-생산직 인력 부족률	%	3.26	1.71	1.90

인력 부족률 = 부족인원 / (현인원+부족인원) x 100
* 자료 : 중소기업중앙회, 『2015 중소기업실태조사』

중소기업의 인력부족의 원인으로는 '지원인력 절대부족', '잦은 이직으로 인한 일시적 현상', '임금 등 근무여건 열악' 등의 순으로 나타남.

		지원인력 절대부족		잦은 이직으로 인한 일시적 현상		임금 등 근무여건 열악		감량 경영		기타		합계	
전체		42	(36.5)	31	(27.0)	24	(20.9)	7	(6.1)	11	(9.7)	115	(100.0)
업종	제조업	23	(31.1)	20	(27.0)	19	(25.7)	3	(4.1)	9	(12.4)	74	(100.0)
	지식기반 서비스업	19	(46.3)	11	(26.8)	5	(12.2)	4	(9.8)	2	(4.8)	41	(100.0)

* 자료 : 중소기업중앙회, 『중소기업 구인·구직 미스매치 실태조사(2010)』

2. 중소기업의 고급 기술인력의 부족

2014년 중소기업 학력별 인력구성은 고졸이 56.8%로 대부분을 차지하고 있으며, 전문대졸 20.2%, 대졸이 20.5%, 대학원졸 이상이 0.8%로 고급 기술인력의 부족현상이 나타남.

〈중소제조업의 학력별 인력구성〉

구분	중졸 이하	고졸	전문대졸	대졸	대학원졸 이상
2011년(%)	5.0	56.7	14.7	22.1	1.5
2014년(%)	1.7	56.8	20.2	20.5	0.8

* 자료 : 중소기업중앙회, 『2015 중소기업실태조사』

3. 중소기업의 이직 현황 및 원인

중소제조업의 2013.12 이직률은 11.4%로 나타났으며, 주요 이직 원인으로는 '임금수준 불만족', '타 업종 근무 선호', '작업환경 불만족' 등으로 나타남.

〈중소제조업이 주요 이직원인〉

대기업 스카우트	유사 중소기업 스카우트	타 업종 근무선호	진학	경영상 인원감축	작업환경 불만족	임금수준 불만족	개인사정
0.1	1.5	14.8	0.9	2.7	13.3	19.3	75.8

* 자료 : 중소기업중앙회, 『2015 중소기업실태조사』

4. 중소기업의 임금 등 근로조건

① 임금현황 : 2016.5 명목임금은 중소기업 근로자 1인당 월평균 임금총액 2,922천원, 대기업 근로자의 임금총액은 4,479천원(중소기업은 대기업의 65.2% 수준)

☞ 임시· 일용근로자 1인당 월평균 임금총액 1,443천원

② 근로시간 : 2016.5 근로시간은 중소기업 근로자 1인당 월평균 총 171.8시간, 대기업 근로자는 월 166.1시간으로 나타났음.

* 자료 : 고용노동부, 『2016.5 사업체노동력조사』

〈참고2〉 인사노무관리 실무

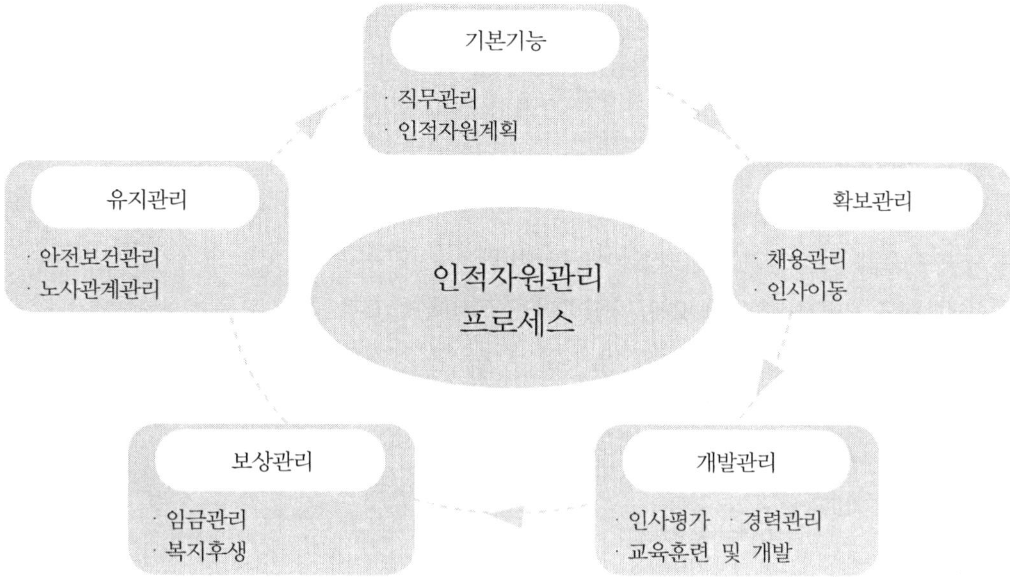

1. 인적자원 확보관리

① 인적자원 계획 수립

정원 산정 방법을 활용하여 인력수요를 예측하고, 간단한 충원계획표 작성

☞ 정원 산정 방법

① 매출액기준: n년 적정직원수 = n년 예상매출액/1인당 예상매출액

② 인건비기준: n년 적정직원수 = n년 예상인건비 총액/ 1인당 예상인건비

③ 노동분배율법: n년 적정직원수 = (목표 부가가치 x 노동분배율)/1인당 인건비

② 직무분석(job analysis)

-직무기술서(job description) : 특정 직무내용에 대한 정보

-직무명세서(job specification) : 직무수행자에게 요구되는 자격요건

☞ 국가직무능력표준(NCS) 도입

- 국가직무능력표준(NCS, National Competency Standards)을 도입하여, 직무분석 등에 활용하고, '일·학습병행제'도입에 활용 함.

- 2016년 기준 산업현장 직무를 24개 대분류, 80개 중분류, 238개 소분류, 887개 세분류로 분류 함. 국가직무능력표준 홈페이지(www.ncs.go.kr) 참고.

③직무평가(job evaluation)

직무의 상대적 가치를 평가하여 임금수준의 결정, 인력의 확보와 배치의 합리성 제고

④ 모집, 선발(채용) 및 배치

- 모집 : 인력계획을 토대로 선발규모, 고용형태, 근로조건 등을 결정한 후, 모집시기, 모집 방법, 모집인원 등을 정하여 모집활동
- 선발(채용) : 근로계약서를 2부 작성하여 근로자에게 교부
- 배치 : 신규 직원을 배치할 때 업무의 종류, 근무 장소 등을 채용 당시 근로계약서에 명시한 내용과 일치

2. 인적자원 개발관리

① 교육훈련

고용노동부의 재정지원제도를 활용하여 지속적인 교육훈련

② 인사평가

인사고과규정을 제정하여 합리적으로 종업원의 능력과 업적을 평가

→ 이를 통해서 보상관리, 개발관리 및 유지관리의 중요한 자료로 활용

3. 인적자원 보상관리

① 임금관리

- 임금수준관리 : 상한선(지불능력) vs 하한선(생계비, 최저임금제)
- 임금체계관리

- 연공급제(연령, 근속연수), 직무급제(직무의 상대적 가치)
- 직능급제(동일 직능· 동일 임금의 원칙)
- 성과급제(단순성과급, 복률 성과급)

- 임금형태관리

- 기본급(시간급, 일급, 월급)
- 집단성과급제(이익분배제도, 생산성이득분배제도) 연봉제(누적형 연봉제, 비누적형 연봉제)

● 퇴직연금제도: 2016년 부터 상시근로자 300인 이상 기업은 가입 의무화. 2022년 부터 모든 기업의 가입 의무화

- 확정 급여형(DB, Defined Benefit) : 종업원이 퇴직 시 지급받는 연금 금액이 정해져 있음. 기업이 운용, 장기근속자· 대기업이 선호, 중도인출 불가능

- 확정 기여형(DC, Defined Contribution) : 기업이 부담하는 기여액이 확정, 근로자가 운용, 중소기업이 선호, 중도인출 가능

  ☞ 다음 5가지 조건에 한하여 50% 한도로 중도 인출이 가능함

    ① 무주택자인 가입자가 주택을 구입하는 경우
    ② 가입자 또는 그 부양가족이 6개월 이상 요양하는 경우
    ③ 가입자가 채무자 회생 및 파산에 관한 법률에 따른 회생절차 개시의 결정을 받은 경우
    ④ 가입자가 채무자 회생 및 파산에 관한 법률에 따른 파산선고를 받은 경우
    ⑤ 그 밖에 천재지변 등 고용노동부령으로 정하는 사유와 요건을 갖춘 경우

- 개인형 퇴직연금(IRP, Individual Retirement Pension) : DB/DC 이외에 자신의 비용으로 추가 적립, 연금 또는 일시금으로 수령(단, 연금수령은 55세 이상만 가능)

4. 인적자원 유지관리

● 근로시간 유연화 제도: 탄력적 근로시간제, 선택적 근로시간제, 재택근무제

- 탄력적 근로시간제 : 법정근로시간 내에서 어떤 근로일의 근로시간은 연장, 다른 근로일은 단축
- 선택적 근로시간제 : 노사합의로 1개월의 총 근로시간만 정하고, 각 근로일의 근로시간, 시작과 종료시각을 근로자 자유에 맡김(의무 근로시간대는 둠)

● 안전보건 관리 : 산업재해 예방(안전교육훈련), 예방적 보건관리(직업병, 피로)
● 노사관계 관리 : 노사협의회 운영, 노동조합(직업별, 산업별, 기업별)

〈참고3〉 근로기준법

1. 근로기준법의 적용범위

근로기준법은 5인 이상의 근로자를 사용하는 모든 사업 또는 사업장에 적용.

〈근로기준법 적용범위〉

<table>
<tr><th colspan="2">구분</th><th>4인 이하</th><th>5인 이하</th><th>10인 이상</th><th>처벌조항</th></tr>
<tr><td rowspan="3">근로계약</td><td>근로계약서 작성 및 교부</td><td>O</td><td>O</td><td>O</td><td>500만원 이하 벌금</td></tr>
<tr><td>해고예고</td><td>O</td><td>O</td><td>O</td><td>2년이하 징역 또는 1,000만원 이하 벌금</td></tr>
<tr><td>부당해고 구제신청 제기</td><td>X</td><td>O</td><td>O</td><td></td></tr>
<tr><td rowspan="2">임금</td><td>가산수당지급</td><td>X</td><td>O</td><td>O</td><td rowspan="2">3년 이하 징역 또는 2,000만원 이하 벌금</td></tr>
<tr><td>최저임금, 퇴직금</td><td>O</td><td>O</td><td>O</td></tr>
<tr><td rowspan="2">근로시간</td><td>주40시간준수,
연차유급휴가</td><td>X</td><td>O</td><td>O</td><td rowspan="3">2년 이하 징역 또는 1,000만원 이하 벌금</td></tr>
<tr><td>휴게시간, 주휴일</td><td>O</td><td>O</td><td>O</td></tr>
<tr><td rowspan="2">여성과
소년</td><td>출산전후 휴가 · 육아휴직</td><td>O</td><td>O</td><td>O</td></tr>
<tr><td>생리휴가</td><td>X</td><td>무급</td><td>무급</td><td rowspan="2">500만원 이하 벌금</td></tr>
<tr><td colspan="2">취업규칙의 작성 · 신고</td><td>X</td><td>X</td><td>O</td></tr>
</table>

2. 근로계약서 작성 및 교부

① 근로계약 체결

근로자가 사용자에게 근로를 제공하고, 사용자는 이에 대하여 임금을 지급함을 목적으로 체결된 계약(반드시 서면 근로계약서 작성)

② 근로계약 체결 시 반드시 포함되어야 할 사항

근로계약기간, 근무장소, 업무내용, 근로시간(근무일, 소정근로시간), 임금(지급액, 구성항목, 지급일, 지급방법), 주휴일 및 휴가(연차휴가 등)

3. 근로시간

① 법정근로시간
- 일반근로자 : 1일 8시간, 1주 40시간 (연장근로 1주 12시간)
- 연소자 : 1일 7시간, 1주 35시간 (연장근로 1일 1시간, 1주 5시간 이내)
- 유해위험작업 : 1일 6시간, 1주 36시간(연장근로 못함)
  * 휴게시간 : 근로시간 4시간인 경우 30분 이상, 8시간인 경우 1시간 이상
  * 상시 30명 미만의 근로자를 사용하는 기업에서는 1주 52시간에서 추가로 8시간 초과 근무가능. 단, 15세 이상 18세 미만 근로자는 제외 됨.

② 소정근로시간

법정기준 근로시간 범위 내에서 근로자와 사용자간에 정한 시간으로서 실제로 근로하기로 한 시간

③ 변형근로시간제

법정근로시간(1일8시간, 1주 40시간)을 준수. 융통성 있게 운용 탄력적 근로시간제, 선택적 근로시간제

4. 주휴일, 약정휴일, 연차휴가

① 주휴일

1주일에 평균 1일 이상의 유급 휴가(주휴일), 통상 일요일(다른 요일 가능)

② 약정휴일

근로계약 또는 취업규칙에서 정하는 휴일. 공휴일이 있으며 공휴일의 내용은 회사마다 달리 정할 수 있음

③ 연차유급휴가

1년 이상인 근무자가 80% 이상 출근 시 15일의 연차휴가부여, 3년 이상 근속 시 2년에 1일씩 추가(예. 3년 16일, 5년 17일). 총 휴가일수는 25일을 한도로 함.

* 1년 미만 근로자는 1개월을 만근 시 1일의 유급휴가 부여되며, 최대 11일까지 연차 휴가가 부여 됨(2018년부터 시행)

5. 임산부 보호휴가 및 육아휴직

① 임산부 보호휴가

임신 중의 여성근로자에게 출산 전후를 통합하여 90일의 출산휴가 부여 출산휴가는 출산 후에 반드시 45일 이상을 사용

② 육아휴직

만 8세 이하의 초등학교 2학년 이하 자녀(입양한 자녀 포함)를 가진 근로자(근속기간 1년 이상 이어야 함)가 자녀의 양육을 위하여 육아휴직을 신청하는 경우 1년까지 휴직을 허용

6. 임금지불제도

① 직접불 원칙 : 직접 해당 근로자에게 지급

② 통화불 원칙 : 현금으로 지급. 다만, 실명필한 본인계좌에 입금 가능

③ 전액불 원칙 : 매 임금지급 시 마다 발생된 전액의 임금을 지급

④ 매월불 원칙 : 매월 1회 이상 지급

⑤ 정기불 원칙 : 매월 정한 일정한 기일에 지급

☞ 최저임금 : 고용노동부장관이 고시(2018년)

시급 7,530원

일급 60,240원(7,530원 X 8시간)

월급 1,573,770원(7,530원 X 209시간)

* 209시간 = [(1주일 40시간 + 주휴시간 8시간) /7 × 365일] ÷ 12개월

7. 통상임금과 평균임금

① 통상임금

- 근로자에게 정기적 일률적으로 소정근로 또는 총 근로에 대하여 지급하기로 정하여진 시간급금액, 일급금액, 주급금액, 월급금액 또는 도급금액
- 통상임금의 용도 : 해고예고수당(통상임금의 30일분), 연장·야간·휴일 근로수당(통상임금의 50% 가산), 연차유급휴가 미사용 수당(통상임금(또는 평균임금)의100%)

② 평균임금

- 산정사유가 발생한 날 이전 3개월 동안 지급된 임금총액을 그 기간의 일수로 나눈 금액(평균임금이 통상임금 보다 적으면 그 통상임금을 평균임금으로 봄)

- 평균임금의 용도 : 퇴직금, 휴업수당(평균임금의 70%이상), 연차유급휴가 미사용수당, 재해보상금, 보험급여

〈사례 : 유급휴일근로 시 임금계산〉

쉬는 날 출근해서 오전 9시부터 오후 6시까지 근무했다면 시급 7,000원이라고 가정 시 임금계산은?

* 근로시간 09:00~12:00, 13:00~18:00(총 8시간)/휴게시간 12:00~13:00(총 1시간)

구분	계산방법
일하지 않아도 받는 임금	7,000원 × 8시간 = 56,000원
실제 일한 임금	7,000원 × 8시간 = 56,000원
휴일 근로 가산 임금	7,000원 × 8시간 × 0.5(50% 가산) = 28,000원
임금총액	56,000원 + 56,000원 + 28,000원 = 140,000원

〈4대 사회보험 가입의무〉

우리나라는 1인 이상의 근로자를 고용하는 모든 사업장에 국민연금, 국민건강보험, 고용보험, 산업재해 보상보험 등 4대 보험의 적용을 의무화하고 있음.

<table>
<tr><th>구분</th><th colspan="3">전체 요율</th><th>사업주 부담요율</th><th>근로자 부담 요율</th></tr>
<tr><td>국민연금</td><td colspan="3">9%</td><td>4.5%</td><td>4.5%</td></tr>
<tr><td>국민건강보험</td><td colspan="3">6.24%</td><td>3.12%</td><td>3.12%</td></tr>
<tr><td>장기요양보험</td><td colspan="3">국민건강보험료의 14.76%</td><td>건강보험료의 7.38%</td><td>건강보험료의 7.38%</td></tr>
<tr><td rowspan="2">고용보험</td><td rowspan="2">1.55%</td><td>실업급여</td><td>1.3%</td><td>0.65%</td><td>0.65%</td></tr>
<tr><td>고용안정, 직업능력개발</td><td>0.25%</td><td>0.25%</td><td>-</td></tr>
<tr><td>산재보험</td><td colspan="3">업종별로 다름</td><td>사업주 전액 부담</td><td></td></tr>
</table>

주1) 2018년 4대 보험료율임.

주2) 고용안정, 직업능력개발 사업은 종업원 150인 미만 0.25%, 150인 이상(우선지원 대상기업) 0.45%, 150인 이상 ~1,000인 미만 0.65%, 1,000인 이상 0.85% 임.

주3) 산재보험료율은 광업 7.25%~28.25%, 임업 9.12%, 제조업 0.85~4.35% 등 업종별로 다름.

8. 해고

① 통상해고 : 징계해고와 정리해고에 해당하지 않는 일반적인 경우로서 근로계약 관계를 유지하기 어려운 부득이한 사유가 모두 포함
② 징계해고 : 근로자의 중대한 귀책사유에 대해 사용자가 징벌(징계)의 목적으로 이루어지며, 그 사유는 취업규칙 등에서 정함
③ 정리해고 : 긴박한 경영상의 필요가 있는 경우에 사업을 유지하기 위하여 인원정리의 목적으로 이루어지는 것

☞ 부당해고의 구제
사용자가 법을 위반하여 부당하게 근로자를 해고한 것에 대하여 해당 근로자는 노동위원회에 구제를 신청. 구제를 신청할 수 있는 기간(제척기간)은 해고가 있었던 날부터 3개월 이내

9. 취업규칙

① 개요 : 취업규칙은 회사가 근로자의 복무규율과 임금 등 근로자 전체에 적용될 근로조건에 관한 사항을 규정한 것
② 취업규칙 신고 : 상시 10인 이상의 근로자를 고용하는 사용자는 취업규칙을 작성하여 고용노동부 장관에게 신고하여야 함. 만약 취업규칙 작성 및 신고의무를 위반하면 500만 원 이하의 벌금을 물어야 함
③ 취업규칙에 포함해야 할 내용
시업.종업의 시각, 휴게시간, 휴일, 휴가 및 교대근로에 관한 사항, 임금의 결정, 계산, 지급방법, 산정기간, 지급시기, 승급에 관한 사항, 퇴직에 관한 사항, 기타 당해 사업 또는 사업장의 근로자 전체에 적용될 사항

제3절 중소기업 생산관리 전략

3-1 중소기업 생산관리 개요

전통적으로 중소제조업체의 생산관리 목표는 QCD이다. 즉 좋은 품질(quality)을, 낮은 원가(cost)로 생산하여, 적기에 납품(delivery)하는 것이다. 중소기업의 생산활동이 원활하게 진행되도록 하는 관리기술이 생산관리이며, 재화나 서비스의 생산에 관한 전반적인 관리활동을 지칭하기도 한다. 생산관리의 적용분야가 과거 제품 생산활동에서 서비스 생산활동으로 확대되어 중소기업 생산관리에 대한 표기도 Production Management에서 Production & Operations Management(생산운영관리)로 바뀌고 있다. 이러한 생산운영관리에 있어서의 중소기업의 전략은 성장단계별, 업종별, 생산방법에 따라 많은 차이가 있을 것이다.

3-2 중소기업 생산관리 정의

생산 (production)이란 원재료와 노동력 등을 투입하여 소비자가 원하는 제품이나 서비스를 만들어 내기 위한 창조적인 활동을 말한다. 생산관리(production management)란 제품과 서비스 생산에 관한 관리활동을 말한다. 생산관리는 요구 품질의 제품을, 요구하는 납기 안에, 소정의 수량만큼, 기대되는 원가로 생산 할 수 있도록 조직적으로 생산을 예측하고, 각종 활동을 계획하고, 통제 및 조정하여 생산활동 전체의 최적화를 이루도록 관리하는 것이다. 최근 생산관리의 적용분야가 과거 제품 생산활동에서 서비스 생산활동으로 확대되어 중소기업의 생산관리도 생산운영관리로 확대될 필요가 있다.

3-3 생산시스템 개요

시스템(system)이란 '하나의 전체(복합체)를 구성하는 서로 관련이 있는 구성요소들의 모임'이라고 한다. 한편 생산시스템(production system)이란 생산활동에 투입되는 여러 가지 요소들의 변환과정이 기업의 생산목표와 일치 할 수 있도록 시스템을 설계, 운영 및통제하는 것을 말한다. 따라서 소비자의 정확한 정보를 바탕으로 설계, 구매, 생산계획, 공정관리 및 품질관리 등이 잘 수행되도록 생산전략 수립이 필요하다. 이러한 생산시스템의 구성은 아래와 같다.

〈생산시스템의 구성〉

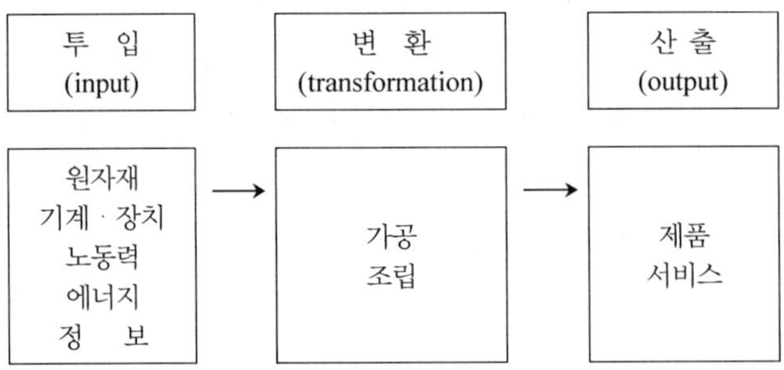

- 투입 : 산출요소인 제품이나 서비스의 창출을 위한 노동력 등의 투입을 의미한다.
  * 제조원가에 직접 영향, 생산시스템관리의 주요 대상

- 변환 : 각 요소의 기술적인 통합을 통한 가치창출이 이루어지는 과정(process)이다.
  * 물리적인 가치 + 경제적인 가치, 즉 부가가치(value added)의 크기를 높여야 함

- 산출 : 최종 제품이 완성되는 단계이다.
  * 산출물의 품질, 가격, 납기, 디자인 등이 중요

3-4 중소기업의 전략적인 생산 의사결정

중소기업 생산관리의 4대 목표는 원가(cost), 품질(quality), 납품(delivery), 유연성(flexibility) 등 4가지이다. 그러나 낮은 원가, 높은 품질, 신속한 납품, 높은 유연성 등 4가지 생산목표를 동시에 모두 최적화하기는 어렵다. 따라서 4가지 생산목표의 상대적 우선순위를 결정하고, 이에 따라 일관된 생산 의사결정을 하는 것이 바람직할 것이다.

〈전략적인 생산의사결정〉

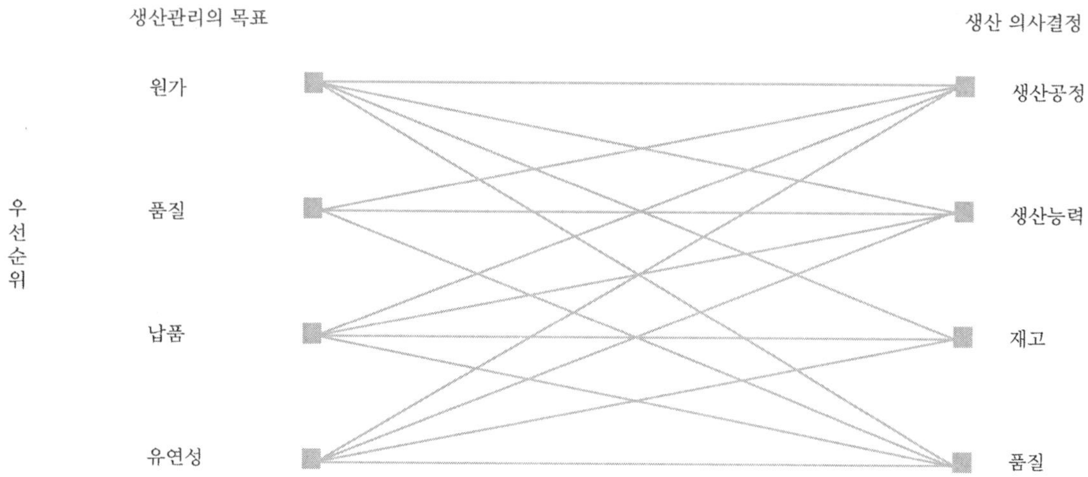

3-5 중소기업 생산형태의 특징

중소기업의 생산형태는 계획생산(push system) 보다는 주문생산(pull system) 형태가 많다. 그리고 전용설비 보다는 범용설비를 사용하고 있고, 작업표준화 및 분업화에 한계를 드러내고 있다. 소품종 대량생산 보다는 다품종 소량생산의 형태를 띠고 있다. 품종별로 생산계획을 달리해야 하고, 제품마다 작업방법도 달라져야 하므로 작업능률이 떨어진다는 것이 중소기업 생산형태의 특징이라고 할 것이다.

〈**주문생산**(pull system) vs **계획생산**(push system)〉

구분	주문생산(pull system)	계획생산(push system)
특징	고객의 요구에 따라 공급, 매출에 대한 예측 어려움	안정적인 가격으로 공급, 안정적인 매출 예측 가능
제품	고객이 규정, 다양한 종류	생산자가 규정, 소수의 종류
생산관리의 목표	납기 및 생산능력의 관리	재고, 생산능력 및 서비스 수준의 균형 유지
주요 생산관리 문제	납기관리, 주문흐름 통제	수요예측, 생산계획, 재고관리

〈**다품종 소량생산** vs **소품종 대량생산**〉

구분	다품종 소량생산	소품종 대량생산
특징	주문에 의해 제품 생산, 단속생산 형태, 범용기계설비 사용, 생산 공정이 매우 복잡, 경험이 많은 숙련공이 유리	계획에 의해 제품 생산, 연속생산시스템, 설비의 기계화·자동화, 대량생산을 통한 규모의 경제, 제조원가가 낮음
기업형태	중소기업	대기업

3-6 중소기업생산의 문제점 및 개선방안

(1) 중소기업생산의 문제점

중소기업 생산의 문제점은 주문마다 규격 등이 달라 설계도면, 공정, 공수의 표준화, 규격화가 곤란하고, 작업자의 경험에 의존, 납기에 시간적 제약이 많고, 손익이 불명확한 경우가 많다. 제조 명령을 샘플이나 구두전달에 의존하는 경우가 많아 불량발생의 가능성이 높고, 표준시간을 설정하기 어렵기 때문에 일정계획과 공수관리가 어려울 수 있다. 제품의 반복성이 적기 때문에 규격화된 품질관리 기법의 적용이 어려워 불량률이 높고 자재손실이 많을 가능성이 높다.

(2) 중소기업생산의 개선방안

중소기업 생산형태의 특징과 문제점을 충분히 검토하여 개선방안을 추진해야 한다. 생산원가 절감 방안, 가공방법의 개선, 노동절약형 설비도입, 정밀도 제고를 위한 설비도입을 검토할 필요가 있다. 아울러 그룹 테크놀로지(Group Technology)기법의 도입을 검토할 필요가 있다. 그룹 테크놀로지는 다품종 소량생산을 효율적으로 실시하기 위한 하나의 원리이다. 그룹 테크놀로지에서는 부품의 형상·치수·가공법 등에 의거, 유사부품을 그룹으로 분류한다. 이것을 바탕으로 설계를 합리화하고 준비시간이나 가동대기의 허비시간을 감소시킬 수 있어 대량생산 방식에 가까운 효과를 얻는 것을 목적으로 한다.

3-7 중소기업의 기술개발

(1) 중소기업 기술의 정의 및 특징

중소기업의 기술력은 한 나라의 경제성장을 가늠하는 중요한 요인 중의 하나이다. 따라서 중소기업의 기술은 국가경쟁력 뿐만 아니라 대기업의 경쟁력 강화에도 중요한 역할을 한다. 중소기업 기술이란 생산을 목적으로 도구나 재료를 사용하는 일련의 과정으로 정의 할 수 있다. 즉 중소기업 기술은 다품종 소량 생산형 기술이라고 할 수 있다. 중소기업 기술은 노동집약적이고, 경험적으로 습득된 기술이 많고, 고정투자가 대기업에 비해 소액이며, 외부경제 의존적이라는 특징을 가지고 있다.

(2) 중소기업 기술개발의 특징

연구개발(R&D, Research & Development)은 기초연구(basic research)와 응용연구(applied research), 개발(development)로 구분 한다면, 중소기업의 기술개발은 개발(development)에 중점을 두고 있다. 이는 기술개발에 따르는 불확실성과 위험이 기초연구와 응용연구 보다 적고, 개발기간도 상대적으로 짧기 때문이다. 또한 중소기업의 경우 모기업, 대학 및 공공연구개발 등 외부의 지원을 받아 자체 기술개발을 행하는 경우가 많다. 그리고 중소기업경영자가 기술개발을 주도하는 경우가 많고, 기술개발 동기는 기존제품의 성능 및 품질향상, 인건비와 원재료 등의 생산비 절감인 경우가 많다. 7)

(3) 중소기업 기술개발 수준

2014년 우리나라 중소기업의 기술경쟁력 수준은 세계최고(100.0) 수준 대비 77.1% 수준으로 수년간 정체 되어 있다.

〈기술요소별 기술능력 수준〉

(세계최고 수준=100.0. 단위 %)

구분	제품(상품) 기획 능력	디자인 능력	신기술(신제품) 개발 능력	제품 설계 능력	부품/공정 설계 능력	시험 검사 능력	제조(가공) 능력	생산 관리 능력	유지 보수 능력	개발 기술 사업화 능력	평균
전체	76.9	75.9	76.7	77.2	76.9	75.5	79.3	78.9	78.5	76.7	77.1

* 자료 : 중소기업청·중소기업중앙회, 『2015년 중소기업기술통계조사 보고』

(4) 중소기업 기술개발 전략

중소기업은 끊임없는 기술개발로 중소기업의 핵심역량을 강화해야 한다. 먼저 중소기업은 내부역량의 확충이 필요하다. 내부인력을 지식근로자로 육성 및 학습조직을 활성화하고, 기술관리 전문인력의 확보 및 육성이 필요하다. 둘째 외부 네트워크를 활성화하여 기술개발을 지속적으로 진행하는 것이다. 중소벤처기업부 등 정부의 중소기업 지원사업을

7) 중소기업청·중소기업중앙회, 『2015년 중소기업기술통계조사 보고』

적극 활용하여 외부 지원자금으로 기술개발을 지속적으로 진행해 나간다. 예를들면 이업종교류회, 산업기술연구조합, 업종별 조합 및 단체 등을 활용하여 공동연구도 필요하다. 마지막으로 대기업 및 중견기업과의 공동기술개발을 추진하는 것도 하나의 방법이다. 대기업 및 중견기업과 공동개발 및 구매조건부 개발자금 지원을 통한 기술개발도 활용하면 좋을 것이다.

3-8 특허권 활용전략

최근 중소기업도 특허취득을 전략적으로 하고 있음은 고무적인 일이다. 특허권 활용은 방어 및 공격의 필요, 재무확장의 필요, 크로스 라이센싱 및 카르텔 결성, 표준화의 필요에 의해서 등록하고 있다. 첫째 방어적 출원 전략이다. 중소기업이 특허권을 등록하는 것은 경쟁사의 특허권 취득을 저지하고, 소송제기 시 대응되는 특허권 취득, 기업 이미지 제고 등 방어적인 전략으로 특허권을 취득한다. 둘째 재무확장 전략으로 특허권을 취득한다. 벤처 자본가의 투자자본 유치시 특허권은 기업가치에 영향을 준다. 셋째 공격적 경영 전략이다. 특허권 등록은 연구개발 강화 및 우수특허 확보, 독점시장 확보, 타사의 특허침해 시 소송제기에 의한 손해배상 부과 시에 필요하여 공격적 목적에서 특허권을 등록한다. 넷째 크로스 라이센싱 및 카르텔 형성의 필요성이다. 중소기업이 특허권을 상호 교환하여 특허분쟁을 극소화하고, 특허카르텔을 형성하여 후발기업의 시장진출을 원천 봉쇄하는데 활용된다. 마지막으로 표준화 전략이다. 자사 특허를 국제 표준화하여 자사는 동 분야 새로운 개량특허에 의해 기술적 우위를 지속적으로 유지하려는 전략을 활용하고자 할 때 특허를 등록하는 것이다.

〈참고1〉 중소기업 생산관리 실무

〈중소기업 생산활동 프로세스(process)〉

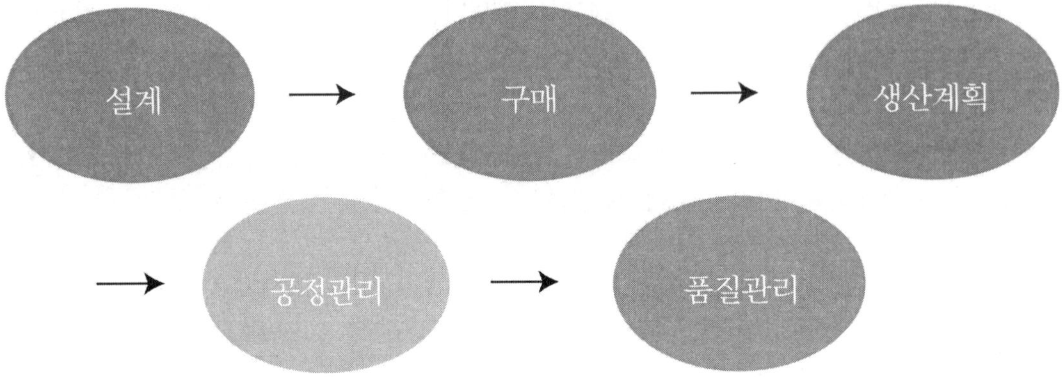

1. 설계

(1) 개요

설계란 생산활동이 실제 이루어지지 전에 생산활동의 모든 내용(부품, 기계 설비, 작업방법, 제조원가 등)을 사전에 결정하는 중요한 과정. 소비자의 요구나 욕구 모두 포함, 정확한 정보와 치밀한 분석이 필요

(2) 완제품을 생산하는 경우

- 철저한 시장조사를 통해 소비자의 욕구를 파악
- 소비자의 요구를 설계도에 정확하게 포함
- 효율적인 생산 공정관리와 품질경영기법 도입필요

(3) 부품을 만들어 대기업에 납품하는 경우

- 대기업과 정보공유를 통해 경제적으로 생산하여 납품하도록 설계
- 주문자 상표부착방식(OEM), 제조업자개발방식(ODM)

〈주문자 상표부착방식(OEM) vs 제조업자 개발방식(ODM)〉

구분	주문자 상표부착방식(OEM)	제조업자개발방식(ODM)
개요	주문자가 제시한 설계도대로 단순히 제작해주는 단순납품 형태	제조업자가 개발하거나 설계한 제품을 생산하여 유통업체나 브랜드업체에 공급. 제품에 관련된 모든 기술을 자체 개발하여 납품하는 형태
특징	거래처와 종속관계의 형태	제조사가 독자적인 기술력으로 제품을 직접 기획하고, 개발하고, 품질관리, 기술개발이 중요, 다변화된 거래선을 구축, 철저한 관리 시스템, 시장정보 획득

* OEM : Original Equipment Manufacturer　　* ODM : Original Development Manufacturer

(5) 설계개발 프로세스 7단계 (ISO9001 품질경영시스템)

① 기획단계(planning) : 시장의 요구사항 모두 충족, 제조와 판매 및 A/S 까지 고려
② 입력단계(inputs) : 고객의 요구사항, 기술 및 기능수준, 과거의 기술자료 및 정보
③ 출력단계(outputs) : 설계도면, 샘플도, 제품(서비스)시방서 등 1차 출력물과 입력 요소의 요구사항을 모두 반영하고 있는 지 확인
④ 검토단계(review) : 설계개발의 각 단계마다 사전에 계획에 놓은 기준에 따라 진행되는 지 검토
⑤ 검증단계(verification) : 출력물이 입력요구사항에 대해 실제로 만족하는지 검증
⑥ 타당성확인 단계(validation) : 기획단계나 입력요구사항에서 정한 내용을 실제로 사용할 경우 이를 충족시킬 수 있는지 여부 확인
⑦ 변경관리(Control of changes)

2. 구매

(1) 구매의 중요성

- 구매활동의 중요성을 재인식
- 구매단계에서의 구매품들이 생산품의 품질이나 원가 등에 중요한 영향

(2) 일괄구매(centralized purchasing)

- 구매품의 단위가 큰 경우 이용

- 발주비를 줄이고, 구매의 협상력을 높일 수 있음

(3) 분산구매(decentralized purchasing)

- 자재조달을 신속하게 할 수 있는 장점
- 구매의 협상력이 낮아질 수 있음

(4) 효율적인 구매관리 방안

- 구매정보를 전 부서가 공유, 구매 프로세스를 투명하게 운영
- 공급업체나 구매품의 DB구축
- 구매담당자의 윤리의식이 중요

3. 생산계획

(1) 개요

생산계획(production planning)은 생산 활동 전에 다양한 정보를 토대로 생산할 제품의 수량, 가격 및 생산방법, 일정 등에 관하여 합리적으로 계획을 세우는 것

(2) 주문생산의 경우

주문의 형태가 불규칙적이고, 생산수량의 안정화가 어렵고, 재고관리, 현장관리와 유통관리도 어려움을 고려하여 생산계획을 수립

(3) 대기업에 부품을 납품하는 경우

대기업과의 협력관계가 중요. 우호적이고 협력적인 관계를 유지하여 납품하여야 할 부품의 정보를 생산계획에 철저히 반영

4. 공정관리

(1) 개요

공정관리(process control)란 원재료부터 최종제품이 만들어지기까지 원재료나 부분품의 가공 및 조립의 흐름을 체계적이고 능률적인 방법으로 관리하는 것

(2) 중소기업의 공정관리 방안

- 생산공정은 기계설비나 정보기술의 발달로 첨단화된 자동화 설비나 컴퓨터 시스템으로 대체 되고 있음
- 중소기업은 작업조건이나 방법이 대기업에 비해 열악하기 때문에, 효과적인 공정관리를 위해서는 절차계획과 일정계획을 각 기업의 상황에 맞게 조정할 필요가 있음

(3) 절차계획(routing)

- 작업을 수행할 때의 순서와 방법. 제품을 완성하는데 필요한 표준공정과 표준시간이 기재된 공정절차표(route sheet)가 제시. 어렵지만 작업표준화, 표준시간과 표준원가의 산정과 관리가 필요함

(4) 일정계획(scheduling)

- 일정계획은 생산계획 내지 제조 명령을 구체화하는 과정
- 부품가공이나 제품조립에 필요한 요소가 적기에 조달되어 지정된 시간까지 완성될 수 있도록 기계 작업을 시간적으로 배정하여 일정을 결정하는 계획
- 전체 계획부터 세부 계획으로 나누어서 체계적으로 관리하여야 함
- 일정계획 기법 : 간트차트(Gantt chart), 상황판 이용, 우선순위 결정기준

(5) 중소기업에서의 공정자동화

자동화는 단위시간당 생산성이 높아지며 불량률 감소, 품질균일화, 작업환경 개선 중소기업의 공정자동화는 간이자동화와 부분자동화(low cost automation)

* 간이자동화 : 제품생산에서 필요한 인력의존도가 높은 기존의 설비 및 생산방식을 적은 비용으로 작업의 일부 또는 전부를 자동화하는 방법

5. 품질관리

(1) 품질의 개념

- 제품과 서비스품질은 고객이 인지하는 것. 소비자중심의 품질개념을 인식
- 과거에는 작업자, 감독자에 의한 품질확인이나 검사중심의 품질관리
- 현재는 통계적품질관리(SQM), 전사적품질관리(TQC), 종합적인 품질관리경영(TQM), 6시그마기법 등이 개발되어 적용

* SQM(statistical quality control), TQC(total quality control), TQM(total quality management), 6시그마기법(불량 확률을 100만 개당 3.4개 수준으로 억제하는 것을 목표로 하는 품질관리활동)

(2) 중소기업에서의 품질관리

- 중소기업에서 체계적으로 품질관리가 쉽지 않지만, 전 직원이 일체감을 갖고 품질향상을 위한 노력이 중요
- 소규모의 자발적인 품질관리분임조(Quality Control Circle) 운영

* 작업자의 품질의식개선 , 품질개선활동의 성과측정 및 보상제도가 동시에 수행되면 효과적

(3) 완제품 생산형(B2C)

- 최종소비자에게 제품과 서비스를 제공하는 경우, 소비자의 욕구나 요구를 정확히 파악하여, 소비자가 요구하는 품질수준에 기업의 모든 역량을 집중
- 제공하여야 할 목표품질이 결정되면, 경제적으로 품질관리활동을 수행

(4) 대기업 납품형(B2B)

- 대기업의 품질정책과 일관성을 유지
- 대기업의 요구품질과 품질정보를 정확히 파악하여 충족시키는 것이 중요
- 대기업 납품형 중소기업은 대기업의 공정의 일부이기 때문에 두 집단의 품질정책의 일관성이 매우 중요

제4절

중소기업 마케팅 전략

4-1 중소기업 마케팅 개요

기업경영은 고객의 욕구(wants)와 필요(needs)를 발견하여 가치를 창조하고, 고객에게 알리고 전달함으로써 이윤을 창출하는 과정이다. 피터 드러커는 그의 저서 『경영의 실제』에서 '경영활동은 혁신과 마케팅'이라고 했다. 중소기업 마케팅은 기본적인 마케팅원리와 과정은 동일하지만, 예산 등의 차이로 대기업과는 다른 방법으로 접근해야 한다. 중소기업은 대기업의 마케팅 예산과 결코 경쟁할 수 없다. 중소기업은 자원에 적합한 전략과 중소기업이 갖고 있는 장점을 활용한 마케팅전략을 추구하는 것이 바람직하다. 중소기업은 고객과의 밀착성이 높고, 고객에게 더 개인적인 제품과 서비스를 줄 수 있다. 예산이 적에 들어가는 온라인마케팅, 관계 마케팅 및 구전마케팅으로 승부하는 것도 한 방법이다.

마케팅(marketing)은 탁월한 가치를 창조하여 고객에게 전달하고 그 대가로 이익을 창출하는 활동이다. 따라서 고객이 없으면 기업은 이미 기업이 아닌 것이다. 마케팅의 2대 목표는 고객 만족(Customer Satisfaction)과 경쟁우위 확보(Competitive Advantage)이다.

한편 『미국마케팅협회(American Marketing Association), 1985』는 마케팅을 "마케팅이란 개인과 조직의 목적을 충족시키는 교환을 창조하기 위하여 아이디어, 재화 그리고 서비스의 개발, 가격결정, 판매촉진, 유통을 계획하고 수행하는 과정 "이라고 정의하였다.

〈판매활동과 마케팅의 차이〉

판매활동(영업, selling)		마케팅(marketing)
<파는 기술>		<팔리는 시스템을 구축하는 일>
제품에서 출발	≠	고객의 니즈에서 출발
상품을 어떻게 팔 것인지 관심		시장의 소비자 수요(needs)탐색, 상품개발 관심(고객이익)
영업목표 달성이 과제		보다 효율적인 판매활동을 위한 전략

4-2 중소기업 마케팅의 중요성과 특징

중소기업은 대기업과 다르게 전체시장을 상대로 한 마케팅은 자원 등의 부족으로 어려운 것이 현실이다. 그러나 중소기업은 틈새시장에 적합하므로 수요 다양화에 신속하게 대응할 수 있는 장점은 있다. 그리고 중소기업도 판매활동(selling)이 아니라 마케팅(Marketing)을 해야 되는 것이다. 중소기업도 영영기능강화, 영업소 증설, 판매사원 증원, 고객과의 접촉 증대 등의 판매활동을 할뿐만 아니라 고객의 욕구를 파악하여 제품을 기회하고 개발하고 판매하는 마케팅활동을 강화해야 한다. 따라서 중소기업이 성장 · 발전해 가려면 스스로의 틈새시장을 적극적으로 선택하고, 그에 맞는 독자적인 제품(서비스)을 개발하여 시장을 개척해 나가야 할 것이다.

중소기업의 마케팅은 기본적인 마케팅원리와 과정은 대기업과 동일하지만, 경영자원이 부족하고, 시장 활동 지배력이 약하기 때문에 대기업과는 다른 관점에서 마케팅활동을 수행하여야 한다.

4-3 중소기업의 새로운 마케팅전략

중소기업은 예산과 인력 등 자원이 대기업에 비해 열악하기 때문에 중소기업의 장점을 살린 마케팅전략을 수립하여 시행하는 것이 효과적이다. 중소기업이 활용할 수 있는 새로운 마케팅전략을 소개하고자 한다.

(1) 온라인 마케팅

중소기업은 비교적 예산이 적에 소요되는 온라인 마케팅으로 제품과 서비스를 홍보하고 판매촉진 하는데 활용하면 좋을 것이다.

① 블로그 마케팅 : 무료(중소기업 적극 활용)이다. 꾸준한 포스팅, 텍스트 기반 소통이 중요하다.(예쁘게 디자인하는 것이 중요)

② 검색엔진 마케팅 : 네이버, 다음 등 포털사이트에 자사 홈페이지 주소를 노출하는 것이다. 특히, 검색 타겟팅 된 고객에게 노출(pull방식)하는 '키워드 광고'가 효과적이지만, 광고료는 지불해야 한다.

③ 배너광고 : 미리 정해진 규격에 동영상 및 특정 웹사이트 이름을 홍보하며, 광고료는 지불해야 한다.

④ 전자 카탈로그 : 전자상거래에서 거래되는 제품, 서비스 등의 품명과 코드, 규격, 가격, 배송방법 등 기재한 카탈로그를 홍보하는 방법이다.

⑤ 모바일 마케팅 : 휴대폰을 활용한 마케팅이다. 자금력에 제한을 받고 있는 중소기업에 많은 마케팅 기회를 제공한다. 예를 들면, SMS(Short Message Service), MMS(Multiple Message Service), Youtube 등이다.

(2) 관계 마케팅(Relationship Marketing)

경쟁우위를 확보하기 위한 중소기업의 전략으로서 관계마케팅이 많은 관심을 끌고 있다. 고객을 유지시키고 성과를 향상시키기 위해 기업이 직원, 채널 파트너, 고객과의 개별적인 Relationship을 통해 각각의 성향과 선호도를 선행적으로 파악하여 비즈니스 전략을 구축하는 마케팅 방법이다. 고객 개개인에 대한 관심, 고객으로 하여금 특별하다고 느끼게 하는 것이 특징이다. 기존고객을 유지하는데 많은 도움이 되며, 구전효과를 통한 무료 광고효과가 크다고 할 것이다. 지금까지는 대기업 위주로 활용되었으나, 중소기업도 적극적으로 활용할 필요가 있다. 중소기업은 고객인 대기업 내지 발주기업과의 신뢰를 바탕으로 한 상호 관계를 유지하고 있다. 최종 소비재를 생산하여 판매하는 중소기업은 소비자에 대한 관계마케팅을 적극적으로 활용할 필요가 있다.

(3) 구전 마케팅(Viral Marketing)

오늘날은 물건을 만드는 일보다 판매가 더 어려우며, 이는 중소기업의 경우 더욱 심각한 것이 현실이다. 대기업에 비해 상대적으로 예산이 부족한 중소기업은 저비용으로 비교적 전달이 쉬우며 반복구매를 가능하게 하는 구전(입소문)을 활용하는 것이 효과적일 것이다.

이러한 구전마케팅은 일반광고에 비해 비용이 적게 들고, 중소기업제품 소비층이 구전을 중요시 하는 경향이 있기 때문에 중소기업에 있어서 구전마케팅이 매우 중요하다. 아울러 구전마케팅으로 상품을 선택한 소비자는 반복구매 가능성이 큰 것이 특징이다. 이러한 구전마케팅은 상품수가 증가하여 혼자서 다양한 상품을 체험·판단하고 선택하기가 어려워 남의 의견에 의존 하는 제품의 경우 더 효과가 있다. 또한 상업정보 및 상품지식이 증가하여 소비자 간의 정보 교환의 신뢰성이 높을 때 효과가 있으며, 체험 수기에 대한 영향력과 신뢰성 증가로 전파력이 크다는 특징이 있다.

〈참고1〉 우리나라 마케팅 개념의 변화와 일반적인 마케팅전략

1. 우리나라 마케팅 개념의 변화

1980년 중반	생산중심	만들어라 팔리리라
1990년 중반	판매중심	고객을 찾아서 밀어내자
현재	마케팅 개념 중심	고객만족경영
미래	시장지향적 마케팅	지속적 정보수집, 정보공유, 전사적대응

2. 중소기업 마케팅 프로세스

중소기업의 마케팅활동은 고객, 제품경쟁조사 → 제품개발 → 마케팅 요소를 결합하여 고객을 확보하고 유지하는 것이다. 표적고객과 마케팅환경, 고객의 욕구, 경쟁현실을 반영하여 제품·가격·포장·유통·판매촉진활동을 조정, 판매 후 고객서비스를 강화하는 것이 중소기업 마케팅 프로세스이다.

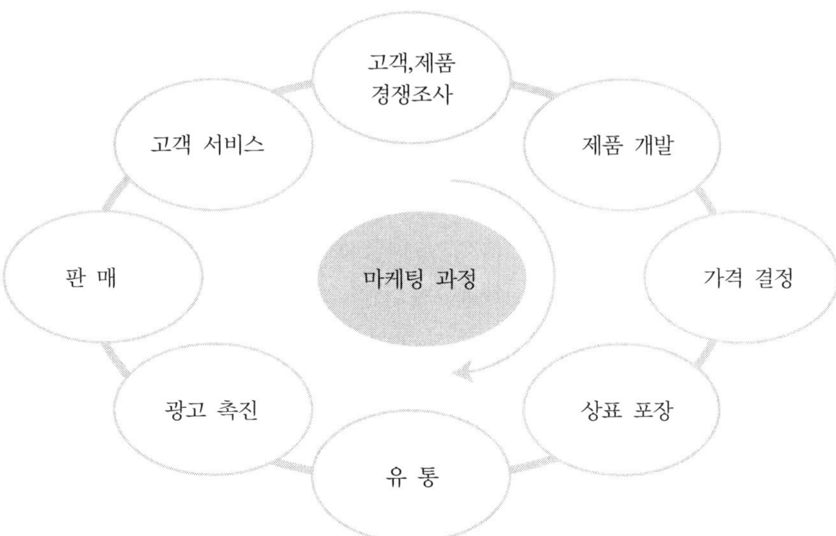

3. 중소기업 마케팅전략

(1) 목표설정

마케팅전략수립은 목표를 설정하는 것부터 시작하며, 마케팅목표는 전략적 목표(사업확대, 고객만족)와 재무적 목표(매출액, 이윤)로 나눌 수 있다. 마케팅 목표는 기업 전체 수준의 전략적 목표 및 사업부 수준의 목표와 일치하여야 하며, 목표는 계량적으로 표시되어야 하고 언제까지 달성하겠다는 시한이 필요하다.

(2) 시장조사

중소기업의 활용 가능한 예산과 정보의 외부 유출 등을 고려하여 시장조사를 실시

조사방법	조사진행자 (진형형태)	측정도구	조사 문항 수	조사 소요시간	실사기간 (표본당비용)
Web Survey	웹상의 프로그램 (1:1진행)	설문지	많은 질문이 가능함	시간제약 없음	단기(초저가)
Gang Survey	담당 연구원 (다수와 진행)	설문지	1개 제품 당 20문항 정도	1시간 이내	단기(고가)
FGI (Focus Group Interview)	전문진행자 (6-8 다수와 진행)	가이드라인	약 20문항 정도	1시간 30분 정도	단기(고가)

(3) 마케팅환경 분석

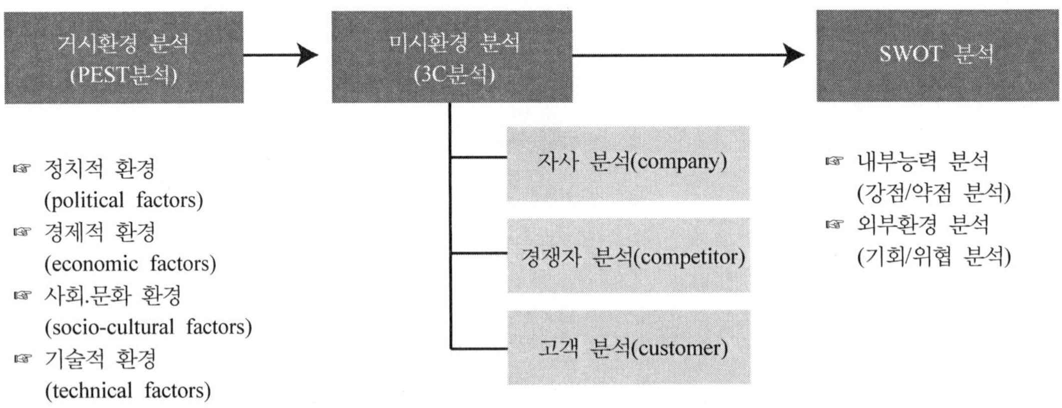

(가) 거시 환경 분석(PEST분석)

① 정치적 요인(Political Factors) : 정책노선, 지원정책, 규제철폐, 민영화, 조세, 특허, 법적규제 등
② 경제적 요인(Economic Factors) : GDP성장율, 이자율, 인플레이션, 환율, 원유가, 금융시장 등
③ 사회·문화 요인(Socio-cultural Factors) : 인구구조, 교육수준, 라이프스타일, 여성의 사회진출, 환경, 윤리경영 등
④ 기술적 요인(Technical Factors) : 신기술, IT발전, 대체기술 개발가능성, 기술혁신, 디지털 인프라, 인터넷 기반기술

(나) 미시 환경 분석(3C분석)

3C분석은 고객(Customer), 경쟁자(Competitor)와 자사(Company)의 현재 상태를 분석하는 기법이다. 자사와 동일한 고객을 대상으로 경쟁하고 있는 경쟁자를 비교·분석함으로써 자사의 차별화와 경쟁전략을 찾아낸다. 현재의 시장동향을 파악하여 고객의 범위를 정의하고, 대상시장을 명확히 한다. 중소기업은 3C분석을 통해서 고객의 욕구와 필요를 파악하여 새로운 제품이나 서비스를 찾아 낸다. 3C분석을 통해 자사의 핵심역량(Core Competence)과 USP(Unique Selling Point)를 극대화한다.

(다) SWOT분석

SWOT분석은 기업내부의 강점(Strength), 약점(Weaknesses) 그리고 외부환경의 기회(Opportunities)와 위협(Threats) 요인을 분석한다.

내부능력 / 외부환경	강점 (Strength)	약점 (Weakness)
기회 (Opportunity)	SO 강점을 가지고 기회를 활용	WO 약점을 보완해 기회를 활용
위협 (Threat)	ST 강점을 가지고 위험을 회피	WT 약점을 보완해 위험을 극복

(4) STP전략

중소기업이 소비자 행동에 대한 이해에 근거하여 시장을 세분화(Segmentation) 하고, 세분화된 시장 중에서 표적시장을 선정(Targeting) 하며, 표적시장에 적절하게 제품을 포지셔닝(Positioning) 하는 일이다.

시장세분화 (Market Segmentation)	→	표적시장의 선택 (Targeting)	→	포지셔닝 전략 (Positioning)
동일한 욕구를 가진 고객의 집단으로 나눔		목표로 하는 시장의 고객집단을 선정		소비자의 지각을 이해하고, 소비자의 마음속에 제품을 자리 잡게 하는 과정

(가) 시장세분화 (Market Segmentation)

시장세분화는 시장을 유사한 욕구와 제품의 요구사항을 갖는 고객집단으로 명확하게 구분하는 것이다. 고객들을 집단 내에서는 욕구와 구매행동이 유사하고, 집단 간에는 상이하도록 소비자들을 군집하는 것이다. 고객별 차별적 마케팅 또는 틈새마케팅을 실시한다.

① 세분화의 조건 : 측정가능성, 충분한 규모의 시장, 실행가능성

② 세분화를 위한 소비자 기준 : 인구통계변수(인구, 연령, 소득, 사회계층, 지리), 심리변수(라이프스타일, 개성, 지각, 태도), 행동변수(추구편익, 제품사용, 사용자상태, 구매시점·빈도·규모, 충성도와 브랜드 열성)

(나) 표적시장의 선택(Targeting)

시장표적화는 시장세분화를 통해 목표로 하는 시장의 고객집단을 선정하는 과정이다. 소비자의 욕구와 필요에 따라 시장을 몇 개로 세분하여 각기 다른 마케팅믹스를 제공하는 것을 말한다.

〈표적시장과 전략방향〉

유형	전략방향
비차별 마케팅	불특정 다수(전체시장을 단일시장 · 단일마케팅 → Mass Marketing)
차별화 마케팅	특정한 고객이나 시장(1개 이상의 세분시장)
집중화 마케팅	초점의 극소수의 표적고객이나 틈새시장(1개 시장, 단일 마케팅믹스)
맞춤 마케팅	개별고객(개별고객 · 개별전략 → Micro Marketing)

(다) 포지셔닝 전략(Positioning)

중소기업의 경우 경쟁적 우위를 누리기 위한 포지셔닝은 제품이나 브랜드가 제공하는 편익을 전달하거나 경쟁자의 것으로부터 차별화하는 것이 중요하다. 기업이나 제품에 관한 바람직한 이미지를 형성하는 것이다. 중소기업의 포지셔닝전략은 제품의 속성이나 편익에 의한 포지셔닝, 가격과 질에 의한 포지셔닝, 사용과 활용에 의한 포지셔닝, 제품사용자에 의한 포지셔닝, 경쟁자에 의한 포지셔닝, 문화적 상징에 의한 포지셔닝 등이 있다.

3. 마케팅믹스(4P) 전략

(1) 제품(Product) 전략

① 제품관리란 제품수명주기의 각 수단에 대한 계획 및 통제활동이며, 중소기업의 경우 표적시장의 결정과 제품전략이 특히 중요함
② 제품계획과 차별화 : 소비자의 욕구에 적합한 제품을 제공하며, 중소기업제품은 대기업과의 경쟁을 피하기 위해 대기업이 진출하지 않는 특수한 분야, 원래부터 시장규모가 작은 제품, 특허나 노하우 확립 가능성에 의해 차별화된 제품으로 사업을 해야 성공 가능성이 크다.
③ 신제품 아이디어가 중소기업경영자(CEO)에 의해 제안되는 경우가 많아, 객관적으로 고객의 입장에서 검토가 필요하다.(직감, 갑작스러운 아이디어, 지나친 자신감)
④ 제품 컨셉이 정해지면 고객이 원하는 디자인에 대한 연구가 필요하다.

〈**제품수명주기**(Product Life Cycle)**전략**〉

특징		도입기	성장기	성숙기	쇠퇴기
매출규모(이윤)		저매출(저이윤)	매출급성장(이윤증가)	매출극대화(고이율)	매출감소(이윤감소)
고객		혁신적 고객	선구자적 고객	일반 고객	후발 고객
경쟁지수		극소수	중대	안정세	감소
마케팅	제품	하나	다수	제품개선, 상표경쟁	제품계열검토, 폐기
	가격	시장침투 가격정책	초기고가 가격정책	경쟁가격 또는 가격절하	가격인하, 비용최소화
	유통	선택적 (서서히 구축)	전속적 (판매점에 일부 확인)	전속적 (대규모 거래보상)	선택적(비이익 판매 점포 서서히 제거)
	광고	초기채택자의 요구에 맞춤	브랜드 편익을 대규모 시장 창출에 맞춤	타 유사제품과의 차별화 수단으로 이용	재고를 제거하는 수단
	판촉	(중요성 고) 제품사용을 유발하는 샘플, 쿠폰 등	(중요성 중) 브랜드 위주 판촉	(중요성 중) 기존 고객들을 충성고객으로 전환	(중요성 최소) 최소화, 비용통제 중요, 판촉 효율성 검토

(2) 가격(Price)전략

① 가격은 이중구조적인 성격 : 기업의 제조원가를 보상하고 이윤이 생기도록 해주는 방향에서 결정하며, 구매자의 지불능력 및 구매의욕에 대응하는 방향에서 정한다. 가격은 마케팅의 중요한 한 요인이지만 마케팅수단으로 활용하고 있는 중소기업은 많지 않다.

② 가격결정의 목표 : 가격 및 이윤의 안정(목표시장 점유율 달성), 경쟁에 대응 및 경쟁예방, 시장침투 및 제품계열의 판매촉진

③ 가격결정 방법

ⓐ 원가 가산법 : 제품 단위당 원가에 표준이익을 가산하여 가격을 산정하는 방법

ⓑ 경쟁기준 가격결정법 : 경쟁추종 가격결정, 경쟁수준 이하 가격결정

ⓒ 신제품 가격전략 : 스키밍(skimming)가격전략(초기 고가전략, 상층흡수전략), 침투(penetration) 가격전략(초기 저가전략)

ⓓ 할인 및 공제 가격전략 : 현금할인, 수량할인, 계절할인 등

ⓔ 세분화 가격전략 : 고객별 가격차이, 제품별 가격차이, 위치별 가격차이, 시간대별 가격차이

ⓕ 심리적 가격전략 : 단수를 이용한 가격전략(예: 990원, 9,900원)

(3) 유통(Place)전략

① 유통은 상품과 서비스가 제조업자나 서비스 공급자로부터 소비자에게 이전하기 위한 유통경로, 저장시설, 배송방법과 재고관리를 포함한다.

② 유통은 수익성에 매우 큰 영향을 미치기 때문에 회사가 탁월한 공급사슬과 물류관리를 가져야 한다.

③ 중소기업에서 판매통로를 선정할 때 고려할 요소

ⓐ 기존 판로의 활성화 : 현재 거래하고 있는 도·소매점의 판매력을 통해 매출확대

ⓑ 신 소매업태의 이용 : 홈센터(HC) 등을 활용한 새로운 소매업태 이용

ⓒ 다이렉트 마케팅 : 통신판매, 방문판매 등 다이렉트 마케팅기법 활용

ⓓ 인터넷 및 모바일 마케팅 : 웹사이트 및 모바일을 통한 마케팅기법 활용 등

〈온라인 유통채널〉

<table>
<tr><td rowspan="7">인터넷
쇼핑몰</td><td rowspan="3">정규몰</td><td>홈쇼핑기반</td><td>ex) GS 샵</td></tr>
<tr><td>백화점기반</td><td>ex) AK몰</td></tr>
<tr><td>IT기반</td><td>ex) 인터파크</td></tr>
<tr><td>오픈마켓</td><td colspan="2">G마켓, 11번가,옥션</td></tr>
<tr><td>소셜커머스</td><td colspan="2">티몬, 쿠팡, 위메프</td></tr>
<tr><td rowspan="2">전문몰
(소호몰)</td><td colspan="2">자체 server</td></tr>
<tr><td colspan="2">호스팅사</td></tr>
</table>

(4) 촉진(Promotion)전략

촉진관리란 잠재고객에게 적절한 정보를 제공하고, 그들을 설득하고 혹은 영향력을 행사함으로써 그들의 구매행동에 영향을 미치려는 모든 활동을 말한다.

① 광고(advertising) : 광고주가 광고대금을 지불하고 그들의 아이디어나 제품 또는 서비스에 대한 메시지를 비개인적 매체를 통해 고객에게 제시하는 모든 활동

☞ 중소기업은 자금력이 미약하므로 대규모 단독광고보다 동종기업이나 자사와 거래하는 도매상과의 공동광고가 바람직

② 인적 판매(personal selling) : 판매원이 예상고객과 직접 접촉하여 서로 대화를 나누면서 그들의 욕구와 필요를 환기시키거나 판매저항을 감소시켜 구매행동을 일으키게 함

☞ 중소기업의 중요한 촉진수단, 판매원의 판매기술의 교육훈련이 필요 함

③ 판매촉진(sales promotion) : 광고, 인적판매와 홍보활동을 제외한 촉진활동

- 제품전시, 진열, 전람회, 전단, 할인쿠폰, 경품, 가격할인, 이벤트 등과 같은 활동

☞ 중간상·소매상판매촉진(push전략) : 구매할인, 지원금, 보조금, 협동광고, 콘테스트

☞ 소비자 판매촉진(pull전략) : 쿠폰, 샘플, 가격할인, 프리미엄, 콘테스트, 추첨

④ 홍보(PR, Public Relations) : 중소기업이 대금을 지불하지 않고도 라디오, TV 등 매체를 통하여 기업의 좋은 이미지를 높여 판매를 증대하기 위한 활동(뉴스 또는 기사형식으로 보도)

6. 4C 믹스 전략

과거의 마케팅전략은 생산자중심의 4P 믹스전략이었으나, 최근의 마케팅은 소비자중심의 4C 믹스전략이다.

① 소비자(Customer Value) : 과거 마케터들은 자신을 '제품을 판매하는 사람', 고객들도 스스로 '제품을 구매하는 사람'. 최근 고객들은 제품, 브랜드, 서비스에 대한 가치를 구매하는 구매자로 여김

☞ 중소기업은 고객의 가치를 찾아내며 이를 충족, 해결해 주어야 제품 및 브랜드 등의 성공적인 마케팅전략수행 가능

② 비용(Cost to the Customer) : 가격은 소비자가 부담하는 비용을 고려하여야 함

☞ 중소기업은 가격결정시 소비자가 사용하면서 들어가는 비용, 처분비용 등도 고려하여 가격을 결정하여야 함

③ 편의성(Convenience) : 소비자가 편리하게 제품에 접근 할 수 있도록 온라인 쇼핑과 홈쇼핑 강화

☞ 중소기업도 소비자들이 제품을 쉽게 구입할 수 있도록 온라인 마케팅을 강화

④ 의사소통(Communication) : 소비자와 의사소통을 감안하여 촉진활동을 하여야 함

☞ 중소기업도 고객관계관리(CRM, Consumer Relationship Management)를 통해 고객의 욕구를 파악하여 전략을 세우고 고객과의 관계를 꾸준히 유지해야 함

〈참고2〉 중소기업의 마케팅 활동 현황

(1) 중소기업 제품(product)

- 소비재형 기업이나 산업재형 기업 모두 '시장경쟁형' 제품을 생산하여 판매하고 있음.
- 두 유형 모두 시장조사 수행업체 비율이 50% 미만으로 나타나 마케팅능력 향상을 위해 시장조사활동을 강화할 필요가 있음.
- 신제품 아이디어의 기초조사는 소비재형 기업은 34.6%가 실시하고 있으나, 산업재형 기업은 18.3%에 그침.

*자료: 중소기업중앙회, 『2008년 중소제조업 마케팅활동 및 애로요인 실태조사』

(2) 가격(price)

- 소비재형 기업의 72.9%가 가격전략을 수립하여 시행 중이나, 산업재형 기업은 58.6% 만이 가격전략을 수립하여 시행 중임.
- 현재의 가격전략으로 소비재형 기업은 주로 중저가 및 저가전략을 사용하고 있으며, 산업재형 기업은 중고가 이상의 전략을 활용하고 있음.
- 제품가격 결정 시 두 유형 모두 투입원가를 가장 중요시하고 있으며, 산업재형 기업의 경우 투입원가와 함께 경쟁사의 가격을 동시에 중시하는 것으로 나타남.

* 자료: 중소기업중앙회, 『2008년 중소제조업 마케팅활동 및 애로요인 실태조사』

(3) 유통(place)

소비재형 기업의 판로·유통활동 수행비율은 62.7%로, 산업재형 기업의 수행비율 52.2% 보다 높은 것으로 나타남. 두 기업유형 모두 가장 효과적인 판로활동은 판매경로 다양화인 것으로 조사되었으며, 소비재형 기업의 경우 직판유통망 구축과 유통업체와의 전략적 제휴도 효과적인 판로활동인 것으로 나타남. 신제품 생산 후 제품을 판매할 수 있는 판로에 대해 소비재형 기업은 주로 기존의 판매처 산업재형 기업은 기존 판매처 외에 새로운 국내 판매처와 새로운 해외 판매처에 대한 응답 비율도 높게 나타남.

* 자료: 중소기업중앙회, 『2008년 중소제조업 마케팅활동 및 애로요인 실태조사』

(4) 촉진(promotion)

촉진활동 수행업체 비율은 소비재형 기업이 80.1%, 산업재형 기업이 62.2%로 나타 남. 가장 효과적인 촉진전략으로 두 기업유형 모두 '제품위주의 광고전략' 을 꼽았으며, 그 외 소비재형 기업은 '기업이미지 위주의 광고전략', 산업재형 기업은 '인적영업전략' 이 효과적 가장 효과적인 것으로 나타남. 광고·선전 수단은 두 유형 모두 전단지/카탈로그가 효과적인 것으로 나타났으며, 소비재형 기업의 경우 공중파TV 광고가 상대적으로 효과적인 것으로 나타남.

(5) 해외마케팅

해외마케팅 활동은 직접수행(대리인을 통한 수행) 등 활동비율이 산업재형 기업이 63.5%, 소비재형 기업이 57.2%로 나타남. 가장 효과적인 해외마케팅 활동은 해외전시회와 박람회참가인 것으로 나타남.

	해외전시회 박람회참가	해외시장 정보수집 및 시장 조사	국내대기 업의 해외 유통망 이용	자사 해외 지사 및 대리점 이용	해외 에이전트 활용	현지합자 법인 설립	해외업체 와의 전략적 제휴	계
소비재형 기업	28.4	27.4	4.2	15.8	11.6	4.2	8.4	100
산업재형 기업	26.6	13.3	7.6	14.6	19.0	5.7	13.3	100

(6) 인터넷 마케팅

중소기업의 인터넷 마케팅 수행업체 비율은 소비재형 기업이 54.2%, 산업재형 기업이 43.0%로 나타남. 가장 효과적인 활동은 소비재형 기업은 인터넷 배너광고, 산업재형 기업은 전자카다로그 제공인 것으로 나타남.

	인터넷 배너 광고	이메일 마케팅	검색엔진 마케팅	이벤트 등 온라인 판촉	전자 카다로그 제공	모바일 마케팅	UCC활용	계
소비재형 기업	35.6	6.7	28.9	15.6	8.9	0.0	4.4	100
산업재형 기업	13.1	17.8	26.2	12.1	26.2	3.7	0.9	100

제5절 중소기업 재무관리 전략

5-1 중소기업 재무관리 개요

재무관리(financial management)는 중소기업이 필요로 하는 자금을 합리적으로 조달하고, 조달된 자금을 효율적으로 운용하는 관리기능으로서, 궁극적인 목표는 기업의 가치(value of the firm)를 극대화 하는 것이다. 또한 재무관리는 화폐를 매개로 한 중소기업의 모든 경영활동을 계획·조정·통제하는 통합적인 관리기능인 것이다. 그러나 중소기업 경영자가 가장 어려워하는 분야가 재무관리이다. 중소기업경영자는 공인회계사나 세무사처럼 전문가 수준은 아니어도 기본적인 회계지식과 세무지식은 공부할 필요가 있다. 기업이 성장하고 발전하는 데는 반드시 자금이 필요하다. 이러한 자금을 조달하고 조달한 자금을 운용하며, 발생한 수익에 대한 세금납부에 대한 기본적인 전략이 필요할 것이다.

중소기업경영자는 반드시 현금수지표(현금흐름표)를 관리하여 한다. 철저한 현금관리로 필요한 자금을 적기에 조달하여야 한다. 아울러 수익에 대한 세금을 적정하게 신고하고 납부하여야 하며, 기업의 신용관리를 철저히 해야 한다.

5-2 중소기업 재무관리 기능

중소기업재무관리는 투자결정 기능, 자본조달결정 기능, 배당결정 기능, 재무자료 분석 기능을 가지고 있다. 먼저 투자결정 기능이 있다. 중소기업이 필요로 하는 자산을 어떻게 구성할 것인가(optimal mix of assets)를 결정하는 것이다. 둘째 자본조달결정 기능이 있다. 투자에 소요되는 자본을 어떻게 효율적으로 조달할 것인가(optimal mix of financing)를 결정하는 것이다. 셋째 배당결정 기능이 있다. 중소기업의 경영활동으로부터 창출된 순이익 중 얼마만큼을 주주에게 배당하고 기업 내에 유보할 것인지를 결정하는 것이다. 마지막으로 재무자료 분석 기능이 있다. 재무의사결정에 필요한 정보를 제공하기 위하여 중소기업의 회계 및 재무자료를 분석한다.

〈재무상태표의 구조와 기능〉

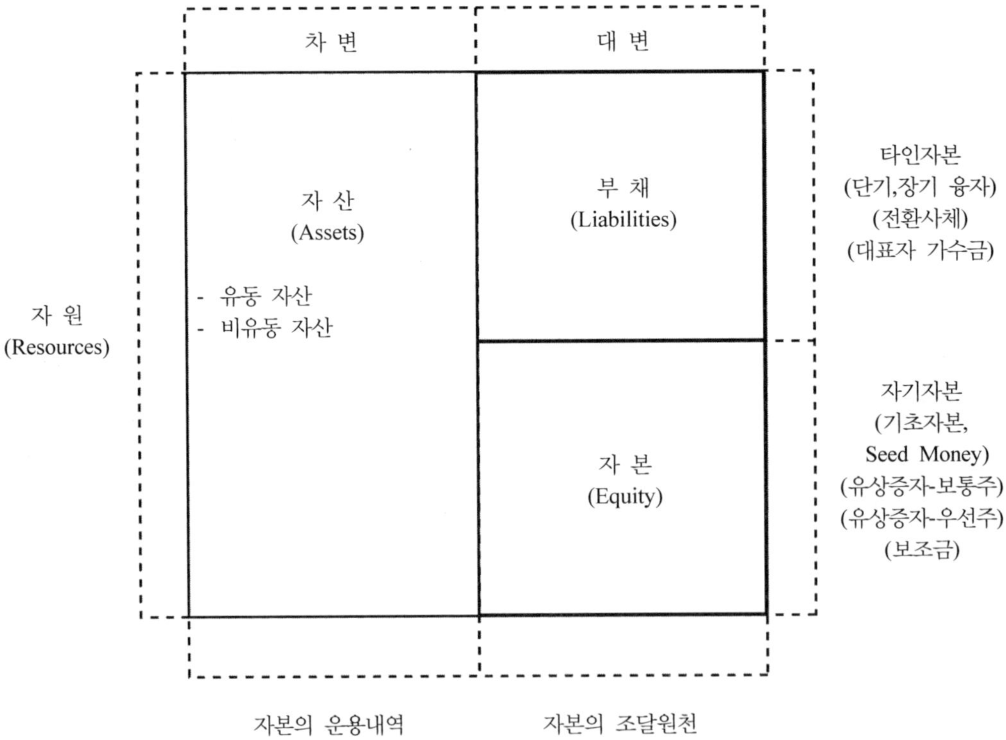

5-3 중소기업 재무관리의 목표

중소기업 재무관리의 목표는 기업의 목표와 일치하는 것이다. 기업의 목표가 '이윤의 극대화(maximization of profit)' 에서 '부(富)의 극대화(maximization of wealth)' 로 변화하였으며, 이에 따라 중소기업 재무관리 목표도 중소기업의 '부(富)의 극대화(maximization of wealth)', 즉 기업가치(value of the firm)의 극대화 에 있다. 기업가치(value of the firm)는 중소기업이 미래에 창출할 현금흐름(cash flow)을 그 시간과 위험을 고려하여 현재시점의 가치로 평가한 것이다. 기업가치 결정요인은 미래의 현금흐름의 크기로 나타내는 수익성과 미래 현금흐름의 불확실성을 나타내는 위험으로 구성된다. 이를 수식으로 나타내면 아래 식과 같다. 중소기업의 기업가치(V)는 수익성과 위험에 의해서 결정된다.

$$V = f\ (\text{수익성, 위험})$$

따라서 기업가치의 극대화는 장기적이고 전략적인 중소기업의 목표라고 한다면, 부도의 방지와 생존은 단기적이고 전술적인 중소기업의 목표라고 할 것이다.

5-4 중소기업 절세방안

(1) 중소기업의 절세방안

중소기업은 1년을 결산하여 발생한 수익에 대해 반드시 세금을 신고하고 납부하여야 한다. 기업회계는 정확하고 투명하여야 하며, 탈세의 유혹에서 벗어나야 한다. 그러나 중소기업경영자는 정부에서 지원하는 중소기업 세제지원정책을 꼼꼼히 공부하여 절세방안은 반드시 활용해야 될 것이다. 외부전문가에게 기장을 의뢰하여, 세금을 신고·납부하는 중소기업은 우리기업의 상황을 정확하게 알려주지 않으면 절세할 기회를 아깝게 놓칠 경우가 있다. 아래의 중소기업 절세방안을 참고하여 대비하는 것이 바람직할 것이다.

〈중소기업 절세방안〉

1. 법적지출증빙을 꼭 챙기세요.(세금계산서 등)
2. 현금을 쓸 때는 현금영수증을 받으세요.

3. 거래대금 지급은 반드시 통장거래(법인통장, 사업용계좌)를 이용하세요.
4. 사업자등록 명의를 절대 빌려주지 마세요.
5. 세금계산서는 정확히 거래하셔야 합니다.
6. 법정 신고기한을 반드시 지키세요.(부가가치세, 법인세, 종합소득세 등)
7. 사업자의 경우에는 기장을 하세요.
8. 조세혜택을 철저히 익히고 찾으세요.
   - 중소기업특별세액감면 (중소기업은 납부할 법인세·소득세의 5~30% 감면)
   - 연구 및 인력개발비에 대한 세액공제(R&D비용의 30%를 세액공제)
   - 연구 및 인력개발을 위한 설비투자에 대한 세액공제(10%)
   - 기술취득비용에 대한 세액공제 (7%)
9. 억울한 세금은 적극적으로 대응하세요.

*자료: 중소기업진흥공단, 『2012-2013 중소기업과 CEO를 위한 절세요령』

(2) 창업 중소기업의 세금지원제도 활용

창업 중소기업에 대해서는 정부에서 특별히 세금에 대해 감면 및 면제를 해 주고 있다. 아래의 창업 중소기업의 세금지원제도를 반드시 활용해야 될 것이다.

구분	금액
법인세(소득세) 감면	수도권 과밀억제권역 외의 지역에서 창업한 중소기업 등(창업벤처기업 포함)에 대하여 창업 후 소득발생 연도부터 4년간 매년 납부할 법인세(소득세)의 50% 감면
등록면허세 면제	- 창업중소기업의 법인설립 등(벤처기업확인일)부터 4년 이내에 자본 또는 출차액을 증가하는 경우 포함 - 창업중소기업이 창업일부터 4년 이내에 법인의 주소 또는 대표이사의 주소 변경으로 인한 등기 등
취득세 면제	창업 후 4년 내 취득한 사업용 자산에 대한 취득세
인지세 면제	창업 후 2년 간 금융회사의 융자관련문서에 대하여 인지세 면제
재산세	창업 후 5년 간 재산세 50% 감면
창업기업 투자에 대한 소득공제 등	- 중소기업창업투자조합 및 벤처기업 등에 출자한 금액의 10% 소득공제 - 벤처기업에 출자한 주식을 5년 이상 보유하다가 양도하는 경우 양도세 비과세

* 창업기업에 대해 세금을 면제받는 「조세특례제한법」 제6조에서 정한 기업은 ① 수도권과밀억제권역 외의 지역에서 창업한 중소기업, ② 창업보육센터사업자로 지정받은 내국인, ③ 창업 후 3년 이내에 벤처기업으로 확인 받은 기업을 말한다.

〈참고1〉 중소기업 재무관리 실무

1. 단기자금관리와 재무계획

(1) 현금예산(cash budget) : 1년 이내 단기 자금관리

〈현금수지계획표〉[8)]

(단위 : 백만원)

구분		1/4분기	2/4분기	3/4분기	4/4분기	합계
전기이월						
현금 유입	현금매출					
	외상매출금회수					
	잡수입					
	소계					
현금 유출	현금매입					
	외상매입금 지급					
	급료, 제 경비					
	자급이자 상환					
	소계					
현금 과부족						
금융 기관 활용	차입(융자)					
	유상증자					
차기이월						

(2) 추정재무제표 작성과 재무계획

① 추정재무제표(pro-forma financial statement)는 미래(향후 1～5년)의 재무제표이다. 중소기업에서는 추정손익계산서, 추정재무상태표, 추정현금흐름표를 작성한다.

② 추정재무제표를 작성함으로써 장기적인 회사의 재무적 상황을 미리 파악하고 계획을 할 수 있다. 이를 통해서 연도별 자금조달 규모, 어떤 재무구조를 가져야 되는지 등 재무계

8) 현금수지계획표는 분기 또는 월로 나누어 계획표를 작성하여 운영하면 된다.

획상의 정보, 성장에 따른 재무위험관리 등 재무전략자료를 파악 할 수 있다.

(3) 추정재무제표 작성방법

추정재무제표(pro-forma financial statement) 작성방법은 다음과 같다.

① 1단계 : 매출액의 연도별 성장률을 추정하여 미래연도의 매출액을 확정

② 2단계 : '매출액백분율법' 에 의해 매출과 동반하여 변동하는 항목들에 연동되는 항목(자산항목, 매입채무, 매출원가, 판매비와 일반관리비)들을 추정

③ 3단계 : 이자비용 등을 추가로 확정하여 추정손익계산서를 확정. 배당은 없다고 가정하고, 이익을 이익잉여금에 계상

④ 4단계 : 추정재무상태표의 차변과 대변의 차이를 '외부자금소요액(EFN, External Financing Needed)' 으로 파악.

⑤ 5단계 : 추가소요자금을 차입할 경우 이자비용을 추정손익계산서에 반영하여 추정손익계산서를 확정하고, 추정재무상태표도 확정

(4) 추정손익계산서(20XX.1.1~12.31) 작성 예시

(단위 : 백만원)

구분	금액	설명
매출액	25,766	25% 증가
매출원가	22,159	매출액의 86%
매출총이익	3,607	
비용	3,182	
판매비와 일반관리비	3,092	매출액의 12%
순이자비용	90	일정기간 일정
세금 차감 전 이익	425	
법인세	85	20%
당기순이익	340	

(5) 추정재무상태표 (20XX.12.31) 작성 예시

(단위 : 백만원)

구분	금액	설명
자산		
유동자산	7,772	
현금 및 유가증권	1,288	매출액의 5%
외상매출금	3,607	매출액의 14%
재고자산	2,577	매출액의 10%
선급비용	300	대략적으로 추정
순 고정자산	500	
자산총계	8,272	
부채와 자기자본		
유동부채	3,729	
외상매입금	3,607	매출액의 14%
유동성장기부채	100	
미지급임금	22	대략적으로 추정
고정부채	660	
자본금(보통주)	200	
자본잉여금	100	
이익잉여금	1,700	
부채와 자기자본 총계	6,389	
외부자금조달액(EFN)	1,883	

* 외부자금조달액(EFN) = 자산총계 − 부채와 자기자본총계

2. 자금조달

(1) 자금조달은 타인자본과 자기자본으로 자금을 조달한다.

① 타인자본 : 단기차입금, 장기차입금, 대표자 가수금, 전환사채

② 자기자본 : 기초자본, 유상증자(보통주, 우선주)

(2) 성장단계별 자금조달 방법

사업초기	성장기	성숙기
- 자기자금 (은행대출 포함) - 가족, 친지 - 엔젤자금(초기VC) - R&D 자금 및 보조금 - 정책자금(창업자금, 신용보증서)	- 정책자금 (신용보증서) - R&D자금 및 보조금 - 금융기관 - 벤처캐피탈(VC)	- 금융기관 - 회사채 및 전환사채 - 직접금융시장(IPO:코넥스시장, 코스닥시장)

(3) 중소기업의 자금조달 비용

자본비용(cost of capital)은 중소기업이 자금을 조달하는데 소요되는 비용(조달금리, 조달비용, 최저필수수익률, 년중 금리(%))을 말한다. 가중평균자본비용(WACC: Weighted Average Cost of Capital) 계산방법은 아래와 같다.

$$K = WACC = Ki(1-T)\left(\frac{D}{D+E}\right) + Ke\left(\frac{E}{D+E}\right)$$

$$\text{가중평균 자본비용} = \text{부채비용} \times \frac{\text{부채}}{\text{부채} + \text{자기자본}} + \text{자기자본비용} \times \frac{\text{자기자본}}{\text{부채} + \text{자기자본}}$$

① 타인자본비용(Ki) : 은행 등에서 조달한 조달 금리를 활용하면 된다.

② 자기자본비용(Ke) : 자기자본비용은 계산방법이 다소 어렵다. 배당평가모형을 활용하는 방법과 자본자산가격결정모형을 활용하여 계산하여야 한다.

ⓐ 배당평가모형을 이용한 자기자본비용계산(배당D, 성장률g가 일정)방법

$$Ke = \frac{D_O(1+g)}{P_O} + g = \frac{D_1}{P_o} + g$$

[예제] 한국전자의 1주당배당금 현재(t=0) 4,000원, 현재 주가 200,000원, 그리고 배당성장률 년 5%일 때, 보통주 자본비용은 다음과 같이 계산한다.

ke = 4,000(1.05)/200,000 + 0.05 = 0.021+ 0.050 = 7.1%

ⓑ 자본자산가격결정모형(CAPM, Capital Asset Pricing Model)을 이용한 자기자본비용계산 방법

$$Ke = R_f + \beta[E(Rm) - R_f] = R_f + \beta \ \text{x} \ \text{시장위험프리미엄}$$

* R_f : 무위험이자율,

E(Rm) : 포트폴리오 기대수익율,

β : 기업의 체계적인 위험의 민감도

[예제] 한국전자의 베타 (β) = 0.88, R_f = 4%, 그리고 E(Rm) = 8% 일 때, 한국전자의 자기자본비용을 계산하라.

$$ke = 4 + 0.88\ (8 - 4) = 7.52\%$$

(4) 업종별 자본비용 산출표(할인율, %)

업종코드	자기자본비용					자기자본 비율 (비상장)	세전 타인자본 비용				
	상장 CAPM	비상장기업 규모프리미엄									
		대	중	소	창업		상장	대	중	소	창업
C26 컴퓨터	12.06	1.17	2.43	3.89	5.93	65.85	3.60	7.13	8.49	9.93	13.73
G46 도소매	10.21	1.31	2.72	4.37	6.65	79.39	3.29	6.82	8.18	9.62	13.42

[예제] 컴퓨터제조업체(C26) 한국기업(창업업체)의 자본비용(WACC)을 계산하시오.

자본비용(WACC) = 자기자본비용 + 타인자본비용 x (1-법인세율)

= (12.06 + 5.93) x 65.85 + [(13.73 x 34.15) x (1-0.2)]= 15.59%

* 자료 : 『산업통상자원부, 기술가치평가 실무가이드(2014.12)』, 산업별 할인율 산출표는 기술신용보증기금 기술평가정보사이트 (http://tb.kibo.or.kr/ktvs/discount_rate) 참고

3. 운전자본관리

(1) 운전자본 조달 및 관리

중소기업에서 관리해야하는 운전자본은 유동자산에서 유동부채를 차감한 순운전자본을 관리하는 것을 말한다. 이러한 순운전자본관리는 만기대응정책, 공격적정책 및 방어적정책등 3가지의 정책방안을 활용할 수 있다.

순운전자본(net working capital) = 유동자산 – 유동부채

① 만기대응정책 : 자금의 이용기간과 조달자금의 만기를 대응시키는 정책

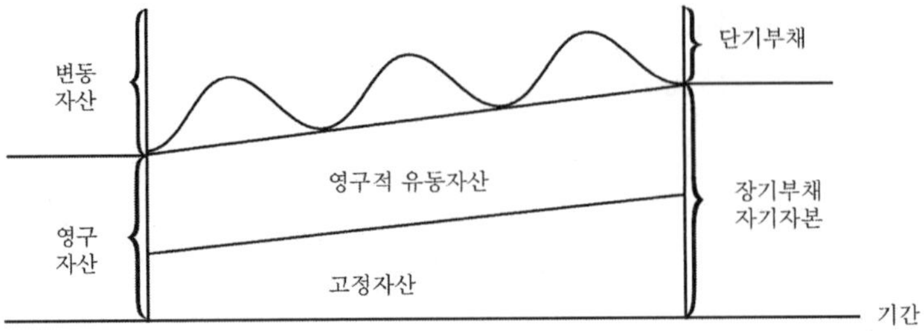

- 영구자산 : 고정자산과 영구적 유동자산으로 구성
- 영구적 유동자산 : 최저수준의 장기수요에 충당하기 위하여 보유하고 있는 유동자산
- 변동적 유동자산 : 계절적 또는 주기적인 특성을 가지는 수요의 영향을 많이 받는 유동자산

② 공격적 정책 : 변동적 유동자산과 영구적 유동자산의 일부는 단기부채로 조달

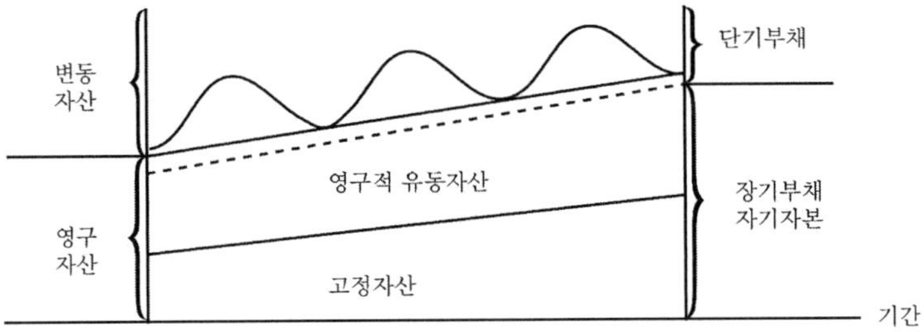

③ 방어적 정책 : 고정자산과 영구적 유동자산 그리고 변동적 유동자산의 일부 또는 전부를 장기부채와 자기자본으로 조달하는 방법

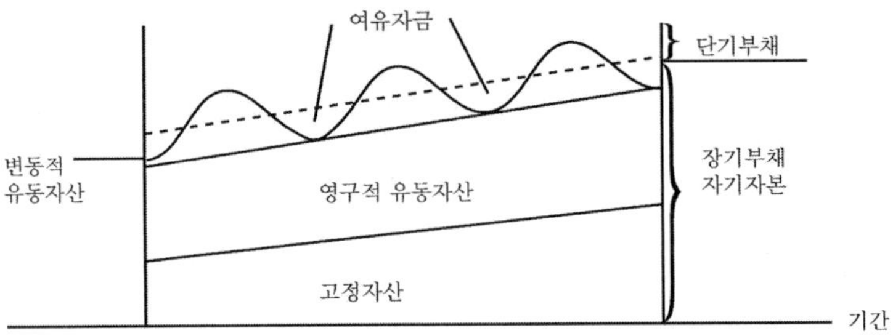

(2) 1회전 운전자본(working capital)

1회전 운전자본은 1회전기간(시설을 최초로 가동한 후 제품을 생산·판매하여 현금으로 회수할 때까지의 기간) 동안에 필요한 운영자금을 말한다.

1회전 운전자본 = (매출액 - 영업이익 - 감가상각비) x 1회전 운전기간(년)
1회전 운전기간 = 재고자산회전기간 + 매출채권회수기간 − 매입채무회전기간

[예제] 연간 매출액이 657,000,000원, 평균 재고액이 54,000,000원, 매출채권 평균잔액은 72,000,000원, 그리고 매입채무의 평균신용기간은 20일이다. 이 경우 1회전 운전자본은 얼마인가? (1년 365일)
1회전 운전자본 = (매출액 - 영업이익 - 감가상각비) x 1회전 운전기간(년)
= 657,000,000원 x 0.137년 = 90,000,000원

<참고> 1회전운전기간 = 재고자산전환기간 + 매출채권회수기간 − 매입채무신용기간
= 54,000,000/657,000,000 + 72,000,000/657,000,000 - 20/365
= 0.082 + 0.110 - 0.055 = 0.137년 (50일)

4. 자본예산

(1) 자본예산의 개념

중소기업의 투자효과가 장기에 걸쳐 나타나는 투자결정은 보다 종합적이고 단계적인 계획이 필요하게 되는데 이러한 종합적인 계획을 자본예산 (capital budgeting)이라 한다.

(2) 투자안의 분석기법

① 전통적 방법 : 회수기간법, 회계적이익률법
② 현금흐름할인법 : 순현가법, 내부수익률법

(3) 전통적 방법

① 회수기간법(Payback Period Rule) : 언제 초기투자액이 회수되느냐에 따라 투자여부를 결정한다.

② 회계적 이익률법(ARR, Accounting Rate of Return) : 현금흐름 관련 정보를 얻을 수 없고 회계적 자료 밖에 없는 경우 사용한다. 연평균 당기순이익을 연평균 장부가 투자액으로 나눈 값으로, 목표 회계적이익률을 초과하면 투자안을 채택한다.

* 회계적 이익률 = 연평균 당기순이익 / 연평균 장부가 투자액

(4) 현금흐름할인법

① 순현가(NPV, Net Present Value)법 : 사업이 창출하는 미래현금흐름의 현가에서 초기투자액을 차감한 값이 순현가(NPV)이며, NPV가 0보다 큰 사업만 추진하라는 방법이다.

[예제] 초기 투자지출금액은 4,000만원이고 5년간의 투자수명을 가진 투자안의 현금유입흐름은 매년 1,100만원이다. 이 투자안의 순현가를 구하라. 연도별 금액은 영업 현금흐름(=순이익 + 감가상각비) 이고 할인율은 10%이다.

CF :	-4,000	+1,100	+1,100	+1,100	+1,100	+1,100
년 :	0	1	2	3	4	5

☞ 풀이

순현가 NPV = 1,100 x 3.791(연금의 현가이자요소) – 4,000

= 4,170 - 4,000 = 170(만원)

결론 : NPV>0 이므로, 투자안은 투자가치가 있다.

② 내부수익률(IRR, Internal Rate of Return)법 : 사업완료까지의 현금흐름의 현가와 초기투자를 일치시키는 투자수익률(IRR)이 투자안의 최저필수수익률(hurdle rate)보다 높은 사업만 투자하라는 방법이다.

[예제] 초기 투자지출금액은 4,000만원이고, 5년간의 투자수명을 가진 투자안의 현금유입흐름은 매년 1,100만원이다. 이 투자안의 내부수익률을 구하라. 연도별 유입금액은 현금흐름(=순이익 + 감가상각비) 이다. 그리고 투자안의 최저필수 수익률(hurdle rate)이

10%일 때 이 투자안의 선택은?

CF :	-4,000	+1,100	+1,100	+1,100	+1,100	+1,100
년 :	0	1	2	3	4	5

☞ 풀이 $4000 = \frac{1,100}{(1+r)} + \frac{1,100}{(1+r)^2} + \cdots\cdots\cdots + \frac{1,100}{(1+r)^5}$

IRR = 11.65%

EXCEL을 이용해서 IRR을 구하거나, 현가표를 보고 시행착오방법으로 IRR을 구하면 약 11.65%이다. 이는 투자안의 최저필수수익률 10% 보다 높으므로 채택 가능하다.

〈참고2〉 중소기업 경영분석

1. 경영분석의 대상

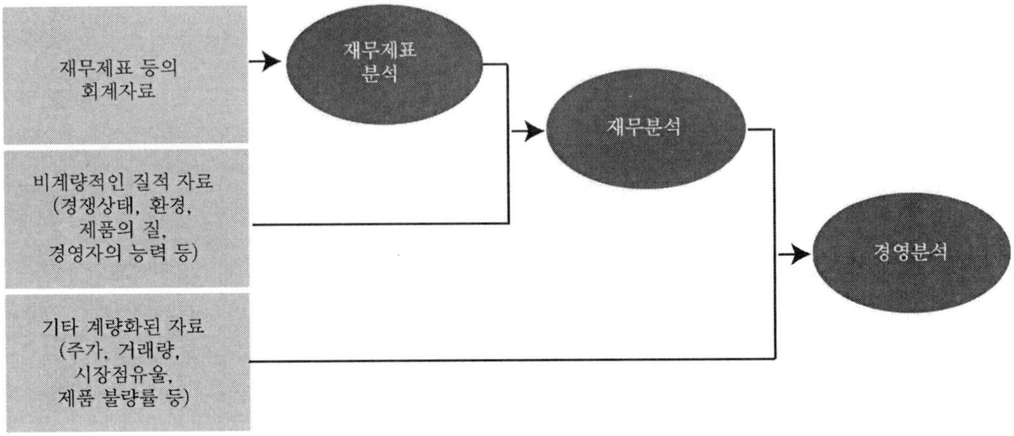

2. 재무상태표 분석

(1) 유동성분석(liquidity ratio) : 기업의 단기채무 지급능력 측정. 위험이 가장 큰 유동부채를 위험이 가장 작은 유동자산으로 커버할 수 있는지 분석.

- 유동비율(current ratio, 은행가비율)
  = (유동자산/유동부채) x 100 < 200%이상 양호>

(2) 레버리지분석(leverage ratio) : 기업이 어느 정도 타인자본에 의존하고 있는지를 측정하는 비율. 위험이 비교적 큰 부채와 위험이 작은 자본(자기자본)의 구성 상태 분석.

- 부채비율(debt ratio) = (부채/자기자본) x 100 <100%이하 양호>

(3) 자본배분의 안정성분석(stability ratio of capital allocation) : 위험이 큰 자산인 비유동자산에 대한 투자가 위험이 작은 자본(장기자본)범위 내에서 이루어지고 있는지에 대한 분석.

- 비유동장기적합률(고정장기적합률: non-current asset to stockholder's equity and non-current liability) = [비유동자산/ (자기자본+비유동부채)] x100 <100%이내 양호>

(4) 자산구성분석 : 위험이 큰 비유동자산과 위험이 작은 유동자산의 균형 상태에 대한 분석.

● 유동자산 구성비율 = (유동자산/총자산) x 100

* 경공업, 유통업에 속한 기업들의 유동자산 구성비율은 중화학공업, 제조업 비율 보다 높음.

3. 손익계산서 분석

(1) 수익성 분석 : 일정기간 동안 경영활동의 성과를 종합적으로 측정하는 비율.
수익성비율에는 매출수익성비율과 자본수익성비율이 있음.

● 매출수익성 비율(매출에 대한 이익) : 매출액순익률 = (당기순이익 / 매출액) x 100

● 자본수익성 비율(투하한 자본에 대한 수익률) :
자기자본순이익률(ROE) = [순이익 / 자기자본(평잔)] x 100

(2) 활동성 분석 : 기업이 보유하고 있는 자원(자산, 자본 등)을 얼마나 효율적으로 활용하고 있는지를 나타내는 비율.

● 총자산회전율 = 매출액 / 총자산(평잔)

* 총자산회전기간(년) = 1 / 총자산회전율

(3) 생산성 비율 : 기업이 자원을 투자하여 창출하는 가치 분석.

● 노동생산성(종업원 1인당 부가가치) = 부가가치 / 평균종업원수

● 자본생산성 = [부가가치 / 총자본(평잔)] x 100

● 노동소득분배율 = (인건비/ 요소비용 부가가치) x 100

* 요소비용 부가가치 = 영업잉여 + 인건비 + 금융비용

* 부가가치 = 영업잉여 + 인건비 + 금융비용 + 임차료 + 조세공과 + 감가상각비

(4) 성장성 분석 : 기업의 당해 연도 경영규모 및 성과가 전년도에 비하여 얼마나 증가 하였는지를 나타내는 지표.

● 매출액증가율 = [(당기 매출액 - 전기 매출액) / 전기매출액] x 100

● 총자산증가율 = [(당기말 총자산 - 전기말 총자산) / 전기말 총자산] x 100

〈참고3〉 중소기업의 기업가치평가

중소기업에 대한 기업가치 평가방법은 다양한 방법이 있으나, 현금흐름할인법 중에서는 기업잉여현금흐름법, 상대가치평가법 중에서는 PER에 대해 살펴보고자 한다.

(1) 중소기업가치 평가방법

① 현금흐름할인법 [DCF(Discounted Cash Flow) Model] : 기업잉여현금흐름(FCFF, Free Cash Flow to Firm)법에 대해 살펴보고자 한다.

② 상대가치평가법 (Relative Valuation Model) : PER, PBR, PSR, PCR, EV/EBITDA 중에서 PER에 대해 살펴보고자 한다.

- PER(Price Earnings Ratio) = 주가(price) / 주당순이익(EPS)

(2) 기업잉여현금흐름(FCFF : Free Cash Flow to Firm)법

$$기업의\ 가치 = \frac{FCFF_1}{(WACC - g_s)}$$

FCFF = 영업활동에서 얻는 현금흐름 – 자본적지출 – 추가운전자본
= 영업이익(1-법인세율) + 감가상각비 – 자본적지출 – 추가운전자본

☞ 영업현금흐름(OCF : Operating Cash Flow)
= EBIT x (1-t) + 감가상각비
= 당기순이익 + 감가상각비

[사례] 다음 년도의 기대 FCFF가 10억원이고, 가중평균자본비용(WACC)이 10%, FCFF의 영구성장율이 5%라고 가정할 때 한국기업의 기업가치는?

☞ 한국기업의 가치(V) = 10억원 / (10% - 5%) = 200억원

(3) 상대가치평가법

기업의 가치 = 당기순이익 x PER

PER(Price Earnings Ratio) = 주가(price) / 주당순이익(EPS)

* 주당순이익(EPS: Earning Per Share) = 당기순이익 / 주식수

[사례] 결산년도의 당기순이익이 10억원이고, 코스닥시장에서 거래되는 동종회사의 PER가 10으로 추정될 경우 한국기업의 기업가치는 ?

☞ 한국기업의 가치(V) = 10억원 x 10배 = 100억원

제 7 장

성장단계별 자금조달전략

제1절

성장단계별 자금조달 방법

필자가 30여 년간 중소기업과 함께하면서 고민하고 컨설팅하고 지원해주는 여러 분야 중에서 중요한 분야가 자금의 조달일 것이다. 기업은 성장을 하면서 지속적으로 추가자금이 필요하며, 이러한 운전자금을 조달하여 투자에 어려움이 없도록 하여야 한다. 이러한 자금조달도 성장 단계에 따라 전략을 달리 하여야 한다. 창업초기에는 자기자금(Seed Money), 가족.친지자금, 엔젤자금, 출연금과 보조금, 정책자금 및 벤처캐피탈을 통해 자금을 조달 할 수 있다. 그러나 기업이 성장하면 자금규모가 커지고 시설자금에 투자하는 비율이 증가하므로 정책자금(신용보증서 포함)과 금융기관 융자 및 벤처캐피탈을 통해 자금을 조달하게 된다. 그리고 성숙기가 되면 금융기관과 회사채발행 및 직접금융시장(IPO, Initial Public Offerings)에서 자금을 조달하게 된다. 또는 전략적으로 M&A를 통해 자금을 조달하게 된다. 이를 좀 더 구체적으로 살펴보면 아래 표와 같다.

〈성장 단계별 자금조달 방법〉

사업초기	성장기	성숙기
- 자기자금 (은행대출 포함) - 가족, 친지 - 엔젤자금 - 정부출연금 - R&D자금 및 보조금 - 정책자금 (신용보증서 포함) - 벤처캐피탈(VC)투자	- 정책자금 (신용보증서 포함) - R&D자금 - 금융기관 - 벤처캐피탈(VC)투자 - M&A	- 금융기관 - 회사채 및 전환사채 - 직접금융시장(IPO) - M&A

제2절

성장단계별 자금조달 형태

중소기업이 필요한 자금을 효율적으로 조달하기 위해서는 재무상태표를 좀 더 이해할 필요가 있다. 아래 재무상태표를 살펴보면 차변은 유동자산과 비유동자산 등 자본의 운용내역이 계상되어 있다. 그리고 대변은 타인자본인 부채와 자기자본 등 자본의 조달원천이 계상되어 있다. 자금조달은 먼저 타인자본으로 조달할 것인지, 자기자본으로 조달할 것인지를 고민하고 검토해야 한다. 자금조달방법은 융자, 신용보증, 보조금 및 출연금, 투자로 자금을 조달 할 수 있다.

먼저 중소기업이 많이 활용하는 것은 융자금(financing loan)이다. 창업초기 기업은 가급적 융자를 지양하고 출연금이나 투자유치로 자금을 조달하는 방안을 검토하길 권한다. 기업이 성장하면서 자금규모가 커지면 융자를 받더라고 정부의 정책자금을 활용하는 것이 유리하다. 정부의 융자금은 중소기업진흥공단의 정책자금, 지방자치단체의 지원금, 산업은행 등 국책은행의 지원금이 대표적이다. 낮은 금리로 자금을 활용할 수 있다는 장점이 있다. 또한 시설자금의 경우 8년 내지 10년간 장기간 융자해주기 때문에 중소기업은 반드시 정책자금을 활용할 것을 검토하고 실행하여야 한다.

둘째 출연금(contribution)이다. 출연금은 말 그대로 지원하고 회수하지 않는 자금이다. 중소벤처기업부에서 지원하는 R&D 지원금이 대표적이다. 보통 정부의 출연비율은 75%에서 90%가 많으며, 담보나 보증이 필요 없고 이자를 내지 않아도 된다. 따라서 창업초기 기업은 정부의 100% 출연금을 먼저 받아서 창업하고, 좀 더 성장하면서 연구개발 자금은 출연금을 적극 활용할 것을 강력히 추천한다. 성장기 또는 성숙기의 중소기업도 연구개발 비용은 출연금을 활용할 것을 강력히 추천한다. 중소기업은 창업초기는 중소벤처기업부의 R&D자금을 지원받아 연구개발을 하고, 성장기에는 중소벤처기업부 및 미래창조과학부의 좀 더 큰 규모의 R&D자금을 지원받아 연구개발을 지속적으로 진행해 나가면 기업성장에 많은 도움이 될 것이다.

셋째 신용보증(credit guarantee)이다. 신용보증기금, 기술보증기금, 지역신용보증재단을 통한 보증을 말한다. 신용도가 낮은 중소기업에는 없어서는 안 될 존재로 낮은 신용을 보완해 은행 대출을 가능하게 해 준다. 중소기업은 기술은 있으나 신용이 부족할 경우에 신용보증기관을 통해서 신용보증서를 발급받아서 은행 등 금융기관을 통해 융자로 자금을 조달 할 수 있다.

넷째 보조금(subsidy)이다. 보조금은 판로나 마케팅, 컨설팅, 인력확보 등 다양한 서비스를 이용할 때 지원되는 자금이다. 예를 들면, 전시회 참가 시 전시회 부스비용을 부담하며, 중소기업진흥공단의 HIT500상품을 지정하여 홍보하는 등의 보조금이 있다.

다섯째 투자유치를 통해서 자금을 확보하는 방법이다. 창업초기에는 벤처캐피탈의 창업초기 투자펀드와 엔젤투자를 통해서 주식으로 투자받거나 전환사채로 투자받아서 자금을 조달하는 방법이다. 중소기업 입장에서는 보통주로 투자받는 것이 가장 바람직하지만, 현실적으로는 우선주(상환전환 우선주)로 투자 받거나, 부채의 성격인 전환사채를 발행하여 투자를 받기도 한다. 이는 순전히 중소기업의 재무상황과 벤처캐피탈과의 협상에 따라 결정된다. 따라서 중소기업은 재무상황과 벤처캐피탈의 심사역과의 투자협상을 진행하면서 유연하게 대처하여, 투자유치에 성공하도록 전략적인 접근이 필요하다.

마지막으로 금융시장을 통한 직접자금조달 방법이다. 중소기업이 성장하여 코넥스시장과 코스닥시장에 상장할 수 있는 요건을 충족하면 금융시장을 통해서 직접 자금을 조달하는 방법이다. 최근에 코넥스시장이 개설되었기 때문에 코넥스시장에 상장한 후에 일정요건을 갖추어 좀 더 쉽게 코스닥시장에 상장하는 기업도 늘어나고 있다. 따라서 바로 코스닥시장에 상장하는 방법과 코넥스시장을 거쳐서 코스닥시장에 상장하는 방안을 검토하여 금융시장에서 직접자금을 조달하면 좋은 것이다.

〈재무상태표의 구조와 기능〉

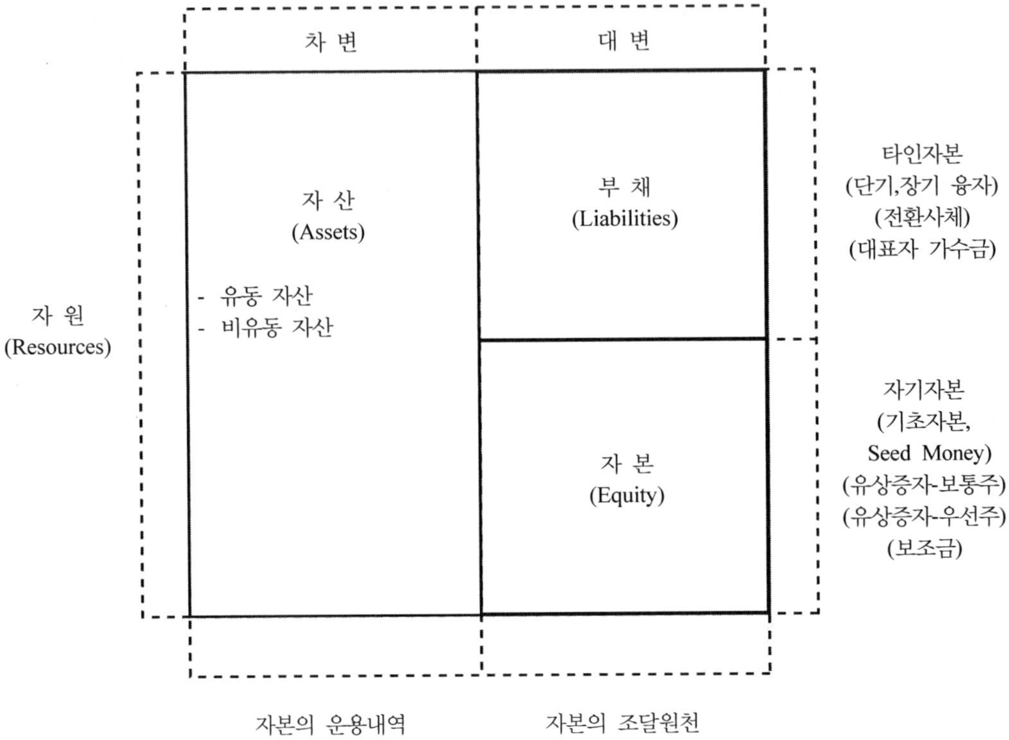

제3절

성장단계별 자금조달 전략

3-1 창업기업 자금조달전략

우리나라는 참신한 아이디어가 있으면 정부의 지원자금으로 시제품을 제작해 볼 수 있는 정말 좋은 창업환경이므로, 반드시 정부지원금을 창업초기에 활용하여야 한다. 예비창업자와 초기 창업자들은 반드시 중소벤처기업부, 중소기업진흥공단, 소상공인시장진흥공단을 통한 자금을 활용할 것을 권한다. 그리고 팁스(www.jointips.or.kr)와 초기기업에 투자하는 펀드를 활용하여 자금을 조달할 것을 권한다. 창업넷(www.k-startup.go.kr)과 중소기업 기술개발사업 종합관리시스템(www.smtech.go.kr)을 통해서 지속적으로 정보를 확보해야만 한다. 아울러 일반소비자를 대상으로 하는 제품(B2C제품)은 크라우드펀딩(crowd funding)으로 자금을 조달할 뿐만 아니라, 제품 홍보도 할 수 있으므로 크라우드펀딩을 활용하는 것도 하나의 전략이다.

3-2 성장기업 자금조달전략

중소기업이 성장기에 필요한 자금은 중소기업진흥공단, 기술보증기금, 신용보증기금 등 정책자금을 활용하여 자금을 조달하는 것이 좋다. 정책자금은 금리 및 융자기간 등이 양호하므로 정책자금을 활용하고, 벤처기업은 벤처캐피탈(VC)을 통해 투자를 유치하는 방안이 있다. 아울러 연구개발자금은 반드시 중소벤처기업부나 미래창조과학부의 R&D자금을 활용하도록 노력하여야 한다. 성장기에 있는 중소기업도 기술개발종합관리시스템 (www.smtech.go.kr)을 통해서 지속적으로 정보를 확보해야만 한다.

3-3 투자유치 성공전략

중소기업은 성장에 따라 언제나 자금이 필요하다. 따라서 융자로 자금을 조달할 뿐만 아니라 벤처캐피탈을 통한 투자유치로 재무구조를 개선할 수 있다. 벤처캐피탈은 자기자본으로 투자할 뿐만 아니라 대부분 목적성 펀드를 조성하여 투자를 하고 있다. 벤처캐피탈의 투자를 유치하고자 하는 중소기업은 먼저 나를 투자할 벤처캐피탈의 성격을 정확히 이해하고 사업계획을 설명하여야 성공확률을 높일 수 있다. 벤처캐피탈협회(www.kcva.or.kr)를 통해서 각 벤처캐피탈의 특성과 펀드 결성현황을 확인 할 수 있다.

3-4 코넥스(KONEX)를 통한 자금조달 전략

중소기업이 성장단계를 지나서 상장을 하는 방법은 코넥스(KONEX, Korea New Exchange)에 등록했다가 코스닥으로 상장하는 방법을 검토해 볼 필요가 있다. 중소기업이 바로 코스닥시장에 상장하는 것보다 코넥스시장을 통하면 좀 더 쉽게 코스닥시장에 상장할 수 있으므로, 코넥스시장에 상장했다가 코스닥시장으로 상장하는 방안도 검토해 볼만한 전략이다.

3-5 코스닥(KOSDAQ)을 통한 자금조달 전략

중소기업이 성장단계에서 한 단계 더 도약하는 데 자금이 필요 할 때, 코스닥시장(KOSDAQ, Korea Securities Dealers Automated Quotation)을 통해 직접자금을 조달할 수 있다. 코스닥 상장을 위해서는 복잡한 절차와 요건을 갖추어야 함으로 치밀한 준비가 필요하다. 그리고 코스닥상장은 성장을 위하여 거쳐 가는 하나의 과정이지 목표는 아니며, 더구나 반드시 해야 하는 것은 아니다. 그러나 벤처기업에서 외부투자를 받은 경우에는 투자자들이 자금 회수방안으로 코스닥상장을 요구하기 때문에 코스닥상장을 검토하고 추진하는 것이다. 그러나 개인기업 이거나 외부투자를 받지 않은 기업은 반드시 코스닥시장에 상장할 필요는 없다. 오히려 상장 시 외부 소액주주를 위한 공시업무가 기업에 부담이 될 수 도 있음을 반드시 기억해야 한다.

〈참고〉 성장 단계별 상세한 자금조달 방법

1. 창업기업 자금조달 방법

(1) 창업사업화 자금조달 (창업넷: www.k-startup.go.kr)

① 창업성공패키지(청년창업사관학교) : 만 39세 이하인 자로서 창업을 준비 중인 예비 창업자 또는 3년 미만 기업의 대표(단, 기술경력 보유자는 만 49세 이하 신청 가능). 중소기업진흥공단에서 운영. 500팀 내외(1억원 이내)

☞ 신청인은 총 사업비의 30% 이상 부담(현금 10% 이상, 현물 20% 이하)

② 창업선도대학 : 40개 창업선도대학에서 운영. 980개 과제 선정. 창업을 준비중인 예비창업자 또는 3년 미만 기업의 대표(1억 원 이하).

③ 선도벤처연계 창업지원 : 선도벤처기업의 인프라 활용. 70개 과제 선정. 창업을 준비중인 예비 창업자 또는 3년 미만 기업의 대표(1억원 이하)

④ 스마트벤처창업학교 : 앱/웹, SW, 콘텐츠, 융합 등 유망지식서비스 분야 . 전국 4개 스마트벤처창업학교(서울, 대구, 광주, 부산). 최대 1억원. 총 170개 팀 내외.
만 39세 이하의 예비창업자(팀) 및 3년 이내 창업기업

⑤ 민간투자주도형 기술창업 지원(TIPS, Tech Incubator Program for Startup): 사업을 개시한 날로 부터 7년 이내 창업기업으로, 2인 이상으로 구성된 창업기업이 대상.
창업팀당 최대 10억원(팁스 운영사 1억원 + 9억원) . 최장 3년 이내. 100개팀

☞ 팁스(TIPS) 운영사의 엔젤투자금(1억원)에 정부의 기술개발(R&D)자금(5억원)을 매칭하여 지원하고, 창업자금(1억원), 해외마케팅(1억원), 엔젤투자매칭펀드(2억원)를 추가하여 연계지원(www.jointips.or.kr)

⑥ 성장도약 패키지 지원사업 : 창업 3년 이상 7년 이내 기업. 200개 사 지원. 사업모델(BM) 혁신과 경영전략 멘토링, 아이템 검증· 보강, 판로개척 및 글로벌 시장 진출, 투자유치 및 자금지원· 연계 등에 필요한 자금. 최대 5천만원 지원.

⑦ 창조경제혁신센터를 통한 창업자금지원 : 18개 창조경제혁신센터를 통해 창업사업화자금 지원. 창조경제혁신센터(http://ccei.creativekorea.or.kr)를 통해 신청 함.

(2) 창업 정책자금(융자)조달 전략

① 청년전용창업자금 : 만 39세 이하의 예비창업자 및 창업 3년 미만의 기업,
- 융자금리 및 기간 : 연2.0% 고정, 최대 6년 이내, 시설 6년(3년 거치), 운전 5년(2년 거치)
- 융자한도 : 기업당 최대 1억원
- 신청 :중소기업진흥공단 각 지역본부(지부) 청년창업센터(http://www.sbc.or.kr)

② 창업기업지원자금 : 사업 개시일로부터 7년 미만인 중소기업 및 창업을 준비 중인 자
- 융자금리 및 기간 : 변동금리, 시설 8년(3년 거치), 운전 5년(2년 거치)
- 융자한도 : 기업당 최대 45억원(비수도권 50억원), 매출액의 150% 이내
- 신청 : 중소기업진흥공단 각 지역본부(지부) (http://www.sbc.or.kr)

③ 소상공인창업자금 : 사업 개시 12개월 이내의 창업초기 소상공인, 소상공인 사관학교 졸업생 중 창업자(직접대출). 사전교육 12시간 이상 이수 필수. 「소상공인 보호 및 지원에 관한 법률」 상 소상공인 상시근로자 5인 미만 업체. 단, 제조업, 건설업, 운송업, 광업은 10인 미만 업체(제외업종 : 유흥 · 향락 업종 등)
- 융자금리 및 기간 : 연 2.47% 고정(2016년)
- 융자한도 : 기업당 최대 7천만원
- 신청 : 소상공인시장진흥공단 소상공인지원센터(http://www.semas.or.kr)

(3) 창업 정책자금(보증서)조달 전략

① 창업기업 우대보증지원 제도
- 맞춤형 창업성장분야 우대보증 : 창업 후 5년 이내인 신기술사업 영위 업체. 보증료는 0.5%～2%(0.3～0.5%p 감면), 1억원 이내 1%
- 청년 창업 특례보증 : 창업 후 5년 이내로 실제경영자가 17세 이상, 39세 이하인 기술창업기업. 보증료는 0.3% 고정
- 예비창업자 사전보증 : 우수 기술, 아이디어를 사업화하고자 하는 예비창업자 및 전문 예비창업자. 보증료는 0.5%～2%(0.5%p 감면), 1억원 이하 기술 평가료 면제. 보증한도는 10억원 이내.

- 신청 : 기술보증기금 전 영업점(http://www.kibo.or.kr)

② 창업기업 보증지원 제도

구분	예비창업보증	신생기업보증	창업초기보증	창업성장보증
지원 대상	창업 전 6개월	창업 후 1년 내	창업 후 1~3년	창업 후 3~7년
보증 한도	10억원 (시설포함)	10억원	20억원	30억원
보증료	0.7% 고정	0.4%p 차감	003%p 차감	0.2%p 차감

보증료 : 0.5%~3% 신용보증기금 전 영업점(http://www.kodit.co.kr)

(4) 중소벤처기업부 R&D 자금조달 전략

① 창업성장 기술개발자금(정부출연금 80% 이내)
- 창업기업과제 : 창업 후 7년 이하이고, 상시 종업원수 50인 이하 또는 매출액 50억원 이하인 중소기업 기술개발지원
- 1인 창조기업과제 : 창업 후 7년 이하인 1인 창조기업 기술개발 지원
- 중소기업 기술개발사업 종합관리시스템(www.swtech.go.kr)을 통한 온라인 신청

② 창업기업과제 요약

구분		개발기간 및 금액
창업 기업 과제	창업과제	최대 1년, 2억원
	TIPS(민간투자주도형)	최대 2년, 5억원
	여성참여활성화과제	최대 1년, 1억원
1인 창조기업 과제		최대 1년, 1억원

(5) 재창업 자금조달 전략

① 재도전 성공 패키지 :
- 재도전 경영자 힐링캠프 참여. 150개 분야(일반 분야 100개, ICT 분야 50개).
  1억원 한도 지원. 재창업 희망 예비창업자 및 3년 이내 재창업기업의 대표.
- 2016년 부터 중기부와 미창부간 협업 : 중기청 재도전 성공패키지와 미래부 K-Global

Re-startup 통합 운영
- 신청 : 창업진흥원(www.kised.or.kr) - 제조,
  지식서비스 등 일반 분야 정보통신산업진흥원(www.nipa.kr) - ICT 분야

② 재 창업 아이디어 신제품개발사업(R&D) :
- 업력 7년 미만의 재창업 중소기업. 40억원(27개 과제). 총 소요비용의 90%. 과제당 1.5억원. 개발기간 최대 1년.
- 신청 : 중소벤처기업부(www.smba.go.kr), 중소기업기술정보진흥원(www.tipa.or.kr)

③ 재 창업 자금(융자) :
- 업력 7년 미만의 재창업 중소기업. 정책자금 기준금리 적용. 시설자금 9년 이내(거치기간 4년 포함), 운전자금 6년 이내(거치기간 3년 포함)
- 융자한도 : 융자잔액 기준 45억원, 운전자금 연 10억원 한도.
- 신청 : 중소기업진흥공단 지역본(지)부(www.sbc.or.kr)

④ 재기지원펀드(투자)
- 재기할 가치가 있는 기업을 지원하는 재기펀드로 회생기업, 재창업기업 등의 지분증권에 투자하여 재기 가치가 있는 기업의 조기 회생을 지원.
- 신청 : 큐브벤처파트너스(IT, 바이오, 소재기업 등. www.cubevp.com), 캡스톤파트너스 (ICT, 온라인 및 모바일 콘텐츠 제작기업 등. www.cspartners.co.kr)

(6) 크라우펀딩을 통한 자금조달

① 개요 : 2016년 1월부터 시행하는 크라우드펀딩은 창의적 기업가를 비롯한 자금수요자가 인터넷 등의 온라인상에서 자금모집을 중개하는 자(온라인소액투자중개업자)를 통하여 불특정 다수의 소액투자자로부터 자금을 조달하는 방법을 말함.

② 창업업체 활용 가능 크라우드펀딩의 종류
- 보상형 : 제품의 생산시에 대폭 할인된 금액으로 개발제품을 판매하는 선판매(공동구매 방식에 가까움) 방식의 보상형 크라우드 펀딩

- 지분투자형 : 자본시장법에 따라 크라우드펀딩을 하는 경우에는 공모규정을 해제하여 50인 이상의 투자가 가능함(지분증권, 채무증권, 투자계약증권으로 한정)

☞ 투자자 유형별 투자한도: 일반투자자(1회 200만원, 1년 500만원), 소득요건 구비 투자자(1회 1,000만원, 1년 2,000만원), 전문투자자(1회 및 1년 한도 없음)

☞ 투자한 기업이 벤처기업 또는 창업 3년 이내일 경우 투자한 엔젤투자 소득공제 :[1,500만원 이하 : 100%('15년부터 3년간), 1,500만원 초과~5,000만원 이하 : 50%, 5,000만원 초과 : 30%]

③ 국내 크라우드펀딩 플랫폼

- 오픈트레이드(www.opentrade.co.kr), 오퍼튠(www.opportune.co.kr), 와디즈(www.wadiz.kr), 텀블벅(www.tumblbug.com), 텐스푼(www.tenspoon.co.kr)

④ 해외크라우드펀딩 플랫폼

- 킥스타터(www.kickstarter.com), 인디고고(www.indiegogo.com)

2. 성장기업 자금조달 전략

(1) 정책자금(융자)조달 전략

① 중소기업진흥공단을 통한 정책자금 조달 : 개발기술사업화자금, 신성장기반자금, 재도약지원자금, 긴급경영안정자금 등 직접 및 간접지원. (www.sbc.or.kr)

② 소상공인시장진흥공단을 통한 정책자금 조달 : 상시근로자 5인 미만 업체
(단, 제조업, 건설업, 운송업, 광업 : 상시근로자 10인 미만 업체)의 성장기반자금과 경영안정자금 등 직접 및 간접지원. (www.semas.or.kr)

③ 기업은행을 통한 정책자금 조달 : IP사업화자금대출, 수출기업육성자금대출, 시설투자 대출. (www.ibk.co.kr)

④ 산업은행을 통한 정책자금 조달 : 기업금융상품, 운영자금 상품, 정책성 특별자금, 재정·기금상품, 수출입금융상품 대출. (www.kdb.co.kr)

⑤ 수출입은행을 통한 정책자금 조달 : 수출입관련 자금지원. (www.koreaexim.go.kr)

(2) 정책자금(보증서)조달 전략

① 신용보증기금 을 통한 정책자금 조달 : 보증연계투자, 유동화 회사 보증, 산업기반 신용보증, 매출채권보험 등 신용보증. (www.kodit.co.kr)

② 기술보증기금을 통한 정책자금 조달 : 기술보증, R&D 보증, 지식재산보증, 특허기술가치평가 보증 등. (www.kibo.or.kr)

③ 지역신용보증재단을 통한 정책자금 조달 : 소기업· 소상공인 등 신용보증지원, 협동조합보증, 나들가게 보증 등(예: 서울신용보증재단, www.seoulshinbo.co.kr)

③ 한국무역보험공사를 통한 정책자금 조달 : 수출신용보증, 단기수출보험, 수입보험 등. (www.ksure.or.kr)

(3) 중소벤처기업부 R&D 자금조달 전략

☞ 기술개발사업종합관리시스템 (www.smtech.go.kr)을 통해 신청

① 중소기업 기술혁신개발사업 : 글로벌전략기술개발, 혁신기업기술개발, 기업서비스연구개발

② 중소기업상용화 기술개발사업 : 구매조건부신제품개발사업 , 민관공동투자 기술개발

③ 산학연협력기술개발 : 도약 R&D, 이공계전문가 R&D 서포터즈

④ 제품공정개선기술개발사업 : 뿌리기술전문기업의 제품· 공정개선 개발자금

⑤ 시장창출형 창조기술개발사업 : 1년간 기술개발지원 및 1년간 사업화자금 지원

3. 투자유치 성공전략

(1) 엔젤투자를 통한 자금조달

① 개요 : 우리나라에서 엔젤투자제도는 1997년 '벤처기업육성에 관한 특별조치법'의 제정으로 도입. 2000년 벤처 붐이 일었을 때 5,493억원(1,291건)으로 최고조, 그 이후 엔젤투자가 급격히 감소하다가 최근 정부의 적극적인 엔젤투자지원으로 증가세를 보이고 있음. 2011년 11월에 한국벤처캐피탈협회에 설치된 "엔젤투자지원센터"에 개인회원, 기업회원, 엔젤클럽이 등록되어 투자업무를 진행 중임. 투자를 원하는 중소기업은 "엔젤투자지원센터(www.kban.or.kr)"에 가입하여 신청 가능 함.

② 엔젤클럽, 개인투자조합, 개별엔젤투자자 등에서 투자 받을 경우

- '엔젤투자매칭펀드'를 통해 1회 2억원 한도, 추가투자 1억원, 누계 3억원 한도로 투자 받을 수 있음.
- 엔젤투자매칭펀드 : 한국엔젤투자매칭펀드 1·2호, 대학엔젤·경남엔젤·부산엔젤·광주엔젤·강원엔젤·대구엔젤투자매칭펀드 등이 결성되어 있음

③ 엔젤투자매칭펀드 투자대상기업

- 설립 3년 이내인 중소기업 또는 전년도 매출액이 10억원 이하면서 연구개발비가 매출액의 5% 이상인 기업(단, 직전연도 매출액 5억원 미만인 경우 연구개발비가 2,500만원 이상인 기업)
- 기업가치(post-money기준)가 50억원 이하인 기업

☞ Post-money Valuation : 주당 발행가 × (금번 투자완료 후의) 총 발행주식수

(2) 벤처캐피탈(VC)을 통한 자금조달

① 벤처캐피탈의 유형

구분	벤처캐피탈	
	신기술금융사(42개사)	창업투자회사(120개사)
지원형태	신기술사업자 *투,융자	7년 이내 창업중소기업 *투자
근거법률	여신전문금융영법	중소기업창업지원법
관할기관	금융위원회(금융감독원)	중소벤처기업부
등록요건	최소 자본금 200억원	최소 자본금 20억원

☞ 여신금융협회(www.crefia.or.kr), 한국벤처캐피탈협회(www.kvca.or.kr)의 『벤처캐피탈 뉴스레터』 참고

② 벤처캐피탈의 투자절차(소요기간 통상 2~6개월)

ⓐ 투자상담(대표자가 직접 방문하여 상담: BEST)

ⓑ 사업계획서접수(필요시 소정양식)

ⓒ 사업설명회(중소기업 CEO를 위한 무대)

ⓓ 투자심사보고서 작성(투자조건 합의)

ⓔ 투자심사위원회 부의(투자결정)

ⓕ 투자실행(계약서 작성)

ⓖ 투자금사후관리(투자가치 제고)

ⓗ 투자금회수(기업공개, M&A, 기존주주 환매)

☞ 통장에 돈이 들어오기 전까지 투자 절차는 끝나지 않았다!!

(3) 벤처캐피탈(VC)을 통한 자금조달

① 벤처캐피탈의 투자방법

ⓐ 주식투자(보통주 common stock, 우선주)

- 상환전환우선주(RCPS, Redeemable Convertible Preference Shares) : 미래에 미리 약정한 가격으로 상환되는 우선주

ⓑ 전환사채(CB, Convertible Bonds) 인수

- 이자율 : 표면금리, 보장금리 - 상환기간:3-5년
- 전환조건 : 전환가격, 전환기간 - 담보력 보완 필요

ⓒ 프로젝트 투자

- 영화, 게임 등의 프로젝트 투자가 많음

ⓓ 신주인수권부사채(BW, Bond with Warrant) 신주를 인수할 권리가 부여된 채권. 회사채 형식으로 발행되지만 일정기간 (통상 3개월)이 경과하면 미리 정해진 가격으로 주식을 청구할 수 있음

② 벤처캐피탈의 투자기준

- 중소기업 대표(경영진 포함)
- 시장성 : 동 분야의 1~2위 기업(국내시장규모 2,000억원 내지 3,000억원)
- 기술성(핵심역량이 있는 기업)
- 수익성(투자가치 < 미래가치)
- 재무상황(업력 3년 이상 기업)

4. 코넥스를 통한 자금조달 방법

(1) 코넥스(KONEX, Korea New Exchange) 시장의 개요

코넥스(KONEX, Korea New Exchange)는 2013년 7월 1일 개장하였으며, 자본시장을 통한 초기 중소기업지원을 하여 창조경제 생태계기반을 조성하기 위해 새로이 개설한 중소기업 전용 신시장(2016년 6월, 124개 상장).

- 코넥스시장은 유가증권 및 코스닥시장과 마찬가지로 거래소가 개설하는 증권시장이므로 코넥스시장에 상장된 기업은 주권상장법인으로서 유가증권시장 상장법인이나 코스닥시장 상장법인과 동일한 취급을 받게 됨. 다만 코넥스시장은 전문투자자 등으로 투자자를 제한하고 공시의무를 축소하는 등 유가증권 및 코스닥시장 상장법인과 몇 가지 다른 점이 있음.

(2) 코넥스시장의 상장제도

① 상장요건(외형요건) : 매출액, 순이익 등 재무요건을 적용하지 않음

구 분	내용	비고
주권의 양도제한	주식의 양도제한이 없을 것. 다만, 법령 또는 정관에 의해 제한되는 경우로서 그 제한이 코넥스시장에서의 매매거래를 저해하지 않는다고 인정되는 경우는 예외	
감사의견	최근 사업연도 감사의견이 적정일 것	
지정자문인	지정자문인 1사와 선임계약을 체결할 것	특례상장은 제외
중소기업 여부	중소기업기본법 제2조에 따른 중소기업에 해당될 것	
액면가액	100원, 200원, 500원, 1,000원, 2,500원, 5,000원 중 하나일 것	액면주식에 한함

② 상장요건(질적요건)

지정자문인이 신규상장신청기업의 상장 적격성을 심사하고 있으며 한국거래소에서는 해당 기업의 상장이 공익과 투자자보호에 적합한지 여부를 위주로 심사. 한국거래소는 지정자문인이 제출한 상장적격성보고서를 토대로 경영진의 시장건전성 저해행위여부, 경영투명성, 회계정보 투명성, 투자위험 등을 종합적으로 검토 및 심사.

③ 상장절차

- 유가증권시장 및 코스닥시장에 상장을 하고자 하는 기업은 한국거래소의 상장예비심사 승인 후 해당 기업의 신규로 발행된 주식을 일반투자자를 대상으로 공모하는 절차를 이행.
- 코넥스시장에서는 공모 이외에 사모(50인 이하 자를 대상으로 자금조달), 직상장(자금조달 없이 상장신청일 현재 주식만을 상장) 등 다양한 상장 방법이 허용. 때문에 기업은 자금조달 규모 및 필요성을 고려하여 기업실정에 적합한 상장방법을 선택할 수 있음

④ 코넥스시장 기술 특례상장 (2015.7월부터)

- 외형요건 : 중소기업기본법 제2조에 따른 중소기업으로서 기술신용평가기관 등으로부터 BB 이상의 기술평가등급을 받고 지정기관투자자(VC등)의 상장 동의를 받은 기업은 지정자문인 선임계약 없이 코넥스시장에 상장할 수 있다.

구분	내용	비고
투자유치	거래소가 지정하는 기관투자자(지정기관투자자)가 10% 이상 지분 보유 또는 투자금액이 30억원 이상 (6개월 이상)	주1) 주2)
기술력	기술신용평가기관(TCB)으로부터 일정 수준 이상 기술등급 확보	주3)
투자자 동의	지정기관투자자의 특례상장 및 지분 매각 제한 동의	

주1) 지정기관투자자(현재 20사)

주2) 주식 이외에 주식관련사채권 투자 포함(잔존만기 2년 이상인 경우에 한함)

주3) 기술신용평가기관(TCB) 및 기술전문평가기관

* 기술신용평가기관 : 한국기업데이타, 기술보증기금, NICE평가정보, 이크레더블
* 기술전문평가기관 : 보건산업진흥원, 과학기술정보연구원, 과학기술연구원, 산업기술평가 관리원, 전자통신연구원, 정보통신기술진흥센터, 생명공학연구원

- 질적요건(공익·투자자보호 관련 부적격 사유 등) : 지정자문인이 없는 기술특례 상장기업은 한국거래소가 지정자문인을 대신하여 질적 심사과정에서 기업 전반을 심사한다. 특히, 기술특례상장의 경우 기술성, 공시능력 및 경영투명성을 토대로 공익과 투자자보호 여부를 심사하고 있다.

⑤ 크라우드펀딩 특례상장(2016.11.7. 부터)

- 외형요건 : 크라우드펀딩에 성공한 기업과 한국거래소의 스타트업기업 전용 장외시장인 KSM시장(KRX Startup Market, '16.11.14 개설) 등록 전후로 크라우드펀딩에 성공하여 KSM 등록기간이 일정 기간 이상인 기업에 대해 외형요건을 차등화하고 있다. 또한 정책금융기관 등이 추천한 기업의 경우 외형요건 중 펀딩규모 요건을 완화하였다.

구분	일반 크라우드펀딩기업	KSM등록 크라우드펀딩기업*
펀딩규모	3억원 이상 (추천기업 : 1억원 이상)	1.5억원 이상 (추천기업 : 0.75억원 이상)
참여 투자자수	50인 이상 (전문투자자 2인 포함)	20인 이상 (전문투자자 2인 포함)

*KSM 등록 후 6개월 경과 및 한국거래소가 정하는 일정요건 충족 기업

- 질적요건(공익·투자자보호 관련 부적격 사유 등) : 지정자문인이 없는 크라우드펀딩 특례상장의 경우 기술특례상장시와 마찬가지로 한국거래소가 지정자문인을 대신하여 질적 심사과정에서 기업전반을 심사한다. 이 경우 신생 창업기업의 특성을 감안하여 상장심사는 최소화하되 정기·수시공시 등의 공시업무 능력과 경영투명성 등에 초점을 맞춰 심사하게 된다.

(3) 코넥스시장의 매매제도

① 매매제도 개요

- 코스닥과 동일하게 운영되는 부분은 매매시간, 휴장·정지, 매매방법, 공매도 제한, 청산·결제 및 위탁증거금 등. 그리고 매매방식도 유가·코스닥시장과 동일한 경쟁매매(단일가/연속) 방식 채택. 다만, 코넥스시장이 전문투자자 중심의 시장으로서 거래가 활발하지 않으며 공모·사모·직상장 등 다양한 상장유형이 있다는 점 등 코넥스 시장이 갖는 특성을 반영할 수 있는 매매제도를 채택.
- 여기에는 단일가 매매원칙, 경매매제도, 유동성공급자(LP) 의무화 등이 있음

② 매매방법

- 코넥스시장은 호가부족·거래부진 종목에 적합한 단일가 경쟁매매방식을 채택.
- 경쟁매매방식은 일정시간 동안 호가를 접수하여 거래가 가장 많이 체결될 수 있는 가격(합치가격)으로 매매거래를 체결하는 방식.
- 단일가 경쟁매매의 주기는 투자자에게 비교적 친숙한 30분 주기 단일가 경쟁매매를 채택(정규 매매시간 09:00~15:30)

③ 유동성공급자(LP, Liquidity Provider) 제도

코넥스시장은 원활한 가격형성을 도모하기 위해 원칙적으로 지정자문인이 해당 종목에 대해 매도·매수호가를 제출하는 유동성공급자(LP) 역할을 하도록 의무화하고 있음.

④ 기본예탁금제도

- 코넥스시장 상장주권을 매수하려는 자의 경우 1억원 이상을 기본예탁금으로 예탁 함.
- 예탁금면제대상자 : 자본시장법상 전문투자자, 창투조합, 중소기업창업투자회사, 개인투자조합, 전문엔젤투자자, 분리과세 하이일드 펀드에 해당하는 투자일임재산

(랩어카운트, 투자일임계좌 등) 등.

- 2015년 7월 27일 도입된 소액투자전용계좌의 경우에도 기본예탁금 규제가 적용되지 않음 (단, 납입한도 연도별 3천만원, 모든 증권회사 포함 1개 계좌로 제한).

(4) 코넥스시장의 혜택

① 공시관련 부담완화

- 수시공시 부담 완화 : 코넥스시장은 공시대상항목을 대폭 감소하고, 지정자문인으로 하여금 공시 대리 및 기업의 정보생성 등을 담당하게 함으로써 상장유지비용을 절감하게 하고 있다. 다만 특례상장의 경우 지정자문인 없이 상장하므로 상장법인에서 공시를 직접 수행하게 되며 향후 지정자문인 선임시에는 지정자문인이 공시 대리 등을 담당하게 된다.
  - 증권신고서 제출의무 완화 (자본시장법시행령 제11조) : 코넥스시장 참여자를 대상으로 주식을 발행하는 경우 증권신고서 제출이 면제됨에 따라 기업이 자금수요가 있는 경우 신속한 자금조달이 가능하다.
  - 분반기보고서 제출의무 면제 (자본시장법 제165조) : 코넥스시장 상장기업의 부담 완화를 위하여 분기 및 반기보고서 제출의무를 면제하고 기업현황보고서를 반기에 1회 제출하도록 하고 있다. 기업현황보고서는 지정자문인이 있는 기업 (일반기업 및 지정자문인 계약을 체결한 스타트업기업)은 지정자문인이, 지정 자문인이 없는 기업은 상장법인이 직접 제출하도록 되어 있다.

② 회계관련 부담완화 (외감법시행령 제4조 및 제7조의2) :

- 기업이 상장을 추진함에 있어 부담으로 작용하고 있는 증권선물위원회의 감사인 지정 및 한국채택국제회계기준(K-IFRS) 의무적용이 코넥스시장에서는 면제된다.

③ 지배구조 관련 부담완화 :

- 코넥스 상장법인은 사외이사 및 상근감사 선임의무가 면제되어 지배구조와 관련한 부담이 완화된다.

④ 투자촉진을 위한 규제 완화

- 합병 등의 규제 완화 (자본시장법시행령 제176조의5 내지 6) : 코넥스시장 상장법인의 원활한 합병 등을 지원하기 위하여 코넥스시장 상장기업과 비상장기업간에 합병을 하는 경우 상장기업에 적용되는 합병 등의 특례규정(합병가액 산정기준 및 외부평가기관 평가의무) 및 거래소의 우회상장 규제를 적용받지 않는다.

⑤ 코넥스시장 상장법인의 코스닥시장 이전상장시 심사요건의 특례
- 자기자본요건 완화(30억원 → 10억원)
- 설립 후 경과연수 요건(3년) 배제
- 질적심사 중 기업계속성 심사 면제
- 심사기간 단축 (45영업일 → 30영업일)

5. 코스닥을 통한 자금조달 방법

(1) 코스닥시장의 개요

코스닥(KOSDAQ, Korea Securities Dealers Automated Quotation)은 미국 Nasdaq시장을 벤치마킹하여 유망 중소기업에게 직접금융의 이용기회 및 Venture Capital 회사에게 자금투자의 회수기회를 부여하기 위하여 개설되었음. 우리나라에서는 1996.7.1. 코스닥증권시장 개설. 컴퓨터에 의한 자동매매체결시스템을 갖추고 경쟁매매방식에 의해 운영됨.

- 코스닥상장 실무기간은 약 5~6개월 정도 소요되나, 상장 1~2년 전에 대표주관회사를 선정해서 IPO를 준비하고 회사 시스템을 정비하는 것이 통상적임.

(2) 코스닥시장의 현황(2017.12.1)

구분	유가증권시장	코스닥시장	코넥스시장
설립	1956년	1966년	2013년
운영주체	유가증권시장본부	코스닥시장본부	코스닥시장본부
시장특성	중대형 우량기업 위주	중소벤처 및 성장 기업 위주	창업초기 중소 벤처기업 위주
시가총액	1,607조원	275조원	4.7조원
상장기업수	770개사	1,257개사	152개사

㈜ 자료: 2018 유가증권시장 상장심사 가이드북

(3) 코스닥시장의 상장업무 FLOW

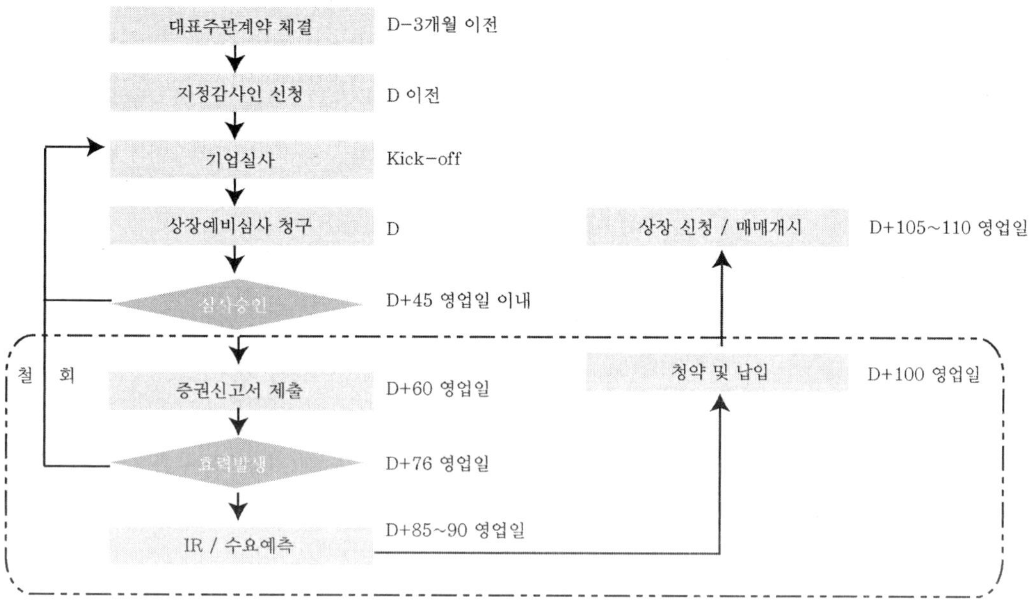

(4) 코스닥시장의 상장요건

① 코스닥시장의 상장요건

요건		코스닥시장 상장요건 (2014.6.18 개정규정 기준)		
		일반기업	벤처기업	기술성장기업
설립 후 경과년수		3년이상	미적용	미적용
규모 (①or ②)	①자기자본1)	30억원 이상1)	15억원 이상1)	10억원 이상1)
	②기준시가총액	90억원 이상		
지분의 분산		다음 요건 중 택일 ①소액주주 500명 이상, 지분25%이상 & 청구후 모집5% (25%미만시 10%) ②자기자본 500억 이상, 소액주주 500명 이상, 청구후 모집지분 10%이상 & 규모별 일정주식수 이상 ③공모25% 이상 & 소액주주 500명		
자본상태1)		자본잠식1) 없을것 (※ 대형법인 미적용)		자본잠식율 10%미만
감사의견		최근 사업연도 적정일 것 (연결재무제표 작성대상법인의 경우 연결재무제표에 대한 감사의견 포함)		

경영성과	계속사업이익 시현 (※ 대형법인 미적용) (연결재무제표 작성대상법인의 경우 연결재무제표 기준)		미적용
이익규모1), 매출액2) & 시가총액	다음 요건 중 택일 ①ROE1) 10% ②당기순이익1) 20억 ③매출액2) 100억원 & 시가총액 300억 ④매출액증가율 20% (&매출액 50억)	다음 요건 중 택일 ①ROE1) 5% ②당기순이익1) 10억 ③매출액2) 50억원 & 시가총액 300억 ④매출액증가율 20% (&매출액 50억)	미적용
최대주주 등 지분의 매각제한	6월		1년
기타 외형요건	주식양도 제한이 없을 것		

주1)연결재무제표 작성대상법인의 경우에는 연결재무제표상 자기자본(자산총계-부채총계)을 기준으로 하되 비지배지분은 제외

주2)재화의 판매 및 용역의 제공에 한함 (단, 지주회사는 연결재무제표 기준)

* ROE(자기자본이익률) = 당기순이익 / 자기자본 X 100
* 기술성장기업 : 전문기관 기술평가(복수) 결과 A & BBB 등급 이상인 기업
* 대형법인 : 자기자본 1,000억원 또는 기준시가총액 2,000억원 이상 기업(상장예비심사청구일 현재)

② 기술성장기업 상장특례

- 특례대상기업 : 전문평가기관 중 2개 기관의 기술평가 결과가 A등급 & BBB등급 이상일 경우 기술성장기업으로 상장예비심사청구자격 부여

* 전문평가기관(11사) : TCB(기술신용평가기관) 중 기술보증기금, 나이스평가정보, 한국기업데이터, 이크레더블 등 4사, 정부산하 연구기관 중 한국과학기술연구원, 한국과학기술정보연구원, 한국보건산업진흥원, 한국산업기술평가관리원, 한국전자통신연구원, 정보통신기술진흥센터, 한국생명공학연구원 등 7사
* TCB(Technology Credit Bureau)란 기술 금융 활성화를 위해 '14. 7월부터 기술신용평가업무를 전문적으로 수행하는 기관으로 거래소와의 협의를 통해 별도의 상장 특례용 기술평가시스템을 구축

특례적용 : 기술성장기업 상장특례 대상기업은 일반·벤처기업 대비 일부 외형요건이 면제 또는 완화

<table>
<tr><td colspan="2">요건</td><td>일반기업</td><td>벤처기업</td><td>기술성장기업</td></tr>
<tr><td colspan="2">설립 후 경과년수</td><td>3년이상</td><td>미적용</td><td>미적용</td></tr>
<tr><td rowspan="2">규모
(①or ②)</td><td>①자기자본</td><td>30억원 이상</td><td>15억원 이상</td><td>10억원 이상</td></tr>
<tr><td>②기준시가총액</td><td colspan="3">90억원 이상</td></tr>
<tr><td colspan="2">경영성과</td><td colspan="2">계속사업이익 시현</td><td>미적용</td></tr>
<tr><td colspan="2">이익규모,
매출액 & 시가총액</td><td>다음 요건 중 택일
①ROE 10%
②당기순이익 20억
③매출액 100억원 &
시가총액 300억
④매출액증가율 20%
(&매출액 50억)</td><td>다음 요건 중 택일
①ROE 5%
②당기순이익 10억
③매출액 50억원 &
시가총액 300억
④매출액증가율 20%
(&매출액 50억)</td><td>미적용</td></tr>
<tr><td colspan="2">최대주주 등 지분의
매각제한</td><td colspan="2">상장 후 6월</td><td>상장 후 1년</td></tr>
</table>

(5) 코스닥 상장 시 세제상 혜택

① 양도소득세 비과세(소득세법 제94조, 동법시행령 제157조 제4항) : 코스닥시장을 통하여 주식을 양도하는 경우 양도소득세 비과세. 단, 발행주식총수의 5%이상 또는 시가총액 50억원 이상을 소유한 주주(특수관계인 포함)가 양도하는 경우 양도소득세 과세.

② 배당소득세 비과세 및 분리과세(조세특례제한법 제91조): 종목별로 액면가 기준 3천만원까지 비과세, 3천만원~1억원까지 분리과세(5%). 단, 1년 이상 보유한 경우.

③ 상속 및 증여재산 평가시 코스닥시장 시세 인정(상속세 및 증여세법 제63조 및동법시행령 제53조) : 코스닥 상장주식의 상속 또는 증여 시 동 주식의 평가액은 평가기준일 전·후 각 2월간 주가의 평균액으로 함. 단, 평가기준일(상속→상속개시일, 증여→증여일) 전후 6월(증여의 경우 3월)이내에 매매거래정지 되거나 투자유의종목 또는 관리종목으로 지정된 사실이 없어야 함.

④ 스톡옵션(주식매입선택권) 행사이익 비과세(조세특례제한법 제15조) : 코스닥상장법인으로서 일정한 요건을 갖춘 법인의 종업원이 주식매수선택권을 2003년 12월 31일까지 부여받아 이를 행사함으로써 얻는 이익 중 연간 3천만원 한도 내의 금액은 이를 근로소득, 사업소득 또는 기타소득으로 보지 않음.

제 8 장

성장단계별 인증획득전략

제1절

성장단계별 인증획득 전략 개요

중소기업을 창업하여 경영하면서 경영자를 당혹스럽게 하는 또 하나의 분야는 인증을 획득해야하는 것이다. 인증은 강제성 여부에 따라 강제인증과 임의인증이 있다. 강제인증은 법적으로 인증 없는 생산.유통금지, 인증 없이 생산.유통 시 처벌 대상이 된다. 이는 소비자의 안전, 건강 및 환경 등의 보호 목적이 있다. 반면에 임의인증은 인증절차를 통과하지 못해도 법적으로 생산유통이 가능하나 소비자의 인지도 등에서 사실상 불리하다. 따라서 중소기업은 강제인증사항은 반드시 인증을 획득하고 마케팅을 해야 된다는 것을 명심해야 한다.

인증획득에는 소요비용이 많이 들고 기업에서 준비해야 할 것이 많다. 따라서 창업초기와 성장기에 어떤 인증을 획득할 것인지를 전략적으로 검토하여 획득하는 것이 바람직 할 것이다.

제2절

중소기업 인증제도 개요

2-1 인증제도의 정의 및 목적

인증이란 제3자가 제품, 공정 또는 서비스가 특정한 요구사항(인증기준)을 충족한다는 신뢰를 주는 진술(증서, 인증마크 등의 형태)을 발행하는 절차(KS AISO / IEC Guide 2)를 말한다. 이러한 인증제도는 불량제품으로부터 소비자의 생명, 안전 및 환경을 보호하고 품질보증, 산업표준규격 확산, 신기술개발유도, 에너지의 효율적 이용 도모 등의 목적이 있다.

인증이란 평가대상이 그에 적용되는 평가기준에 만족하는지 여부를 판단하기 위해 자격을 갖춘 자가 평가를 직접 수행하거나 제3자의 평가결과를 근거로 입증하는 행위를 말한다.(ISO/IEC 17000, KS A ISO/IEC Guide 2). 따라서 인증(Certification)은 제품 등과 같은 평가대상이 정해진 표준이나 기술규정 등에 적합하다는 평가를 받음으로써 그 사용 및 출하가 가능하다는 것을 입증하는 행위를 말한다.

2-2 인증제도의 분류

인증제도는 법적근거 유무, 강제성 여부, 인증주체 및 인증대상에 따라 인증제도를 분류하게 된다. 아래에서는 이러한 인증제도를 살펴보고자 한다.

(1) 법적근거 유무에 따른 분류

인증제도는 법적근거 유무에 따라 법정인증제도(법정의무 71개, 법정임의 105개)와 민간인증제도 등 234개의 인증이 있다.

(2) 강제성 여부에 따른 분류

인증제도는 강제성 여부에 따라 강제인증과 임의인증이 있다. 강제인증은 법적으로 인증 없는 생산.유통금지, 인증 없이 생산.유통 시 처벌 대상이다. 이는 소비자의 안전, 건강 및 환경 등의 보호 목적이 있다. 반면에 임의인증은 인증절차를 통과하지 못해도 법적으로 생산유통이 가능하나 소비자의 인지도 등에서 사실상 불리하다. 주로 품질보증이 목적이다.

(3) 인증주체에 따른 분류

인증제도는 인증주체에 따라 제3자 인증과 공급자 적합성 선언으로 분류한다. 제3자 인증은 기업 등 심사대상으로부터 독립된 제3의 인증기관이 심사하는 것이다. 반면에 공급자 적합성 선언은 기업체가 자사제품이 일정기준에 적합한지를 스스로 평가하여 인증하는 것이다.

(4) 인증대상에 따른 분류

인증제도는 인증대상에 따른 분류로는 제품인증과 시스템인증이 있다. 제품인증은 공장심사, 제품검사 등을 거쳐 일정기준 이상의 제품을 지속적으로 생산할 수 있음을 인증하는 것이다. 반면에 시스템 인증은 기업 등의 품질경영 체제가 일정기준(ISO 9001등 국제기준)에 적합한지를 심사하는 인증제도이다.

2-3 인증제도의 운영

대부분의 인증 절차는 국가기관 등과 같은 공신력 있는 기관으로부터 인정을 받은 시험소에서 수행하도록 하고 있으며 인증과 표준, 검사, 시험, 시험소 인정 등은 서로 밀접하게 관련 있다.

- 시험(Testing) : 제품, 공정 또는 서비스에 대하여 규정된 요구사항에 따라 특성을 확인하는 것임.
  ※ "시험"은 일반적으로 자재, 제품 또는 프로세스에 적용 함.
- 검사(Inspection) : 제품설계, 제품, 공정(프로세스) 또는 설치에 대하여 조사를 실시하고 규정된 요구사항에 대한 적합성 여부를 확인하는 것임.
  ※ 공정(프로세스) 검사에는 사람, 시설, 기술 및 방법에 대한 검사가 포함될 수 있음.
- 인증(Certification) : 제품, 시스템, 자격, 서비스 등에 대하여 규정된 요구사항이 충족되었다는 것을 보증하는 것으로 인증대상에 따라 제품인증, 서비스인증, 시스템인증, 자격(인력)인증 등으로 구분되며 인증, 형식승인, 검정, 지정, 허가 등 다양한 용어로 사용 됨.

2-4 국가통합인증마크(KC : KOREA CERTIFICATION)

현재 우리나라에는 총 70여 개의 법정의무인증제도가 있다. '제품 안전'이라는 똑같은 목적이더라도, 부처마다 인증마크가 달라 중복해서 인증 받아야 하는 불편함이 있었다. 시간과 비용이 낭비되는 것은 물론이고, 국가 간 거래에 있어 상호 인증이 되지 않아 재 인증을 받아야 하는 등 국제 신뢰도 저하와 국부 유출의 문제를 초래하였다. 이에 따라 13개 법정의무인증마크를 2011년 1월에 국가통합인증마크 하나로 통합하여 운영하고 있다.

13개 법정의무인증마크는 다음과 같다. ①전기용품안전인증, ②공산품 안전인증마크, ③자율안전확인, ④어린이보호포장, ⑤승강기부품인증, ⑥계량기검정(국가기술표준원) / ⑦고압가스용 제품안전검사, ⑧가스용품검사, ⑨에너지소비효율등급(산업통상자원부) / ⑩정수기 품질검사(환경부) / ⑪안전인증(고용노동부) / ⑫정보통신기기인증 (방송통신위) / ⑬소방용품검정마크(소방방재청)

제3절

성장단계별 인증획득 전략

중소기업을 경영하면서 획득해야할 많은 인증 중에서 기업경영에 반드시 필요한 인증을 기업성장 년차에 따라 아래 표와 같이 정리하였다. 기업의 상황을 검토한 후 전략적으로 획득하는 것이 바람직하다.

먼저 혁신형인증의 경우 창업 1-2년차에는 벤처기업인증과 연구개발전담부서를 설치하는 것이다. 그리고 3-4년차에 이노비즈인증과 경영혁신형인증 그리고 기업부설연구소를 설치하여 등록하는 것이다.

둘째 시스템인증은 창업 1-2년차에는 ISO9001(품질경영), 3-4년차에는 ISO14001(환경경영)과 ISO22000(식품안전경영)를 획득하고, 창업 5년 이후에는 ISO/IEC27001(정보보안경영)과 ISO/TS16949(자동차품질)를 획득한다.

셋째 환경인증은 창업 1-2년차에는 환경표지인증과 HACCP인증, 3-4년차에는 우수 그린비즈·고효율에너지기자재인증·환경마크를 획득하고, 창업 5년 이후에는 녹색인증을 획득한다.

넷째 신기술인증은 창업 1-2년차에는 KC마크·Q마크·KS표시인증, 3-4년차에는 신기술(NET)인증·신제품(NEP)인증·GMP인증, 창업 5년 이후에는 성능인증(EPC)을 획득한다.

다섯째 전문기업인증은 창업 1-2년차에는 여성기업인증·사회적기업인증, 3-4년차에는 중소기업기술개발제품 우선구매대상지정, 창업 5년 이후에는 조달청우수제품·소재부품전문기업·수출유망중소기업을 획득한다.

마지막으로 해외규격인증은 창업 3-4년차에는 CE(유럽공동체마크)·UL/NTRL(미국국가인정시험소)·CCC(중국필수인증)·JIS(일본표준규격), 창업 5년 이후에는 FDA(미국식품의약품국)·GOST(러시아표준규격)를 획득한다.

〈성장 단계별 인증획득 전략〉

구분	창업 1-2년차	창업 3-4년차	창업 5년 이후
혁신형인증	벤처기업인증 연구개발전담부서	이노비즈(Inno-Biz)인증 경영혁신형(Main-Biz)인증 기업부설연구소	
시스템인증	ISO9001(품질경영)	ISO14001(환경경영) ISO22000(식품안전경영)	ISO/IEC27001 (정보보안경영) ISO/TS16949 (자동차품질)
환경인증	환경표지인증 HACCP인증	우수 그린비즈 고효율에너지기자재인증 환경마크	녹색인증
신기술인증	KC마크 Q마크 KS표시인증	신기술(NET)인증 신제품(NEP)인증 GMP인증	성능인증(EPC)
전문기업인증	여성기업인증 사회적기업인증	중소기업기술개발제품 우선구매대상지정	조달청우수제품 소재부품전문기업 수출유망중소기업
해외규격인증		CE(유럽공동체마크) UL/NTRL(미국국가인정시험소) CCC(중국필수인증) JIS(일본표준규격)	FDA(미국식품의약품국) GOST(러시아표준규격)

〈참고〉 중소기업이 획득해야 할 인증

1. 중소기업 혁신형 인증

(1) 벤처기업 인증

① 벤처기업 정의 : 벤처기업에 대한 일반적이고 공통적인 개념은 없음. 벤처기업은 국가별, 지역별, 경제성장 단계별로 다를 수 있음. 벤처기업이란 대개 위험성이나 모험성이 크지만 사업이 성공할 경우 높은 기대수익이 예상(High Risk, High Return)되는 신기술 또는 아이디어를 활용하는 신 사업자, 기술집약적 중소기업이라고 정의 함.

② 벤처기업 확인신청 : 벤처기업 요건을 충족하는 경우에는 벤처인(www.venturein.or.kr)을 통해서만 벤처확인을 신청할 수 있음(온라인만 가능).

(2) 연구개발전담부서

① 연구개발전담부서 신청 : 신규설립신고는 온라인으로만 가능 함. (사)한국산업기술진흥협회 신고관리시스템(www.rnd.or.kr)에 신청. 별도의 수수료 없음.

② 전담부서 인적 및 물적 요건 : 연구전담요원은 이공계 학사졸업 1명(전문대 졸업일 경우 2년 이상의 연구개발 경력 필요). 연구 독립공간 필요. 연구전담부서 인가를 통해 연구개발비항목의 세제혜택 가능 함.

(3) 기업부설연구소

① 기업부설연구소 신청 : 신규설립신고는 온라인으로만 가능(www.rnd.or.kr) 함.

② 기업부설연구소 인적요건

유형		연구전담요원 수
대기업	대기업 부설연구소	연구전담요원 10명 이상
중견기업	중견기업 부설연구소	연구전담요원 7명 이상
중소기업	소기업	3명 이상(창업 3년 이내 2명)
	중기업	5명 이상
	국외에 있는 기업연구소(해외연구소)	5명 이상
	연구원 · 교원창업, 벤처기업	2명 이상

③ 기업부설연구소 물적요건 : 독립된 연구공간 필요 함. 다른 부서와 구분될 수 있도록 벽면을 경량칸막이 등 고정된 벽체로 구분하고 별도의 출입문을 갖추어야 함.
④ 기업부설연구소 지정서식 : 기업부설연구소 신고서, 연구사업 개요서, 연구소 직원 현황, 연구시설 명세서
- 첨부서류 : 사업자등록증 사본 1부, 연구소 조직도 및 회사 조직도 각 1부, 도면(층 전체 도면 및 내부도면), 전용출입구 현판사진 및 내부사진.

(4) 이노비즈(Inno-Biz) 인증

① 정의 : Innovation(혁신)과 Business(기업)의 합성어로 기술우위를 바탕으로 경쟁력을 확보한 기술혁신형 중소기업을 지칭 함.
② 이노비즈 신청 : 창업 후 3년이 경과한 업체는 온라인으로 신청
③ 이노비즈 신청절차 : 온라인으로 자가진단 및 예비평가단계(650점 이상 통과)를 거쳐 개별 기술수준평가를 기술보증기금에서 실시 함. 평가 통과업체(700점 이상 통과)에 대해 중소벤처기업부에서 이노비즈기업 지정서를 발급(유효기간 3년) 함.
ⓐ 평가항목(OECD 오슬로 매뉴얼에 근거, 중소기업기술촉진법) : 기술혁신능력, 기술사업화능력, 기술혁신 경영능력, 기술혁신 성과 등 4가지 평가항목
ⓑ 등급별 업체선정 : 900점 이상 AAA, 900~800점 AA, 800~700점 A
④ 이노비즈 인증 우대지원제도
ⓐ 금융지원 : 금융지원 협약보증(기보 100% 보증지원), 기술보증 우대지원(50억원 한도)
ⓑ 인력지원 : 산업기능요원제도 및 전문연구요원제도 가점부여
ⓒ R&D지원 : 중소기업 기술혁신개발사업 등 지원 및 가점부여
ⓓ 판로수출지원 : 물품구매 적격심사 시 가점부여, 기술개발제품 우선구매제도 신청 등
⑤ 이노비즈 신청 사이트 (www.innobiz.net)

(5) 경영혁신형(Main Biz) 인증

① 정의 : Management(경영), Innovation(혁신)과 Business(기업)의 합성어로, 중소벤처기업부로부터 경영혁신형 중소기업으로 인증(중소기업기술혁신촉진법)
② 경영혁신형기업 신청 : 창업 후 3년이 경과한 업체는 온라인으로 신청(www.mainbiz.go.kr)
③ 경영혁신형기업 신청절차 : 온라인으로 자가진단 및 예비평가단계를 거쳐(600점 이상 통

과) 개별기술수준평가를 KPC(한국생산성본부), 기술보증기금, 신용보증기금에서 실시 함. 평가 통과업체 (700점 이상 통과)에 대해 중소벤처기업부에서 인증서발급(유효기간 3년) 함.

ⓐ 평가항목 : 경영혁신인프라, 경영혁신활동, 경영혁신성과 등 3가지 평가 (50~44개 항목)

ⓑ 업종세분화 : 제조업, 도소매업, 건설업, 지식서비스업, 일반서비스업 등 5개 업종

④경영혁신형 인증기업 우대

ⓐ 금융지원 : 신용보증서 보증요율 0.1%p 차감 등

ⓑ 인력지원 : 산업기능요원제도 및 전문연구요원제도 가점부여

ⓒ R&D지원 : 중소기업 기술혁신개발사업 등 지원 및 가점부여

ⓓ 판로수출지원 : 물품구매 적격심사 시 가점부여, 기술개발제품 우선구매제도 신청 등

⑤ 경영혁신형 인증 신청사이트 (www.mainbiz.go.kr)

2. 중소기업 시스템 인증

(1) ISO 9001(품질경영시스템)

① ISO란? : ISO(국제표준화기구, International Organization for Standardization)는 재화 및 서비스와 관련된 제반 설비와 활동의 표준화를 통하여 국제교역을 촉진하는 등의 목적으로 1947년에 창설된 국제기구 임.

② ISO역사 : ISO 9001, 9002, 9003으로 나누었던 인증표준을 1994년 ISO 9001로 통합 하면서 제조업뿐만 아니라 서비스업에서도 적용함

③ ISO인증신청 :인증기관은 한국인정지원센터(KAB)에 등록된 한국표준협회, SBC인증원 등 43개 기관과 외국의 인정기관에 등록된 인증기관에 신청 함. 인증유효기간은 3년. ISO는 경영책임, 자원관리, 제품실현, 측정·분석 및 개선 등 4개 핵심프로세스로 구성

④ 인증효과 : 품질경영시스템을 구축하고 지속적으로 보완작업을 함으로써 기업혁신의 초석이 되고, 업무의 효율성이 증대되고, 기업이미지 향상에 기여함.

(2) ISO 14001(환경경영시스템)

① 개요 : 환경경영인증이란 기업이 주변 및 지구환경보호를 위해 환경경영체계를 구축하여 실행하고 있음을 인증기관으로 부터 확인 받는 제도 임.

② 역사 : 1980년대 중반 이후 기업활동에 따른 환경오염 문제가 지속 가능한 사회발전에 장애요인으로 주목 받아 1996년 제정됨.
③ 인증신청 : 연중 수시로 신청가능하며, 인증대상은 농림수산업, 제조업, 서비스업 등 전 산업분야를 대상으로 함. 인증 유효기간은 3년.
④ 인증효과 : 생산활동으로 인해 발생하는 폐기물 등 제반 환경영향 최소화, 국제경쟁력 강화와 그린라운드 대처, 환경친화적 기업이미지 제고 됨.

(3) ISO/IEC 27001(정보보안경영시스템)

① 개요 : 기업의 중요 정보자산을 보호하고 관리하는데 효과적이고 정보보호경영시스템 (Information Security Management System, ISMS) 요구사항의 정의와 보호관리시스템을 구축, 실행, 유지 및 개선하도록 하는 국제표준 임.
② 역사 : 2005년 영국표준인 ISO 17799를 새로운 국제표준인 ISO 27001로 승격됨. 위험관리와 보안정책 자산분류 등 11개 분야 133개 항목에 대한 규격 임.
③ 인증신청 : 연중 수시로 신청가능하며, 통제항목은 보안정책, 정보보안의 조직, 물리적·환경적 보안, 접근통제, 정보보안 사건관리 등. 인증 유효기간은 3년 임.
④ 인증효과 : 유일한 국제정보보호표준이며 인증. 정보자산과 개인정보가 안전하게 보호되고 있다는 이미지 제고와 신뢰성을 제공, 정보에 대한 위험의 체계적인 관리 가능 함.

3. 중소기업 신기술 인증

(1) 신기술 인증(NET 마크)

① 개요 : 신기술(NET:New Excellent Technology) 인증은 국내기업, 연구기관 및 대학 등의 개발기술을 신기술로 인증함으로써 신기술의 상용화촉진, 신기술제품의 신뢰성 제고로 시장진출 및 구매지원을 위한 제도 임.
② 인증제도의 통합 : 『신기술통합 인증요령』을 개정하여 7개 부처·청에서 운영중인 9개 신기술 인증마크를 통합 함. 「농림수산식품과학기술 육성법」, 「산업기술혁신 촉진법」, 「전력기술관리법」, 「보건의료기술 진흥법」, 「환경기술 및 환경산업 지원법」, 「건설기술관리법」, 「국가통합교통체계효율화법」, 「자연재해대책법」 및 「목

재의 지속가능한 이용에 관한 법률」

③ 인증신청 접수기관 : 농림수산식품기술기획평가원, 한국산업기술진흥협회, 대한전기협회, 한국보건산업진흥원, 한국환경산업기술원, 국토교통과학기술진흥원, 소방방재청, 한국임업진흥원에서 신청서를 각각 접수

④ 인증대상 기술 : 9개법에 따른 신기술 (예) 「산업기술혁신 촉진법」 시행령 제18조2

ⓐ 이론으로 정립된 기술을 시작품 등으로 제작하여 시험 또는 운영(이하 "실증화 시험") 함으로써 정량적 평가지표를 확보한 개발완료기술로서 신청일을 기준으로 향후 2년 이내에 상용화가 가능한 기술.

ⓑ 실증화 시험을 통하여 정량적 평가지표를 확보한 개발완료기술로서 향후 기존 제품 성능을 현저히 개선시킬 수 있는 기술.

ⓒ 제품의 생산성이나 품질을 향후 현저히 향상시킬 수 있는 공정기술.

⑤ 인증기간 : 5년의 범위 이내, 인증기간의 연장이 필요한 경우 7년의 범위.

⑥ 인증기술지원 : 국가 및 공공기관 등의 구매지원, 정부기술개발사업 신청 시 가점, 신기술인증 제품으로 성능인증(중소벤처기업부)을 획득한 제품은 우수조달 제품 선정 시 우대, 정부인력지원사업 우대, 조세지원 등.

(2) 신제품 인증(NEP 마크)

① 개요 : 신제품(NEP : New Excellent Product) 인증은 국내에서 최초로 개발된 기술 또는 대체기술로서, 기존의 기술을 혁신적으로 개선, 개량한 신기술이 적용된 제품으로 사용자에게 판매되기 시작한 후 3년을 경과하지 않은 신개발제품에 대해 산업기술촉진법에 의거하여 산업통상자원부 장관이 인증 함.

② 인증신청 : 신청접수는 수시, 산업통상자원부 국가기술표준원.

③ 인증유효기간 : 3년(1회에 한하여 심사 후 3년의 범위에서 연장 가능).

④ 인증제품지원 : 공공기관 20% 의무구매, 우수제품 등록 시 가점, 공공기관 우선구매 대상, 산업기술혁신촉진법에 따라 산업기반자금융자 사업자 선정시 우대, 기술우대보증제도 지원대상 (기술심사 면제), 혁신형 중소기업기술금융지원, 중소기업기술혁신개발사업에 가점 등.

(3) KS표시 인증제도

① 개요 : 산업표준을 널리 활용함으로써 업계의 사내표준화와 품질경영을 도입· 촉진하고 우수공산품의 보급 확대로 소비자보호를 위하여 특정 상품이나 가공기술 또는 서비스가 한국산업표준 수준에 해당함을 인증하는 제품인증제도 임.

② 인증신청 : 제품과 서비스로 구분하여 처리절차가 구분되며, 인증기관은 한국표준협회(http://ksa.or.kr), 지정심사기관은 한국화학시험연구원 등 14개 기관, 인정시험기관은 국가기술표준원, 지방중소기업청, KOLAS의 시험기관. 신청은 KS제품(서비스)인증신청서를 작성하고, 관련 서류를 첨부하여 KS인증지원시스템(www.ksmark.or.kr)에 신청 함.

③ 인증유효기간 : 3년(서비스의 경우 매 2년).

④ 인증지원 : 인증제품 우선구매, 입찰계약의 특례, 검사 형식 승인 등 면제.

(4) GMP 인증

① 개요 : 의료기기제조품질관리기준(GMP, Good Manufacturing Practice)은 의료기기 국내·외 제조업자 및 임상시험용 의료기기를 제조하고자 하는 자에 대한 의료기기 GMP 적합성 평가에 있어 평가절차 및 내용을 명확히 하여 투명성·공정성을 확보하고자 하는 제도. 의료기기 제조 및 품질관리기준(식약처 고시)에 의거하여 평가하며 의료기기 GMP 기준 적용대상은 2, 3, 4등급 의료기기 임.

② 인증신청 : 품질관리심사기관인 한국산업기술시험원, 한국기계전기전자시험연구원, 한국화학융합시험연구원, 한국건설생활환경시험연구원에 신청하여, 식품의약품안전처(의료기기안전국)에서 승인 함.

③ 인증유효기간: 3년.

④ 인증효과 : 의료사고예방과 안전사고의 절감효과, 국제간 의료기기교역이 원활해 질 수 있으며, 위생적이고 안전한 의료기기제조로 소비자들의 안전에 기여 함.

(5) 성능인증(EPC : Excellent Performance Certification)

① 개요 : 중소기업의 기술개발제품이나 신기술인증제품 등에 대해 성능검사를 거쳐 성능이 확인된 제품을 공공기관이 우선구매 할 수 있도록 지원함으로써 중소기업의 기술개발 촉진 및 공공구매 확대를 지향하기 위해 제정. 성능인증은 중소기업자가 개발한 기술개발제품의 성능을 검사한 결과 당해 제품이 성능을 확보하였음을 확인하고 증명 함.

② 인증신청 : 지방중소기업청장에 신청(중소기업제품 구매촉진 및 판로지원에 관한 법률).

③ 인증유효기간 : 3년(최대 3년 연장 가능) .

④ 인증효과 : 성능인증제품 중 수의계약 또는 중소기업자간의 제한경쟁 또는 중소기업자 중에서의 지명경쟁 입찰에 의하여 우선구매 지원.

(6) 환경마크

① 개요 : 환경마크제도는 같은 용도의 다른 제품에 비해 '제품의 환경성'을 개선한 경우 그 제품에 로고(환경마크)를 표시함으로써 소비자(구매자)에게 환경성 개선 정보를 제공하고, 소비자의 환경마크 제품 선호에 부응해 기업이 친환경제품을 개발·생산하도록 유도해 자발적 환경개선을 유도하는 자발적 인증제도 임. 1979년 독일에서 처음 시행된 이 제도는 현재 유럽연합(EU), 북유럽, 캐나다, 미국, 일본 등 현재 40여개 국가에서 성공적으로 시행되고 있으며, 우리나라는 1992년 4월 부터 시행하고 있음.

② 인증신청 : 한국환경산업기술원(환경분석평가센터)에 신청(환경기술 및 환경산업지원법).

③ 인증지원 : 조달청 입찰심사 시 가산점 부여, 정부포상제도에 추천, 인증제품홍보 및 유통판매처 개척지원, 공공기관의 의무구매 등.

(7) 소프트웨어품질(GS) 인증

① 개요 : 소프트웨어품질인증제도는 SW제품의 품질(기능성, 사용성, 효율성, 신뢰성, 유지보

수성, 이식성, 일반적 요구사항 등 7개 품질특성)을 국제표준에 근거하여 사용자 관점에서 시험하고 결함을 수정하는 과정을 거치면서 품질 우수SW로 개선하기 위한 인증제도.

② 인증신청 : SW 품질인증기관은 한국정보통신기술협회(시스템SW, 개발용SW, 응용SW, 디지털콘텐츠 SW, 임베디드SW 등 21개 분야), 한국산업기술시험원(시스템SW, 응용SW, 임베디드SW 등 7개 분야).

③ 인증지원 : 조달청 제3자 단가계약 체결 및 나라장터 등록, GS인증제품 우선구매제도 시행, GS 인증제품 성능보험 가입 및 면책제도 시행, SW사업 하도급 계약 적정성 판단 시 가산점 부여 등.

(8) Q마크(품질보증제도)

① 개요 : 제조업체의 요청으로 해당분야 민간시험연구원에 품질테스트를 마쳤음을 인정해주는 민간 인증마크 임. 전기· 전자제품 및 기타 공산품의 품질을 보증하고 성능평가 및 안전성 평가를 거쳐 합격된 제품에 Q마크를 부착함. Q마크 인증제도는 제3자 인증제도이고, 국제적인 제품시험, 검사기준에 부합하는 품질보증검사기준에 의하여 개별 성능평가 및 안전성 평가를 거쳐 인증 함.

② 인증신청 : 인증기관인 한국기계전기전자시험 연구원(전기전자제품류), 한국화학융합시험연구원(화학제품류), 한국건설생활환경시험연구원(생활용품류), 한국의류시험연구원(의류제품류), FITI시험연구원(원사직물제품류)에 신청.

③ 인증지원 : 정부기관 판로지원, 국방부조달본부 입찰 및 공공기관 입찰 참가자격부여, 시험연구원 각종 시험수수료 감면 혜택, 품질경영 및 공산품안전관리법에 의한 안전검사 수수료 면제 등.

4. 중소기업 전문기업 인증

(1) 중소기업기술개발제품 우선구매 대상 지정

① 개요 : 「중소기업제품 구매촉진 및 판로지원에 관한 법률」 에 의거 우수한 중소기업 기술개발제품을 우선구매 하도록 하여 중소기업의 판로를 촉진하는 제도 임.

② 우선 구매대상 기술개발제품

ⓐ 산업통상자원부장관이 신제품(NEP)으로 인증한 제품

ⓑ 산업통상자원부장관, 환경부장관 및 국토해양부장관이 인증한 신기술(NET)을 이용하여 제조한 제품

ⓒ 소프트웨어산업진흥법 제13조 규정에 의한 품질인증제품(Good Software : GS)특허/실용신안등록 된(특허는 등록일로부터 5년, 실용신안은 3년 이내) 기술을 적용하여 사업화한 제품에 성능인증을 신청한 제품 등

ⓓ 제외품목 : 의약품, 미생물, 농·수산물, 총포·화약류, 사행성 제품, 비가공제품, 식·음료품

③ 인증신청 : 지방중소기업청장에 신청(중소기업제품 구매촉진 및 판로지원에 관한 법률).

④ 인증유효기간 : 유효기간이 정해져 있는 신청제품의 경우(신기술인증, 벤처기업 등)에는 유효기간 내에 성능인증 신청 함. 다만, 유효기간을 따로 정할 수 없는 경우에는 신청일을 기준으로 최근 3년 이내에 개발한 제품을 신청 함. 특허는 등록일로부터 5년, 실용신안은 등록일로부터 3년 이내에 개발한 제품을 신청 함.

⑤ 인증효과 : 성능인증제품 중 수의계약 또는 중소기업자간의 제한경쟁 또는 중소기업자 중에서 지명경쟁 입찰에 의하여 우선구매 지원.

(2) 조달청 우수제품

① 인증신청 : 「조달사업에 관한 법률」과 「우수조달물품지정관리규정(조달청 고시)」에 의거, 조달물자의 품질향상과 중소·벤처기업의 판로를 지원하기 위해 성능·기술 또는 품질이 뛰어난 물품을 '우수조달물품'으로 지정하여 수의계약 등을 통해 각 수요기관에 우선 공급하는 제도. 1996년부터 도입하여 시행 중 임.

② 우수제품 신청대상(중소 · 벤처기업이 생산하는 물품 및 소프트웨어) :

ⓐ 신제품(NEP) 또는 신제품(NEP)을 포함한 제품

ⓑ 신기술(NET 등)이 적용된 제품

ⓒ 특허 또는 등록실용신안이 적용된 제품

ⓓ 저작권 등록된 우수품질 S/W 인증제품(GS)

④ 지정효과 : 수의계약의 방법으로 제3자 단가계약 또는 총액계약 체결 가능

⑤ 우수 조달품 신청자격:

ⓐ 신제품(NEP) 또는 신제품(NEP)을 포함한 제품 : 인증서로 단독신청 가능

ⓑ 저작권 등록된 우수품질 S/W 인증제품(GS) : 인증서로 단독신청 가능

ⓒ 신기술 적용제품(NET 등) : 1개 이상의 품질소명자료 필요

ⓓ 국내 특허 또는 국내 등록실용신안을 적용하여 생산한 제품 : 1개 이상의 품질소명자료 필요

ⓔ 품질(성능)인증 소명자료 : 성능인증(EPC), 우수재활용(GR), 환경표지(환경마크), K마크, 우수품질 소프트웨어(GS), 고효율에너지기자재, 자가품질보증제품, 지능형로봇 품질인증(R마크), 보건제품 품질인증(GH), 부품·소재 신뢰성인증

⑥ 신청제품 및 제출자료 유효기간 :

ⓐ 신제품, 신기술제품 : 최초 인증일 기준 2년 이내.

ⓑ 특허제품 : 등록일 기준 5년 이내.

ⓒ 등록실용신안제품 : 등록일 기준 3년 이내.

⑦ 경쟁입찰참가자격 등록 : 국가종합전자조달시스템(나라장터)에 "경쟁입찰참가자격등록" "경쟁입찰참가자격등록증"을 반드시 제출하여야 함. 신청물품의 물품분류번호(10자리)가 제조(Y)로 등록되어야 함(SW제품은 예외).

⑧ 중소기업 및 신용평가 등급 확인 필요 : "중.소기업. 소상공인 확인서(공공기관 입찰 확인용)"를 제출해야 함. 중소기업인 경우 신용평가등급은 B-이상이어야 하고, 창업초기기업은 기술신용등급확인서의 기술등급이 T4(양호) 이상인 경우 지정 가능 함.

⑨ 지정 신청:

ⓐ 서울, 경기, 강원 지역 : (사)정부조달우수제품협회 본회.

ⓑ 충청, 호남, 영남 지역 : (사)정부조달우수제품협회 중부사무소

제9장

중견기업으로의 성장전략

제1절

중견기업의 개요

1-1 중견기업의 개념

2011년 「산업발전법」에 중견기업 정의를 최초로 도입하였다. 따라서 중소기업과 대기업으로 양분되었던 국내 산업계에 중견기업이라는 개념을 도입하게 되었다. 1966년 12월 6일 「중소기업기본법」이 제정되어 우리나라에서 처음으로 대기업에 대응한 중소기업 개념이 탄생하게 되었던 것은 이미 살펴보았다. 우리나라에서는 중소기업의 중견기업으로의 원활한 성장과 글로벌 전문기업으로의 도약을 위해 「중견기업 성장촉진 및 경쟁력 강화에 관한 특별법」을 제정(2014.1.21)하여 중견기업의 법적 근거를 마련하게 되었다.

우리나라에서 중견기업의 정의는 다음과 같다. 「중견기업 성장촉진 및 경쟁력 강화에 관한 특별법」 제2조에서 중견기업을 다음과 정의하고 있다. "중견기업"이란 다음 각 목의 요건을 모두 갖춘 기업을 말한다. 「중소기업기본법」 제2조에 따른 중소기업이 아닐 것, 「공공기관의 운영에 관한 법률」 제4조에 따른 공공기관, 「지방공기업법」에 따른 지방공기업 등 대통령령으로 정하는 기관이 아닐 것으로 정의하고 있다. 그 밖에 지분 소유나 출자관계 등이 대통령령으로 정하는 기준에 적합한 기업이 중견기업이다.

중견기업의 기준을 좀 더 알기 쉽게 설명하면 다음과 같다. 중견기업의 규모 또는 독립성 기준을 충족하면서, 아래 6가지 제외기준을 모두 충족하면 중견기업이라고 정의할 수 있다. ①중소기업이 아닐 것, ②공공기관이 아닐 것, ③상호출자제한기업집단 또는 채무보증제한기업집단이 아닐 것, ④자산총액 5조원 이상인 기업 또는 법인(외국법인 포함)이 주식 등의 30% 이상 직· 간접적으로 소유하면서 최다출자자인 기업이 아닐 것, ⑤금융업, 보험 및 연금업, 금융 및 보험관련 서비스업을 영위하는 기업이 아닐 것, ⑥민법에 따라 설립된 비영리법인이 아닐 것 등이다.

1-2 중견기업의 범위 기준

중견기업의 범위기준도 중소기업의 범위기준과 같이 규모기준과 독립성기준을 두고 있다. 규모기준(외형적 판단기준)으로 아래 기준 중 하나만 충족하여도 중견기업에 해당 된다. 즉 ① 사업을 영위하는 영리법인의 매출액(3년 평균매출액) 등 업종별 규모기준이 중견기업 기준에 부합하거나, ②자산총액이 5천억 원 이상이면 중견기업에 해당 한다.

〈중견기업 범위기준[중소기업기본법시행령 별표 1 준용] 〉

해당기업의 주된 업종	중소기업	중견기업
의복, 의복액세서리 및 모피제품 제조업, 전기장비 제조업, 가구 제조업 등(6개 제조업)	평균매출액 등 1,500억원 이하	평균매출액 등 1,500억원 초과
농업, 임업 및 어업, 광업, 전기, 가스, 증기 및 수도사업, 건설업, 도매 및 소매업 / 식료품 제조업등 (12개 제조업)	평균매출액 등 1,000억원 이하	평균매출액 등 1,000억원 초과
하수·폐기물 처리, 원료재생 및 환경복원업, 운수업, 출판, 영상, 방송통신 및 정보서비스업 /음료 제조업 등 (6개 제조업)	평균매출액 등 800억원 이하	평균매출액 등 800억원 초과
전문, 과학 및 기술 서비스업, 사업시설관리 및 사업지원 서비스업, 보건업 및 사회복지 서비스업, 예술, 스포츠 및 여가관련 서비스업, 수리 및 기타 개인 서비스업	평균매출액 등 600억원 이하	평균매출액 등 600억원 초과
숙박 및 음식점업, 금융 및 보험업, 부동산업 및 임대업, 교육 서비스업	평균매출액 등 400억원 이하	평균매출액 등 400억원 초과

다음으로 중견기업의 독립성기준이다. 독립성 기준(외형적 판단기준)으로 아래 조건을 충족하는 경우 중견기업으로 본다. ①상호출자제한기업집단 또는 채무보증제한기업집단이 아닐 것, ②자산총액 5조원 이상인 기업 또는 법인(외국법인 포함)이 주식 등의 30% 이상 직· 간접적으로 소유하면서 최다출자자인 기업이 아닐 것, ③금융업, 보험 및 연금업, 금융 및 보험관련 서비스업을 영위하는 기업이 아닐 것, ④민법에 따라 설립된 비영리법인이 아닐 것 등이다.

1-3 중견기업의 적용기간 및 유예기간

(1) 중견기업 여부의 판단 및 적용기간

당해 사업연도의 중견기업 여부는 직전 사업연도 말일에서 3개월이 경과한 날부터 1년간 적용한다. 「중견기업 확인요령(중소기업청 고시 제2016-4호)」 제6조에서 '중견기업 확인서'의 유효기간은 직전 사업기간이 12개월 이상 기업인 경우 발급일이 속하는 사업연도의 3개월이 경과한 날로 부터 1년간이다. 다만, 창업, 합병 또는 분할하여 직전 사업기간이 12개월이 되지 않을 경우에는 창업 등을 한날로부터 해당 사업연도 종료 후 3개월이 되는 날까지 중견기업이 취소되는 경우에는 그 사유가 발생한 날에 유효기간이 종료된 것으로 본다.

(2) 유예기간

중소기업이 규모의 확대, 업종변경, 중소기업 간의 합병 등으로 중소기업에 해당하지 않게 되는 경우, 사유가 발생한 사업연도의 다음 사업연도부터 3년간은 중소기업과 동등한 지위를 받을 수 있도록 유예기간을 부여한다. 2015년 이후 중견기업이 된 경우 최초 1회에 한해서만 3년간 유예기간 부여한다. 이후에 다시 규모 축소로 중소기업이 되었다가 다시 규모가 확대되어 중소기업이 아니게 된 경우에는 유예 없이 바로 중견기업이 된다. 즉 2015년 1월 「중견기업 성장촉진 및 경쟁력 강화에 관한 특별법」 시행으로 중소기업의 규모 등에 변화가 없음에도 중소기업에 해당하지 않게 된 경우 2018년 3월 31일까지 중소기업지위를 인정하는 경과조치를 두고 있다.

1-4 중견기업 후보기업

중소기업 중 중견기업으로의 성장가능성이 높고 혁신역량이 있는 기업으로서 아래와 같은 기업을 '중견기업 후보기업'으로 본다. ①중소기업이 그 규모의 확대 등으로 중소기업에 해당하지 않게 된 경우 그 사유가 발생한 연도의 다음 연도부터 3년이 경과하지 않은 기업, ② 「중견기업성장촉진 및 경쟁력 강화에 관한 특별법 시행령」 별표1의 기준에 맞는 중소기업 중 아래 조건 중 하나에 해당하는 기업을 중견기업 후보기업으로 본다. 직전 3개 사업연도 동안의 매출액 연평균 증가율을 별표2에 따라 산정한 값이 100분의 15이상인 기업 또는 직전 3개 사업연도 동안의 매출액 대비 연구개발투자 금액 비율의 평균이 100분의 2 이상인 기업을 중견기업 후보기업으로 본다.

〈주된 업종별 매출액 규모 기준(별표1. 중견기업성장촉진 및 경쟁력 강화에 관한 특별법 시행령)〉

해당 기업의 주된 업종	규모 기준
의복, 의복액세서리 및 모피제품 제조업, 전기장비 제조업, 가구 제조업 등(6개 제조업)	매출액 1,000억원 이상
농업, 임업 및 어업, 광업, 전기, 가스, 증기 및 수도사업, 건설업, 도매 및 소매업 / 식료품 제조업 등 (12개 제조업)	매출액 700억원 이상
하수·폐기물 처리, 원료재생 및 환경복원업, 운수업, 출판, 영상, 방송통신 및 정보서비스업 /음료 제조업 등 (6개 제조업)	매출액 550억원 이상
전문, 과학 및 기술 서비스업, 사업시설관리 및 사업지원 서비스업, 보건업 및 사회복지 서비스업, 예술, 스포츠 및 여가관련 서비스업, 수리 및 기타 개인 서비스업	매출액 400억원 이상
숙박 및 음식점업, 금융 및 보험업, 부동산업 및 임대업, 교육 서비스업	매출액 300억원 이상

제2절 중견기업으로 성장전략

2-1 중소기업에서 중견기업으로 성장 시 애로요인

중소기업에서 중견기업으로 성장한 기업이 느끼는 애로사항은 다음과 같은 것으로 나타났다.[9)]

중소기업에서 중견기업으로 성장하면 나타나는 첫 번째 경험은 중소기업인 경우에 제공받던 많은 지원제도들이 일거에 사라진다는 것이다. 이 같은 지원제도 가운데에는 조세지원제도, 정책금융제도 및 각 지자체마다 운영하는 각종 지원제도 및 중앙행정부서에서 운영하는 지원제도의 혜택을 받지 못한다는 것이다. 중견기업은 원활한 자본조달을 위해 기업의 건전한 재무구조 확립 및 투명한 재무관행이 필요하다.

둘째, 기업성장률 보다 빠른 인건비 상승률로 인력채용이 불가능하다고 호소하고 있다. 특히 R&D인력의 채용이 어렵고 지방의 중견기업들의 고급인력 채용이 매우 어려운 것으

9) 이병기, 「중소기업의 중견.대기업으로의 성장동인과 정책과제」,한국경제연구원, 2013.7.

로 나타나고 있다.

셋째, 조세혜택의 차이가 가장 컸다는 데 거의 일치된 의견을 보이는 것 같다.

넷째, 기업이 빠르게 성장한 주요한 요인으로 R&D투자가 매우 중요하다고 지적하고 있다. 독일의 히든 챔피언의 사례는 혁신·성장 간의 관계에 많은 시사점을 던져 준다. 우리나라 중견기업의 R&D의 문제점으로 지적되는 것은 중견기업 R&D정책의 미비로 나타났다. 이와 관련하여 중견기업 부설연구소 설립 조건이 매우 까다로워져서 혜택을 보기가 매우 어렵다는 점을 지적하였다.

다섯째, 세계화는 히든 챔피언들의 중요한 성장전략이다. 수출 국제화의 문제로 KOTRA 등 해외진출관련 정보 제공의 부족이 문제점으로 나타났고, 영어소통능력이 있는 인력을 채용하는 데 많은 애로가 있는 것으로 나타났다. 중견기업 중에서는 국제화 중 인력의 국제화가 가장 큰 문제인 것으로 지적되고 있다.

여섯째, 규제완화 및 행정부담의 문제이다. 중견기업은 기업이 성장하면서 기업내부 필요 인력이 급격히 증가하는 시기인 데다 중소기업에서 중견기업으로 성장하면 기업규모별 의무채용인력의 문제가 상당한 부담으로 작용한다는 점을 지적하였다. 중견기업 진입 시 고용의무 부과부담, 코스닥 진입 시 상임감사 고용의무, 에너지사용규제, 강성노조 존재로 인한 노동규제 존속, 중견기업에 대한 적합업종규제, 중견기업이행 시 준조세 증가 등 다양한 규제와 부담이 증가하는 것으로 나타났다. 중소기업이 중견기업, 중견기업이 대기업으로 성장하면서 기업규모의 확대에 따라 받는 다양한 형태의 제약이 존재하는 것으로 나타나고 있다. 인력규모에 따른 기업규제는 5인 이상일 경우 적용되는 해고, 근로시간 규제근로기준법상의 강행규정이다. 300인 이상에서 장애인고용의무, 보육시설설치의무 등 규제가 추가된다. 중소기업을 벗어나면 수도권정비계획법 18조에 의한 총량규제 부과되고, 중소기업에서 중견기업으로 이행하는 과정에서 부과되는 추가적인 규제로 중소기업이 중견이 되지 않으려는 경향이 나타나고 있다. 중견기업은 중소기업 적합업종 선정 시 대기업으로 분류, 대기업과 동일하게 사업확장 제한이나 시장진입 규제를 받고 있다. 이 같은 제도는 중소기업의 경쟁력을 약화시키고 중견기업의 성장장애로 작용할 가능성이 크다. 관련 부문에서 한 우물 파기로 성장한 중견기업의 사업확장이 제한되는 결과를 초래하고 중소기업 졸업 임계점에 있는 기업은 중견기업으로의 성장을 기피하는 현상이 증가할 수 있다. 또한 중소기업의 M&A 시 나타나는 문제점에 대한 지적도 있었다. 다시 말해 지배기업이 종속기업의 주식을 30% 이상 소유하면서 최다출자자인 경우, 이들 기업을 서로 독립 된 기업이 아닌 하나의 기업으로 간주해 중소기업 여부를 판단(관계회사제도)하고 있다. 관계회사 제도 시행에 따라 중소기업 졸업 시 중소기업 졸업유예기간(3년)을 부여하지 않고 있다. 이에 따라 중견기업이 기업성장전략으로 중소기업 M&A 시 해당 중소기업은 중견기업으로 재분류되어 중소기업 지원혜택이 끊기고 대기업 규제를 새로이 적용받게 되는 문제가 발생하고 있다. 피인수 중소기업에 대한 졸업유예기간이 적용되지 않아 각종 세제혜택 및 지원이 곧바로 중단되어 중소기업 간 또는 중견기업의 중소기업 M&A를 저해하는 요인으로 지적하였다.

일곱째, 중견기업으로 성장하면서 기업규모가 커지고 기업나이도 증가하면서 장수기업의 증여세 부담이 또 다른 성장제약으로 작용하는 것으로 나타났다.

2-2 중견기업으로 성장전략

중소기업에서 중견기업으로 성장하는 과정에서 나타나는 문제점을 살펴보았다. 그러면 중소기업에서 중견기업으로 성장하는 전략은 무엇인가?

첫째, 중소기업이 중견기업으로 성장하기 위해서는 근본적으로 경영과 제도의 혁신이 필요하다. 중소기업이 중견기업으로 성장하기 위해서는 조직과 시스템으로 재 정비해야 한다. 중견기업은 경영자 혼자의 힘이 아니라 제도가 정비되고 권한 위양이 이루어져 조직내부에서 스스로 업무가 진행되는 프로세스를 갖추도록 해야 한다.

둘째, 꾸준하고 집중적인 R&D투자로 히든챔피언으로 거듭나야 한다. 독일의 히든 챔피언이 상대적으로 시장점유율을 엄청나게 끌어올린 것은 혁신을 성공적으로 이루어냈기 때문이다. 히든챔피언에 있어서 혁신은 예산의 문제이기보다는 인적자원의 문제이다. 오로지 혁신을 통해서만 세계 시장지배력을 가질 수 있고 또 그것을 유지할 수 있다. 순전히 모방만으로는 세계 시장지배력을 가질 수 없다. 혁신은 고객에게 매우 유용한 가치를 제공하거나 원가를 줄이는 데 기여해야 한다. 그렇게 하기 위해서 혁신활동은 제품과 기술에만 한정되어서는 안 된다. 사업의 모든 측면들이 혁신을 위한 단초를 제공해야 되고 잘 이용되어야 한다.

셋째, 글로벌화이다. 세계화는 히든 챔피언을 성장으로 이끄는 가장 중요한 원동력이다. 세계화는 좁은 시장을 넓게 만든다. 세계라는 큰 시장규모는 규모의 경제를 실현하게 해준다.

넷째, 성장단계에 따른 유연한 경영전략의 수립 및 시행이다. Martin Reeves의 '적응전략'을 검토하여 시행하여야 한다. BCG의 마틴 리브스는 사업환경을 5가지로 분류하여 사업환경에 맞는 전략 제시하였다. ① 환경이 너무 가혹하면 서바이벌(Survival) 전략(재생적 전략)을 실행한다. ② 환경예측이 가능하나, 변형할 수 없으면(전통적 Classical 환경) 사업을 대형화하는 것이다. ③ 환경예측이 가능하고, 변형가능 하다면(예지적 Visionary 환경) 선도자(세상을 바꾸는 전략)의 역할을 하여야 한다. ④ 환경예측이 어렵고, 변형가능 하다면(개척형 Shaping 환경) 조정자의 역할(판을 바꾸는 전략)을 하여야 한다. 마지막으로 ⑤ 환경예측이 어렵고, 변형할 수 없는(적응형 Adaptive 환경) 상황이라면 신속하게 적응(모방전략)하여야 한다.

〈참고1〉 중소·중견·대기업 비교[10)]

<table>
<tr><th>구분</th><th>중소기업</th><th>중견기업</th><th>대기업</th></tr>
<tr><td>규모기준</td><td>• 업종별 평균매출액 등이 규모기준에 부합 AND
• 자산총액 5천억원 미만</td><td>• 업종별 평균매출액 등이 규모기준 초과. 단, 예외업종 있음①
OR
• 자산총액 5천억원 이상</td><td rowspan="4">①
상호출자제한 기업집단 또는 채무보증제한 기업집단 소속회사

②
자산총액 5조원 이상인 법인의 피출자 기업</td></tr>
<tr><td rowspan="3">독립성기준</td><td>상호출자제한기업집단 또는 채무보증제한기업집단이 아닐 것</td><td>좌동</td></tr>
<tr><td>자산총액 5천억 이상인 법인의 피출자 기업이 아닐 것</td><td>자산총액 5조원 이상인 법인의 피출자 기업이 아닐 것.
단, 지배기업으로 비영리법인 포함②</td></tr>
<tr><td>관계기업의 경우 평균매출액등이 중소기업규모기준 충족</td><td>관계기업의 경우 평균매출액 등이 중소기업 규모기준 초과</td></tr>
<tr><td>소관</td><td>중소벤처기업부 (정책총괄과)</td><td>중소벤처기업부
(중견기업정책과)</td><td>공정거래위원회 등</td></tr>
<tr><td>확인방법</td><td>중소기업확인서</td><td>중견기업확인서</td><td>지정 및 통지 등</td></tr>
<tr><td>확인사이트</td><td>중소기업 현황정보시스템
(sminfo.smba.go.kr)</td><td>중견기업정보마당
(www.hpe.or.kr)</td><td>기업집단정보포탈
(groupopni.ftc.go.kr)</td></tr>
<tr><td>관련법률</td><td>중소기업기본법 (일반법)</td><td>중견기업 성장촉진 및 경쟁력 강화에 관한 특별법(특별법)</td><td>공정거래법 등</td></tr>
<tr><td>업체수(2017)</td><td>3,542,350 업체</td><td>3,558업체
(제조업 1,488/비제조업2,070)</td><td>52 기업집단
(1,484 계열 업체)</td></tr>
</table>

10) 중소기업청·한국중견기업연합회, 중견기업 범위해설, 2016.

〈참고2〉 중견기업 금융지원제도

1. 한국형 히든챔피언 육성(World Class 300)

(1) 개요

글로벌 성장의지와 잠재력을 갖춘 중소 · 중견기업을 세계시장에서 혁신성과 성장성을 갖춘 히든챔피언 기업으로 육성 함. World Class 300프로젝트(중소벤처기업부), 글로벌 전문기업 육성사업(산업통상자원부) 지원대상의 공통조건은 직전년도 매출액이 4백억~1조원 (SW, 엔지니어링, 디자인 업종은 100억원 이상) 기업이다. 또한 아래 선택조건 중 1개를 충족할 경우에 신청이 가능함.

① World Class 300조건 : 직전 년도 수출비중 20% 이상, 최근 3년간 평균 R&D 투자율 2% 이상 또는 최근 5년간 연평균 매출액 증가율 15% 이상

② 글로벌전문기업 조건 : 최근 3년간 연 직수출액 2천만불 ~1억불 1회 이상 경험, 최근 3년간 평균 직수출 증가율 5% 이상(단, 5천만불 이상 기업은 제한 없음)

(2) 지원내용

한국형 히든챔피언 육성(World Class 300)은 10년간 패키지로 공급함. 즉 R&D 3~5년간, 마케팅 5년간, 기타 지원시책은 최대 10년간 지원 함.

① 전담기관(문의처) : 중소벤처기업부, 한국산업기술진흥원

② 운영기관 : 한국중견기업연합회, KOTRA

③ 신청 : www.globalchamp.or.kr / www.worldclass300.or.kr

2. 기타 기관별 자금지원

(1) 한국수출입은행 : 해외 동반진출 파트너십 프로그램(해외투자자금대출, 현지법인 사업자금 대출, 수출 팩토링)

(2) 기업은행 : IBK 수출준비자금 대출, 수출기업육성자금 대출

(3) 한국산업은행 : 중견기업 우대금리 및 감면

① 파이어니아 프로그램 : 금리우대(시설 -0.6%p, 운전 -0.3%p)

② 중견기업우대 운전자금(신용등급BB- 이상) : -0.62%p

③ 리더스론(신용등급BB+ 이상) : -0.62%p

④ 동반성장대출(대기업협력 중견기업) : 금리 감면

3. 중견기업 조세지원제도

(1) 연구개발비 조세지원

① 연구 · 인력개발비에 대한 세액공제(조세특례제한법 제10조 제1항 제3호) : 해당 과세연도에 발생한 일반연구·인력개발비에 다음의 구분에 따른 비율을 곱하여 계산한 금액. 중소기업 25%, 중견 1~3년차 15%, 중견 4~5년차 10%, 중견(3년 평균매출 5,000억원 미만) 8%, 일반 2~3%

② 연구· 인력개발 설비투자 세액공제(조세특례제한법 제11조) : 내국인이 2018년 12월 31일까지 연구 및 인력개발을 위한 시설투자 시 투자세액공제. 중소기업 6%, 중견기업 3%, 일반 1%. 투자를 완료한 날이 속하는 과세연도의 사업소득세 또는 법인세에서 공제

(2) 설비투자에 대한 조세지원

① 설비투자 세액공제(조세특례제한법 제24조 내지 제25조) : 생산성 향상시설 투자, 안전설비 투자, 에너지절약시설 투자(3%), 환경보전시설 투자, 의약품 품질관리 개선 투자세액 공제 투자금액의 5%(중견기업)

② 고용창출 투자세액공제(조세특례제한법 제26조) : 사업용 자산에 해당하는 시설을 새로이 취득(2017.12.31.까지). 기본공제 : 1~2%, 추가공제 : 4~5%

③ 공장 자동화물품 관세감면(관세규칙 제46조 제4항) : 중견기업 50% 감면(2016.12.31까지)

(3) 고용관련 조세지원

① 근로소득증대 세제(조세특례제한법 제29조의 4)

ⓐ 근로소득증대 시 기본공제(직전 3년 평균 초과 임금 증가분) : 10%

ⓑ 정규직 전환 시 추가공제 : 10%(2016.1.1 부터 2017.12.31 까지)

ⓒ 청년고용증대 세제(조세특례제한법 제29조의 5) : 청년 정규직 근로자 수 증가 시 1인당 500만원 공제 (2015.1.1 부터 2017.12.31까지)

② 맞춤형 교육비용 세액공제(조세특례제한법 제104조의 18)

ⓐ 비용지급 시 : 8~15%

ⓑ 시설투자 시 : 3%

제 10 장

중소기업의 가업승계전략

제1절

중소기업의 가업승계 개요

1-1 가업승계 정의

중소기업 가업승계란 단순히 기업의 후계자를 물려주는 것이 아니라 기업의 동일성을 유지하면서 경영권과 소유권을 비롯하여 경영자의 창업정신, 경영노하우 등 무형자산까지 후계자에게 이전하는 것을 말한다. 이러한 가업승계의 가장 큰 목적은 지속가능한 기업을 만드는 것이다. 창업 1세대가 시장을 개척하여 사업을 일으켰다면, 그 이후의 세대는 기존의 사업을 시대의 변화에 적응하면서 성장하고 발전시켜야 한다. 성공적인 중소기업 가업승계를 위해서는 효율적인 소유권 승계에 대한 계획, 기업의 지속 가능성을 높이기 위한 경영 전반에 걸친 계획과 전략이 필요하고 하겠다.[11)]

11) 중소기업청.중소기업중앙회, 『가업승계 A에서 Z까지 (2015 중소기업 가업승계 안내서)』

1-2 가업승계 중요성

가업승계가 적기에 이루어지지 못하여 경영자의 고령화가 지속되면 경영자는 적극적인 자세로 기업을 경영하기 어려워지고, 이는 다시 투자위축, 신기술개발의 부진, 기업가치 하락으로 이어진다. 독일과 일본을 비롯한 선진국에서는 이를 인식하고 다양한 지원제도를 통하여 많은 장수기업을 양성하였다.

최근 중소기업계에서는 중소기업경영자의 고령화가 두드러지게 나타나고 있다. 따라서 과거 1960~70년에 중소기업을 창업했던 경영 1세대들이 평생을 바쳐 일군 기업을 다음 세대에 승계해야 하는 중요한 시기를 맞이하고 있는 것이다. 세대를 이어 존속하는 장수기업은 국가 경제적으로도 매우 중요한 의미가 있다. 성공적인 가업승계는 안정적 고용유지, 신규 일자리 창출, 고유기술· 경영노하우 등을 계승하여 국가경쟁력 및 경제적 안정성에 기여한다.

〈중소제조업 경영자 연령별 구성비〉

구분	30세 미만	30-39세	40-49세	50-59세	60-69세	70세 이상	평균연령
1993	0.5	16.5	40.3	32.1	9.1	1.5	48.2
2013	0.6	5.4	31.5	46.6	13.2	2.7	51.9

* 자료 : 중소기업청 · 중소기업중앙회, 『2014 중소기업실태조사』

1-3 가업승계 장애요인

과거 1960~70년에 중소기업을 창업했던 경영 1세대들이 평생을 바쳐 일군 기업을 다음 세대에 승계해야 하는 중요한 시기를 맞이하고 있지만 가업승계를 어렵게 생각하는 대표님들이 많다. 중소기업중앙회 『2014중소기업 실태조사보고서』에 따르면, 가업승계 시 주된 어려움은 '상속· 증여세 등 조세부담(76.6%)'이 가장 높게 나타났고, 다음으로 '지분구조 복잡성으로 승계곤란(7.4%)', '거래처물량축소 및 관계악화'(4.4%), '금융기관 자금활용 곤란'(3.8%), '임원·종업원과 갈등'(3.0%), '가족과의 갈등'(2.4%), '기타'(2.4%)의 순으로 나타났다.

최근 발표된 『2017중소기업실태보고서』 에서는 가업승계 과정의 주된 어려운 점으로는 '상속세 등 조세부담'이 67.8%로 가장 높고, 다음으로 '자금, 판로 등 종합적 지원정책 부족'이 17.4%로 조사되었다.

(단위 : %)

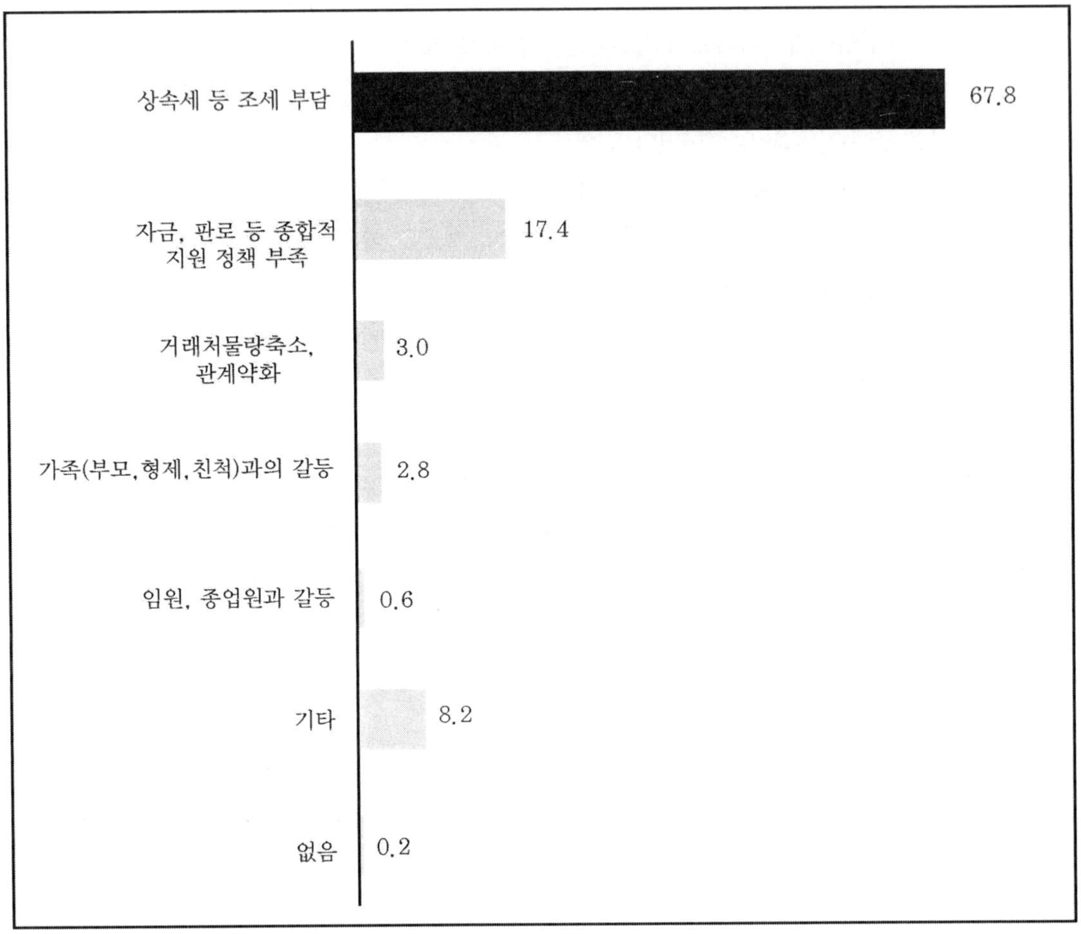

*자료 : 중소기업중앙회, 『2017 중소기업실태조사』, 2017.

제2절

가업승계 성공플랜 수립

가업승계의 목적은 평생을 바쳐 일궈온 기업을 안정적으로 승계하여 세대를 이어 존속하는 기업을 만들어 가는 것이다. 따라서 가업승계는 단순히 부의 대물림이 아니 '책임의 대물림'이자 '제2의 창업'이라 할 수 있다. 이러한 중차대한 일인 가업승계는 철저하고 치밀한 승계계획을 수립하여 시행하는 것이 좋을 것이다. 가업승계를 위한 절차는 먼저 가업승계를 위한 현황을 파악하고, 가업승계계획을 수립하고, 후계자육성 등 관련 사실을 대내외에 공표하고, 마지막으로 경영권이전 및 은퇴준비를 하는 절차로 진행하면 좋을 것이다.[12]

(1) 가업승계를 위한 현황파악

- 기업 현황파악 : 직원, 가업자산 및 부채, 이해관계자 등
- 피상속인 현황파악(개인자산) : 보유주식의 현황, 개인명의 토지· 건물 현황, 개인부채 및 개인보증 등의 현황
- 후계자 현황파악(가족, 직원 등) : 후계자 후보 대상, 후계자 후보의 능력과 자질

12) 중소기업청.중소기업중앙회, 『한눈에 알아보는 중소기업 가업승계 핸드북』(2015)

(2) 가업승계 계획 수립

- 승계방법 및 후계자 선정 : 가족승계, 전문경영인 승계, M&A
- 세무사, 변호사 등 전문가 등을 통한 가업승계 계획 수립 : 세금, 승계시점, 재산분배계획, 경영진 개편방안 등
- 유언서 작성

(3) 후계자 육성 및 대내외 공표

- 경영이념 및 회사의 전반적인 업무 파악 등 사내교육 : 순환보직, 책임 있는 자리에 앉힘. 현 경영자가 직접 지도
- 사외교육을 통한 경영역량 강화 : 후계자 교육과정 활용, 관련업종의 다른 회사에 근무하게 함. 가족, 임직원, 거래처 및 금융기관 등에 후계자 공식 발표

(4) 경영권 이전 및 은퇴준비

- 상황 변동에 따른 승계계획 및 유언서 수정
- 본격적인 경영권 이전
- 은퇴 및 사후 상속관련 대비

제3절

가업승계 성공전략

성공적인 가업승계를 위해서는 '가업승계 성공플랜'을 수립하여 장기적으로 시행해야 한다. 성공적인 가업승계를 위해서는 장기적인 계획과 실행, 세법에 대한 세밀한 검토와 적용, 의무사항을 지키는 노력 등이 필요하다. 그야말로 기본에 충실한 자세가 필요하다.

기업은 사람이다. 가업승계에 있어서도 경영후계자를 잘 선정하는 것이 중요하다. 일반적으로 가업승계의 후계자를 가족 내에서 장남으로 선정하는 것을 당연시 해왔다. 하지만 요즈음 장남 외에 다른 가족구성원, 친족, 전문경영인 등 제3자에게 넘기는 경우도 종종 발생한다. 아울러 가업승계 전략을 수립할 때 창업자의 은퇴설계 대책도 별도로 준비를 해야 한다. 또한 사업승계전략과 동시에 은퇴 후 창업자는 무슨 일을 할 것인지 어디서, 어떻게 생활할 것인지에 대한 계획들이 필요하다.

가업승계 시 절세방안과 대비책을 잘 마련해야 한다. 상속세 및 증여세 과세표준에 따르면 30억 원을 초과하는 경우 50%의 세율이 적용돼 높은 조세를 부담해야 한다. 실제로 세무준비가 제대로 돼 있지 않은 채 CEO가 갑작스럽게 사망해 부족한 상속세 납부재원으로 비상장주식 및 부동산 등의 상속재산을 처분하거나 물납하는 과정에서 재산상의 손실을 입은 경우가 있다. 현재 상속세 및 증여세법에서는 피상속인의 가업 영위 기간이 10년 이상인 중소기업의 가업상속 주식에 대해 200억 원에서 최대 500억 원까지 가업상속공제를 적용하고 있다. 조세특례제한법에서는 가업승계 목적의 증여주식에 대해 5억 원에서 최대 100억 원까지 10%~20%의 저율과세를 적용하고 있다.

가업상속공제요건을 갖추었다면 추가로 검토할 것은 상속재산가액의 평가이다. 개인사업자의 경우 부동산 등의 가치로 평가되지만, 법인사업자의 경우 주식으로 평가된다. 비상장주식은 시가가 거의 없어 대부분 보충적평가액으로 평가하는데, 보충적평가액은 순자산가치와 순손익가치를 가중평균하여 산정하므로 순자산가치와 순손익가치를 낮게 하는 것이 절세의 핵심이다.

마지막으로 검토할 것은 가업상속공제 후 지켜야 할 의무사항이다. 가업상속공제는 위에서 언급한 상속과정도 중요하지만 사후의무를 지키는 것이 무엇보다 중요하다. 가업상속공제를 받은 기업은 상속개시 후 10년간 사후의무를 이행해야 한다. 상속을 받은 뒤 가업용 자산의 20%(5년 이내 10%) 이상을 처분하면 위반사유에 해당한다. 또 상속인이 대표이사로 종사하지 않거나 업종을 바꾸어도 안 된다. 기업주들이 가장 곤란해 하는 부분은 고용유지 의무인데, 가업상속공제를 받은 기업은 매년 기준고용인원의 80% 이상을 고용해야 한다. 만약 80% 미만으로 떨어지면 사후의무 위반에 해당한다.

따라서 성공적인 가업승계를 위해서는 장기적인 관점에서 계획을 수립하여 치밀하게 준비하고 실행하여야 한다. 또한 세법에 대해 세밀하게 검토하여 세금을 절약하는 방법을 검토하여 하며, 가업승계 이후 의무사항을 지키는 노력이 필요하다. 그야말로 기본에 충실한 자세가 필요하다.

〈참고〉 가업승계 세무전략

1. 가업 상속공제

<상속세 계산구조>

총 상속재산가액[13)]	+ 사전증여재산 - 비과세 재산 등 - 과세가액 공제
= 상속세 과세가액	- 상속공제 등 (인적공제, 물적공제)
= 상속세 과세표준	× 세율(1억원 이하 10%, 5억원 이하 20%, 10억원 이하 30%, 30억원 이하 40%, 30억원 초과 50%)
= 상속세 산출세액	

(1) 가업 상속공제 개요

피상속인이 10년 이상 계속하여 경영한 중소기업 등을 상속인(상속인 배우자 포함) 1인이 승계하면, 가업상속재산가액의 100%(최대 500억원)를 상속공제(물적공제).

(2) 적용대상

구분	개인	법인
적용대상	상속재산 중 가업에 직접 사용되는 토지·건축물·기계장치 등 사업용자산	상속재산 중 가업에 해당하는 법인의 주식
가업상속 재산가액	토지·건축물·기계장치 등 사업용자산의 재산 평가액	기업법인주식평가액 $\times(1-\frac{\text{사업무관자산가액}}{\text{법인총자산가액}})$

* 가업상속공제 적용이 안 되는 업종 은 부동산임대업, 부동산공급업, 주점업, 학교, 학원, 운 전학원, 장애인복지시설, 보육시설, 골프장, 스키장, 게임 장, 무도장, 예식장업, 주차장업, 법무·회계·세무서비스업 등이 있다.

(3) 가업상속공제액 = Min(①, ②)

① 가업상속재산가액(유류분 상속재산은 제외) X 100%

② 한도 : 경영기간 10년 이상 200억원, 20년 이상 300억원, 30년 이상 500억원

13) 총 상속재산가액 = 본래의 상속재산 + 간주상속재산 + 추정상속재산

(4) 사전요건

조세특례제한법 시행령 제2조에 의한 중소기업 및 매출액 3,000억원 미만 중견기업 (상호출자제한기업집단 제외), 피상속인은 10년 이상 계속하여 가업을 경영하고 있어야 함. 피상속인이 법인의 주주인 경우 최대주주로서 발행주식 총수의 50% (상장법인의 경우 30%) 이상을 10년 이상 보유하고 있어야 함. 상속인이 18세 이상 거주자로써, 피상속인 사망일 전에 2년 이상 직접 가업에 종사하고 있어야 함. (단, 피상속인이 65세 이전에 사망할 경우, 2년 미만이어도 가능).

(5) 사후요건

상속인은 상속개시일로부터 10년 이상 가업에 종사 및 상속받은 주식 지분 유지해야 함. 10년간 정규직원 근로자수가 기준고용인원의 100%(중견기업은 120%). 사후요건을 위반하면 공제받은 가업상속공제액을 추징 당 함.

2. 가업승계에 대한 증여세 과세특례

<증여세 계산구조>

증여 재산가액[14]	- 비과세 재산 - 과세가액 불산입 - 채무인수액 + 기존 재산증여가액
= 증여세 과세가액	- 증여재산공제 등 (배우자 6억원, 직계존속 5천만원, 직계비속 3천만원, 기타 친족 5백만원)
= 증여세 과세표준	× 세율(1억원 이하 10%, 5억원 이하 20%, 10억원 이하 30%, 30억원 이하 40%, 30억원 초과 50%)
= 증여세 산출세액	

(1) 가업승계에 대한 증여세 과세특례 개요

중소기업을 10년 이상 계속 경영하고 있는 60세 이상의 경영자 소유주식을 자식 1명(공동가능)이 증여받아 승계하면, 증여재산가액(최대 100억원)에서 5억원을 공제하고, 10%(30억원 초과 시 20%)의 낮은 세율로 증여세를 줄여주는 제도 임. 단, 사후관리로 7년 동안 승계를 받은 가업을 경영하는지 매년 점검하며, 위반 시 증여세를 추징 당 함.

---

14) 증여 재산가액 = 본래의 증여재산 + 증여추정재산 등

(2) 적용대상

가업승계를 목적으로 한 법인의 주식이 대상임. 그러나 개인사업자의 토지, 건축물, 기계장치 등의 사업용 자산은 적용대상이 아님.

(3) 사전요건

조세특례제한법 시행령 제2조에 의한 중소기업 및 매출액 3,000억원 미만 중견기업(상호출자제한기업집단 제외)이 해당 됨. 증여자인 부모가 가업을 10년 이상 계속하여 동일 업종을 경영. 증여자는 중소기업 등의 최대주주로서 발행주식 총수의 50%(상장법인의 경우 30%) 이상을 10년 이상 보유하여야 함. 수증자는 18세 이상의 거주자(결혼 여부 관련 없음)여야 함.

(4) 사후요건

수증자 1인(공동가능)에 대하여 적용 함. 수증자는 증여세 과세표준 신고기한(증여재산을 취득할 달의 말일부터 3개월)까지 가업에 종사하고, 증여일로 부터 5년 이내에 대표이사에 취임해야 함. 수증자는 가업승계 후 주식을 증여받은 날로부터 7년 이상 가업에 종사하여야 함, 7년 이상 증여받은 주식지분을 유지해야 함. 사후 요건을 위반하면 증여세가 추징되고, 이자상당액도 증여세에 가산하여 추징.

이자상당액 = ① x ② x ③

① 사후관리 위반에 의하여 결정한 증여세액

② 증여주식 증여세 신고기한의 다음날부터 추징일까지의 기간

③ 1일 1만분의 3

3. 창업자금에 대한 증여세 과세특례

(1) 개요

18세 이상의 거주자가 중소기업을 창업할 목적으로 60세 이상인 부모로부터 현금을 증여 받아 창업하는 경우, 증여재산가액(최대 30억원)에서 5억원을 공제하고, 10%의 낮은 세율 적용 됨.

(2) 사전요건

창업자금으로 제조업, 건설업 등을 영위하여야 함.

(3) 사후요건

증여 받은 날로부터 1년 이내에 창업하여야 함. 사후 요건을 위반하면 증여세가 추징되고, 이자상당액도 증여세에 가산하여 추징 됨.

제 11 장

정부의 중소기업지원정책

제1절 중소기업 정책 개요

1-1 정책의 정의

정부는 사회를 형성하고 있는 구성요소들이 바람직한 방향으로 변화될 때에는 이를 유지하고 발전시키고자 하지만, 이러한 요소들이 바람직하지 않은 방향으로 변화되어 갈 때에는 의도하는 방향으로 재구성하고자 노력한다. 정부가 사회상태나 조건들을 유지하거나 변형시키고자 할 때 사용하는 간여(intervention)의 수단이 정책(policy)이다. 결국 정책이란 정부가 어떠한 사회를 어떻게 만들겠다고 하는 것을 결정하고 선택해 놓은 수단을 정책(policy)이라고 정의할 수 있다. 국어사전에서는 정책(Policy)을 '정치적 목적을 실현하기 위한 방책'이라고 정의하고 있다. 또한 행정학사전에서는 정책(Policy)을 '공공문제를 해결하고자 정부에 의해 결정된 행동방침'이라고 정의하고 있다. 따라서 정책은 법률 · 정책 · 사업 · 사업계획 · 정부방침 · 정책지침 · 결의사항과 같이 여러 형태로 표현 되고 있다. 정책에는 합법적 강제력을 수반하는 권위가 부여되며, 정부의 결정이나 방침에 따르지 않을 때는 벌금 · 제재 · 감금 · 규제 · 제한 등의 조치를 받게 된다.

1-2 정책의 성격

정책에는 여러 가지 성격이 있으나 그 중 중요한 몇 가지 성격으로는 당위성, 정치성·권력성, 미래지향성, 행동지향성 및 영향의 양면성 등 일반적인 성격과 목표지향성, 수단지향성, 변동대응성 및 가치배분성 등의 중소기업정책의 성격이 있다.

정책의 일반적인 성격으로는 ① '마땅히 있어야 할 것'을 찾아서 구현시키려는 의도인 당위성(當爲性), ② 행동의 주체가 정부 또는 공공기관이기 때문에 정치성(政治性)과 권력성(權力性)을 내포하게 되고, ③ 미래의 바람직한 사회를 목표로 하는 것이지 결코 당면한 현재 문제만을 해결하려는 것이 아닌 미래지향성을 갖고 있으며, ④ 장래의 바람직한 상태를 이룩하기 위한 의도적인 행동인 행동지향성을 갖고 있고, ⑤ 정책은 국민들에게 서로 상반되는 영향을 미치는 경우가 많아서 영향의 양면성을 갖고 있다.

중소기업정책의 성격으로는 ① 목표지향성이 있다. 중소기업의 수출경쟁력을 위한 지원 등이다. ② 수단지향성이 있다. 중소기업을 위해 은행이 일정비율의 대출자금을 중소기업에게 할당하도록 하는 것과 같은 것이다. ③ 변동대응성이 있다. 수도권의 인구증가를 억제하기 위하여 수도권내 공장의 지방이전에 대하여 세제 감면 등과 같이 바람직한 상태로 바꾸겠다는 등 변화대응적 성격이 있다. ④ 가치배분성이 있다. 정책의 결정과 수단과 방법에 따라 혜택을 보는 집단과 손해를 보는 집단이 생기는데, 정책의 결정과 집행은 사회적 가치를 배분하는 기능이 있다.

1-3 중소기업정책의 개요 및 목표

중소기업 정책이란 국가의 바람직한 산업구조를 이룩하려 함에 있어서 정부가 중소기업 분야의 정책목표를 설정하고 이 정책목표를 달성하기 위하여 필요한 합목적적인 정책수단을 공식적으로 결정한 기본방침이라고 할 수 있다.

중소기업정책의 역사에서 살펴보았듯이 중소기업의 정책의 목표는 정권이 바뀔 때나 또는 급격한 경제상황의 변화에 따라 달라 질 수 있다. 그러나 중소기업의 정책의 목표는 중소기업을 보호하고 육성한다는 소극적인 정책에서 자율과 경쟁이라는 적극적인 정책으로 발전하고 있다. 아울러 대기업의 상대개념인 중소기업으로서 대기업과 평등한 경쟁조건을 창출하도록 정부의 정책목표가 변화하고 있으며, 중소기업의 경쟁력 강화를 위한 정책이 정부의 중소기업 정책의 목표가 될 것이다.

1-4 중소기업 정책의 수단

정부의 중소기업지원 정책은 크게 금융지원, 창업지원, 판로 및 정보화지원, 인력지원, 소상공인 및 재래시장지원 등으로 나눌 수 있다. 첫째, 금융지원이다. 정부에서는 중소기업 정책금융은 한국은행의 총액한도 대출제도, 신용보증기금 및 기술보증기금에 의한 신용보증제도, 중앙 및 지방정부의 재정자금지원 등으로 중소기업이 성장하는데 필요한 자금에 대한 지원정책을 수립하여 시행하고 있다. 둘째, 창업지원이다. 정부에서는 중소기업의 창업을 활성화를 지원하게 위한 각종 지원을 하고 있다. 예를 들면 창업관련 컨설팅 및 창업교육, 창업에 소요되는 자금지원(융자지원, 투자 및 출연금), 창업보육사업(대학 · 연구소 등에 창업보육센터 설치), 창업관련 절차 편의(온라인 법인설립시스템 등)를 위해 지원하고 있다. 셋째, 판로 및 정보화 지원이다. 정부에서는 중소기업이 생산하고 개발한 중소기업제품의 판매를 위한 지원에 집중하고 있다. 예를 들면 기술개발제품 우선구매지원, 중소기업 판로지원, 중소기업 내부의 업무처리 자동화 지원 등 중소기업의 판로와 정보화를 위해 각종 지원을 하고 있다. 넷째, 인력지원이다. 정부에서 중소기업의 경쟁력 강화를 위해 지원하는 분야 중에 역점을 두는 분야 중의 하나는 인력지원 분야이다. 예를 들면 노동인력의 직접채용 지원(외국인 인력 활용, 전문연구요원 및 산업기능요원 등), 우수한 인재 알선(고용안정센터, 이공계 취업박람회 등), 각종 인력관련 지원금 지급(중소기업 전문 인력 채용장려금 등), 인력활용 관련 세제지원, 인력양성 지원, 직업능력개발훈련 지원, 고용환경개선 지원 등 다양한 인력지원정책을 수립하여 시행하고 있다. 다섯째, 소상공인 및 재래시장 지원이다. 정부에서는 소상공인과 재래시장 지원을 위해 소상공인을 위한 지원기관인 소상공인시장진흥공단(2014)도 설립하였다. 정부에서는 소상공인의 지원을 위해 각종 지원수단을 수립하여 시행하고 있다. 예를 들면 영세 자영업자, 유통 · 서비스업 등 소규모 사업자의 자생력 제고를 위한 지원, 일반 자영업자 지원, 여성 및 장애인 기업활동 지원, 재래시장의 시설 및 경영현대화를 위한 지원 등을 시행하고 있다.

1-5 중소기업 정책의 대상

우리나라 정부의 중소기업 지원정책의 대상은 소상공인, 소기업, 중기업 및 중견기업까지 포함하고 있다. 첫째, 「소상공인 보호 및 지원에 관한 법률」 제2조에 의한 소상공인이 대상이다. 광업 · 제조업 · 건설업 및 운수업은 상시종업원수 10명 미만, 그 밖의 업종은 5명 미만을 소상공인으로 정의하고 있다. 둘째, 「중소기업기본법」 제2조 2항에 의한 소기업이다. 소기업은 3년 평균매출액이 10억원 내지 120억원 이하(업종에 따라 다름)인 기업을 소기업으로 정의하고 있다. 셋째, 「중소기업기본법」 제2조 2항에 의한 중기업이 대상이다. 중기업은 3년 평균매출액이 400억원내지 1,500억원 이하(업종에 따라 다름), 자산총액이 5천억원 미만인 기업을 중기업으로 정의하고 있다. 네째, 「중견기업 성장촉진 및 경쟁력 강화에 관한 특별법」 제2조에 의한 중견기업이 대상이다. 중견기업은 3년 평균매출액이 400억원 내지 1,500억원 초과(업종에 따라 다름), 자산총액이 5천억원 초과한 기업을 중견기업으로 정의하고 있다.

1-6 중소기업 정책의 역할

정부에서 산업정책을 추진하면서 기업규모에 따른 불합리하고 불공평한 대우를 받지 않도록 경제의 약자인 중소기업정책을 분리하여 운영하는 것이 필요하다. 따라서 중소기업정책은 국가 산업정책을 보완 또는 조정해 주는 역할을 한다. 즉 현대화 촉진정책과 같은 산업구조정책, 업종전환 정책과 같은 산업조정정책 및 융합화정책과 같은 산업기술정책이 산업정책에 대한 보완적 정책의 사례라고 할 수 있다.

또한 중소기업정책은 중소기업이 경영난에 보다 효과적으로 대응하도록 금융정책, 하도급 보호대책을 수립하는 등 중소기업이 문제에 적응하도록 조성하는 역할을 한다. 아울러 대기업을 중심으로 하는 산업정책 만을 운영할 경우 대기업의 우월적 지위로 인하여 중소기업은 약자의 입장에 놓이게 되어 공정한 경쟁이 이루어지지 않게 된다. 그래서 중소기업정책에서 대기업과 중소기업이 공정한 경쟁을 하도록 하고, 정부가 불공정한 경쟁을 예방함으로써 경쟁을 촉진하는 역할을 한다. 마지막으로 중소기업정책은 중소기업 분야의 대기업 진입을 제한하는 경쟁 제한적 역할을 수행한다.

제2절

중소기업 지원체계

2-1 정부의 중소기업 지원정책 역사

제1차 경제개발 5개년 계획이 마무리되는 1966년 12월 6일 「중소기업기본법」이 제정되었고, 우리나라에서 처음으로 중소기업개념이 탄생하게 되었다. 1966년에 제정된 「중소기업기본법」은 중소기업의 중점적 육성정책을 시행하는 법적기반이 되었다. 정권이 바뀔 때마다 중소기업을 지원하기 위한 정책들이 구상되고 시행되었으며, 중소기업정책은 어느 정부에서도 소홀히 하지 않고 관심을 갖고 지원하려고 노력했다.

1950년대에서 60년대에는 우리나라의 경제개발의 초기 단계였으며, 대기업 우선정책에 밀려 중소기업정책이 상대적으로 소외되었다. 그러나 「중소기업기본법(1966)」, 「중소기업협동조합법(1961)」이 제정되는 등 중소기업을 위한 지원정책이 태동하게 되었다.

1970년대는 대기업중심의 산업화가 진행되면서 동시에 중소기업의 근대화가 시작된 시기였다. 이 시기에 「중소기업 계열화 촉진법(1975년)」이 제정되고, 중소기업을 지원하는 기관인 신용보증기금(1976년)과 중소기업진흥공단(1979년)이 설립되었으며, 중소기업 고유업종제도(1979년)가 시행되어 중소기업을 지원하게 되었다.

1980년대 대기업 중심의 중화학공업 정책으로 대기업은 양적 경제 성장이 달성되었으나, 중소기업의 경쟁력은 약화되어 정부에서 본격적으로 중소기업 보호와 육성정책을 도입하게 된 시기이다. 이 시기에 산업의 불균형을 완화하고 중소기업의 창업촉진과 경영상태가 현저하게 약화된 중소기업의 구조조정을 촉진하기 위해 「중소기업창업지원법(1986년)」과 「중소기업 경영안정 및 구조조정촉진에 관한 특별조치법(1989년)」을 제정하였다. 또한 협동조합과 단체 수의계약을 제도화하기 위하여 「중소기업제품구매촉진법(1981년)」을 제정하였으며, 하도급거래에서 중소기업을 보호하기 위하여 하도급공정거래화(1984년)를 추진하였다.

1990년대 경제개발 가속화 및 IT산업의 확산에 맞추어 중소기업의 구조고도화에 정책의 초점을 두게 되었고, 정책의 기조도 중소기업의 자율과 경쟁에 방점을 두게 되었다. 이 시기에 중소기업의 사업전환과 해외진출을 유도하기 위해 「구조개선 및 경영안정지원법(1995년)」을 제정하였다. 특히 중소기업 지원을 위한 행정체제 정비를 위해 중소기업청을 개청(1996년)하였다. 1990년 말 외환위기를 겪으면서 위기극복을 위해 본격적인 구조조정과 벤처기업을 육성하게 되었다. 정부에서는 벤처기업의 육성과 소기업 및 소상공인 지원을 위해 「벤처기업 육성특별조치법(1997년)」과 「소기업 및 소상공인지원 특별법(1997년)」을 제정하게 되었다.

2000년대 혁신 중소기업을 육성하고 글로벌 금융위기에 따른 중소기업의 위기 대응에 정책의 역점을 두었다. 혁신형 중소기업을 통한 경제의 성장잠재력 확충과 경쟁력을 강화하기 위해 중소기업기술혁신개발사업, 산·학·연 공동기술개발사업, 대학 내 산학협력실 설치 등이 추진되었다. 아울러 중소기업의 안전망 구축을 위해 중소기업 정책금융 지원기관 간 지원체계를 개선하였다.

2010년 대·중소기업 동반성장과 창조경제를 통한 중소기업 지원 및 중소벤처기업부(2017년)로 정부의 중소기업지원조직을 승격하였다. 전통시장을 보호하고, SSM(기업형 슈퍼마켓)의 무분별한 사업확장을 억제하기 위해 「유통산업발전법」을 개정(2011년)하고, 「대·중소기업 상생협력 촉진에 관한 법률」을 개정(2011년)하였다. 아울러 대·중소기업 동반성장위원회가 출범(2010년)하였고, 창조경제혁신센터(2014년)를 통한 중소기업지원을 시도하였다. 소상공인을 위한 지원기관인 소상공인시장진흥공단(2014)이 설립되었다. 특히 중소기업지원 정부조직이 중소벤처기업부로 승격되었다. 정부의 중소기업 지원 조직은 1960년 7월 1일 상공부 공업국 중소기업과로 출범하고, 그 후 중소기업국으로 확대(1968.7.24.)되었다가, 1996년 2월 12일에 중소기업청으로 개청된 후, 2017년 7월 26일에 중소벤처기업부로 승격되었다.

2-2 중소기업 지원체계

(1) 중소벤처기업부

정부의 중소기업 전담 행정기구는 1960년 7월, 상공부 안에 중소기업과가 설치되면서 시작되었다. 1968년 상공부 중소기업국이 발족(기업과, 지도과)하였고, 1996년 2월 중소기업청을 신설하여, 중소기업지원 행정제계가 확충·정비되었다. 중소기업청은 중소기업정책의 방향을 제시하고 새로운 정책 수립 및 시행하며, 중소기업진흥공단은 자금, 판로, 인력, 기술, 창업 및 벤처기업을 지원하였다. 아울러 소상공인시장진흥공단은 소상공인의 창업 및 경영 개선업무 지원하였다. 1998년 중소기업특별위원회(장관급)가 대통령 직속기관으로 설치되어 범 부처에 관련되어 있는 중소기업시책의 협의 ·조정을 도모했으나 현재 폐지되었다. 2017년 7월 중소기업청이 중소벤처기업부로 승격하여 중소기업 업무를 총괄하게 되었다.

(2) 미래창조과학부

2017년 7월 중소기업청이 중소벤처기업부로 승격하여 중소기업 업무를 총괄하게 됨에 따라 미래창조과학부는 중소기업의 R&D지원사업에 집중 하고 있다. 2015년 미래창조과학부가 전국 18개 창조경제혁신센터를 운영하여, 지역별 산업특성과 지원 대기업의 역량을 특화사업에 초점을 맞춰 운영하였다. 각 지역 센터는 정부-지자체-지원대기업이 상호 협업하는 일대일 전담지원체계로 운영하는 등 창업기업 육성, 중소기업 혁신, 지역특화사업 지원하였으나, 정부 조직의 업무조정으로 2017년 중소벤처기업부로 업무가 인관 되었다.

〈중소기업 지원체계〉

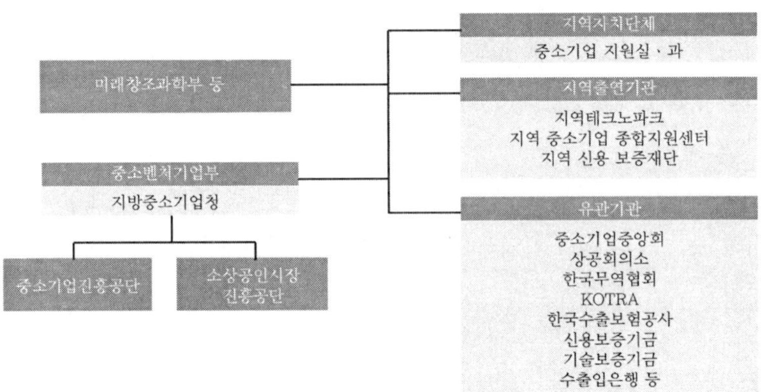

제3절

중소기업경영자의 정책 활용 전략

중소기업 지원정책 역사를 살펴보았듯이 중소기업을 위한 지원정책은 모든 정권에서 역점을 두고 중소기업을 위한 정책을 입안하여 지원하고 있다. 우리 중소기업인의 몫은 이러한 정책을 이해하고 활용하는 것이다. 더욱 적극적인 방법은 각종 중소기업 관련단체와 함께 정책을 개발하고 이를 정부에 건의하여 중소기업이 기업경영하기 좋은 환경으로 만드는 것이다. 삼십육계의 제7계 무중생유(無中生有)의 전략을 실행하는 것이다. 즉 지혜로운 자는 무에서 유를 창조하는 것이다. 아울러 중소기업은 힘을 합쳐서 우리에게 필요한 것을 얻어야 한다. 삼십육계의 제24계 가도벌괵(假途伐虢)의 전략을 실행하는 것이다. 즉 기회를 빌미로 세력을 확장시켜서 중소기업의 권익을 획득해야 할 것이다. 따라서 중소기업경영자는 중견기업연합회(www.ahpek.or.kr), 중소기업중앙회(www.kbiz.or.kr), 중소기업융합중앙회(www.koshba.or.kr), 벤처기업협회(www.venture.or.kr), 중소기업기술혁신협회(www.innobiz.or.kr), 한국경영혁신중소기업협회(www.mainbiz.co.kr), 한국산업단지경영자연합회(fien.or.kr), 한국여성경제인협회(womanbiz.wbiz.or.kr), 여성벤처협회(www.kovwa.or.kr) 등 관련기관에 가입하고 활동하면서 중소기업의 현실을 정부에 건의하여 정책에 반영하도록 지속적으로 노력해야 할 것이다. 권리는 찾는 자의 것이다.

〈참고1〉 우리나라 중소기업 정책 60년사

1. 1950-60년대 : 중소기업 정책의 태동기 (경제개발의 초기단계로 중소기업 정책의 태동기)

① 노동집약적 경공업 위주의 수출촉진 정책 주력 : 시장기능에 기초한 수출촉진형 정책 추진, 대기업 우선정책에 밀려 중소기업정책이 상대적으로 소외 됨.
② 중소기업 지원 ·육성을 위한 법률적 토대 마련 : 중소기업육성대책요강(1956년), 중소기업협동조합법(1961년), 단체수의계약제도(1965년), 중소기업기본법(1966년)

2. 1970년대 : 중소기업의 근대화(대기업 중심의 산업화와 중소기업의 근대화)

① 개발국가형 개입정책으로 수출촉진에서 수입대체로 전환 : 대기업 위주의 금융과 외자배분 등으로 양적 팽창과 사업전환 유도, 높은 물가 상승률에도 고정환율제도 유지로 중소기업 수출환경 약화.
② 중화학 공업화 본격 추진, 중간재를 공급하는 중소기업 육성, 중소기업 계열화 촉진법(1975년), 신용보증기금(1976년), 중소기업진흥공단(1979년), 고유업종제도(1979년)

3. 1980년대 : 중소기업 보호·육성 (불균형 성장 해소를 위한 중소기업 보호·육성)

① 대기업 중심의 중화학공업 정책으로 양적 경제성장 달성
② 성장정책으로 국내 산업의 불균형 성장 초래 : 임금상승 등으로 경공업 중소기업의 경쟁력 저하
③ 본격적인 중소기업 보호 ·육성정책 도입 : 중소기업창업지원법(1986년) : 산업의 불균형 완화, 중소기업제품구매촉진법(1981년, 협동조합과 단체수의계약 제도화),
하도급공정거래화(1984년, 하도급거래에서 중소기업 보호), 중소기업경영안정 및 구조조정촉진에 관한 특별조치법(1989년)

4. 1990년대 : 중소기업의 구조고도화(자율과 경쟁)(경제 개방화로 중소기업의 구조고도화 추진)

① 경제개방 가속화, IT확산, 다품종 소량생산 체제 도래 : 탈공업화 및 질적 성장 중요성, 국제화 정책에 따른 외국기업과의 경쟁 불가피.

② 개방에 대응하기 위해 경쟁촉진과 구조개선 추진 : 구조개선 및 경영안정지원법(1995년) : 사업전환과 해외진출 유도, 고유업종 해제 예시(1994년, 중소기업 경쟁 촉진), 중소기업청 개청(1996년, 중소기업 지원을 위한 행정체제 정비)

5. 1990년대 말(외환위기) : 구조조정 본격화 및 벤처육성

① 외국자본 유입으로 인한 개방화와 구조조정 정책이 본격화 : 노동집약적 산업에서 기술집약적 산업으로 구조전환 필요.
② 외환위기 극복을 위한 정부의 다각적 지원노력 : 보증한도 증액, 경영안정자금 신설, 총액대출한도 확대 등.
③ 중소벤처기업육성 및 경쟁력 강화 정책 : 벤처기업 육성특별조치법(1997년), 소기업 및 소상공인지원 특별법(1997년).

6. 2000년대 : 혁신 중소기업 육성 및 중소기업 위기대응

① 혁신형 중소기업을 통한 경제의 성장잠재력 확충과 경쟁력 강화 : 중소기업기술혁신개발사업, 산·학·연 공동기술개발사업, 대학 내 산학협력실 설치 지원 등 지속추진.
② 중소기업 위기 대응 확충과 중소기업 안전망 구축 : 금융제도상의 취약점과 위기대응능력 한계 노출, 금융감독 기능의 강화, 금융기관의 자금중계 기능 효율화 필요성, 중소기업 정책금융 지원기관 간 지원체계 개선 노력.

7. 2010년대 초 ~ 현재 : 대·중소 동반성장 및 중소벤처기업부를 통한 중소기업지원

① 법제화를 통해 중소기업의 사업영역을 보호 : 유통산업발전법 개정(2011년, 전통시장 보호), 대·중소기업 상생협력 촉진에 관한 법률 개정(2011년, SSM(기업형 슈퍼마켓)의 무분별한 사업확장 억제)
② 동반성장위원회 출범(2010년), 동반성장 기반 구축 : 제조업(서비스업)중소기업 적합업종(107개 품목)
③ 창조경제혁신센터를 통한 중소기업지원 : 창조경제혁신센터 출범(2014년), 창업 중소기업의 지원.
④ 중소벤처기업부(2017년)를 통한 중소·벤처기업 지원강화

〈참고2〉 중소기업 관계법 체계

1. 대한민국 헌법

대한민국 헌법 제123조 제3항 국가는 중소기업을 보호·육성하여야 한다.
제5항 국가는 농·민과 중소기업의 자조조직을 육성하여야 하며, 그 자율적 활동과 발전을 보장한다.

2. 중소기업기본법(1966.12.6.) : 중소기업 범위, 중소기업육성시책 방향

(1) 구조고도화 / 경영기반확충 / 판로확보 / 기술향상 / 인력지원

① 중소기업진흥에 관한 법률(1994.12.22.) : 중소기업 구조고도화, 중소기업 창업 및 진흥기금, 중소기업진흥공단.
② 중소기업제품 구매촉진 및 판로지원에 관한 법률(2009.5.21.) : 기술개발제품 우선구매지원, 중소기업 판로지원
③ 중소기업 기술혁신촉진법(2001.5.24.) : 기술형 중소기업 발굴 및 육성, 경영 및 기술지도.
④ 중소기업 인력지원특별법(2003.9.29.) : 산업협력을 통한 필요인력 양성, 중소기업 인력유입을 위한 환경조성.

(2) 중소기업자 조직화 / 공제제도 확립

중소기업협동조합법(1961.12.27.) : 협동조합조직, 중소기업공제 사업기금, 소기업소상공인 공제, 중소기업중앙회

(3) 상생협력촉진 / 수위탁거래 공정화 / 사업영역보호 / 사업전환

① 대·중소기업 상생협력촉진에 관한 법률(2006. 3. 3) : 상생협력 촉진, 수탁·위탁거래 공정화, 중소기업 사업영역 보호
② 중소기업 사업전환에 관한 특별조치법(2006. 3. 3) : 사업전환 범위, 사업전환촉진 지원사업, 사업전환지원센터
③ 기업활력제고를 위한 특별법(2016. 8. 13) : 사업재편 적용범위, 사업재편 촉진 체계 구축, 사업재편에 대한 지원

(4) 창업촉진 / 소기업·소상공인 육성 / 벤처기업육성/ 여성기업육성 / 재래시장육성

① 중소기업창업지원법(1986.5.12.) : 창업지원계획수립, 기금 우선지원, 중소기업창업투자회사, 중소기업 창업상담회사.
② 소기업 및 소상공인지원을 위한 특별조치법(1997.4.10.) : 공장설립특례, 신용보증지원 시책 수립, 창업지원 체계.
③ 벤처기업육성에 관한 특별조치법(1997.8.28)
④ 여성기업지원에 관한 법률(1999.2.5)
⑤ 재래시장 및 상점가 육성을 위한 특별법(2004.10.22)

(5) 지방중소기업육성 / 규제완화 / 유통산업발전

① 지역균형개발 및 지방중소기업육성에 관한 법률(1994.1.7.) : 시·도별 중소기업육성 계획, 지역별 중소기업 경영여건 조성.
② 기업활동 규제완화에 관한 특별조치법(1993.6.11.) : 창업 및 공장설립 규제완화, 의무고용완화, 수출입규제완화
③ 유통산업발전법(1997.4.10.) : 유통산업발전계획, 대규모점포개설 및 변경등록, 유통산업 경쟁력 강화.

(6) 금융지원확대

① 중소기업은행법(1961.7.1)
② 신용보증기금법(1974.12.21)
③ 기술신용보증기금법(1988.12.31)
④ 지역신용보증재단법(1999.9.7)

〈참고3〉 외국의 중소기업 정책

1. 미국의 중소기업 정책

① 중소기업 범위 : 제조업과 광업에서는 종업원 수 500명 미만

② 중소기업정책 거버넌스 : 중소기업청(SBA, 1953년 중소기업법에 근거). 주정부의 중소기업 지원은 전국 약 1,100개의 중소기업센터(SBDC)에서 담당.

③ 정책목표 : 2008년 금융위기 이후 급격히 증가한 실업률을 해소하고, 비농업부문 일자리 창출을 유도하기 위해 경기회생법에 의한 금융지원을 강화하는 것에 정책의 초점.

④ 정책의 주요 프로그램 : 자본조달, 기업개발, 연방구매, 중소기업 보호

2. 영국의 중소기업 정책

① 중소기업 범위 : 종업원 수 250명 미만 기업(제조업)

② 중소기업정책 거버넌스 : 별도의 중소기업지원조직은 없음. 기업혁신기술부 내 기업기술실이 중소기업지원정책을 총괄.

③ 정책목표 : 영국 정부는 전통적으로 자유시장주의를 옹호하여 중소기업에 대한 적극적인 육성정책이 빈약. 중소기업지원정책은 대부분 조세관련 정책.

④ 정책의 주요 프로그램 : 지식과 혁신, 기술지원, 기업지원, 무역과 투자지원, 기업친화적 시장조성.

3. 일본의 중소기업 정책

① 중소기업 범위 : 제조업, 건설업, 교통업 : 자본금 규모 3억엔 이하 또는 정규직 고용인원 300명 이하.

② 중소기업정책 거버넌스 : 중소기업청(1948년 중소기업청설치법)

③ 정책목표 : 중소기업이 국가경제와 국민의 일상생활을 지원하고 이끄는
원동력이라는 관점에서 중소기업헌장을 제정하고, 정부가 중소기업의 창업과 성장을 지원하는 것이 중소기업 정책의 초점.

④ 정책의 주요 프로그램 : 경영지원, 금융지원, 회계지원, 시장 및 지역지원

〈참고4〉「민간중심의 벤처생태계 혁신대책」 (2018. 1. 31)[15]

I. 추진방향 및 원칙

◇ 목표 : 민간주도로 성장하는 활력 있는 벤처생태계 조성

◇ 3대 추진원칙

① 민간 선도 : 민간이 주도하고 정부는 후원(민간-정부간 역할 재정립)
② 시장 친화 : 수요자 맞춤형 제도운영으로 정책효과 극대화
③ 자율과 책임 : 민간의 자율성은 높이되 공정한 투자환경 조성
⇨ 벤처확인.벤처투자.모태펀드 등 기반제도의 개편을 우선 추진하고, 이후 벤처생태계 전반에 대한 전방위적 혁신을 추진

II. 추진과제

벤처확인제도 전면 개편 : 민간중심의 벤처기업 선별

□ 주요내용

① 공공기관이 아닌 벤처전문가(선배벤처, VC 등)로 구성된 민간 벤처확인위원회가 벤처 선별
② 기술혁신성, 성장성에 중점을 두도록 벤처확인 유형 개편
- 보증.대출 유형은 폐지하고 신기술 성장 유형 신설
* 대출 회수 가능성 등 재무적 시각 → 기술 혁신성, 성장 잠재력 등 심사 강화
(법률 개정이전에는 기보·중진공에 민간 벤처확인 자문단을 설치·운영)
- 벤처투자 유형은 다양화된 스타트업 투자자를 반영하여 인정범위 확대(現 13개 → 6개 투자자* 추가)
* 액셀러레이터, 크라우드펀드, 기술지주회사, 신기술창업전문회사, 농림수산식품투자조합, 엔젤매칭투자 받은 개인투자자 → 1,600여개 기업 벤처확인 신청 가능
- 연구개발 유형의 경우 연구인프라 인정요건을 기업부설연구소로 한정하고 있으나, 연구개발 전담부서* 등으로 확대

15) 중소벤처기업부의 혁신대책을 요약하였음.

* 연구개발 전담부서를 보유한 약 25,000여개 기업이 벤처확인 신청 가능

③ 벤처기업 진입 규제 철폐

- 4차 산업혁명 시대에 걸맞도록 벤처기업 진입금지 업종(23개) 폐지(단, 사행.유흥업종 5개 제외)
- 벤처기업 규모 제한을 완화하여 초기 중견기업*까지 확대

* 매출 3천억원 미만, 단 공정거래법에 따른 공시대상기업집단 소속기업 제외

④ 신청기업 중심의 벤처확인제도 운영

- 기술성 평가가 강화된 만큼 벤처확인 유효기간을 2년→3년으로 확대하고, 탈락기업 대상 컨설팅(벤처 첫걸음 Care 프로그램) 지원 도입

2\. 벤처투자촉진법 제정 : VC 자생력 확보 및 투자확대

□ 주요내용

① 벤처투자 진입장벽을 완화하여 민간중심의 투자생태계 조성

- (투자주체) 벤처펀드의 공동 운용사(Co-GP) 범위를 증권사 등으로 확대*하고 액셀러레이터의 벤처투자조합 결성을 허용**

* 펀드의 자금조달과 회수 및 기업의 성장(상장 등) 환경을 개선

** 창업초기 기업에 대한 투자확대를 지원

- (펀드결성) 민간자금만으로 자유롭게 펀드 결성이 가능토록 한국벤처투자조합(KVF)에 대한 모태펀드 의무출자 규정을 폐지

▪ 벤처펀드가 다른 개인·벤처펀드에 출자하여 민간 모펀드가 결성될 수 있도록 함으로써 펀드 운용의 전략성·수익성을 강화

- (전문인력) 창업투자회사 전문인력 요건을 '자격증.학력 중심 → 투자 및 산업계 경력'으로 현실화

② 벤처펀드의 자율성과 수익성을 보장하여 민간자금 유입 촉진

- (투자대상) 창업투자의무만 준수할 경우 기업 규모(중견기업까지 허용)와 소재지(해외도 가능)에 무관하게 자유롭게 투자를 허용

▪ 투자금지 업종을 폐지하여 다양한 융·복합 분야 투자를 촉진

* 현행 투자금지 업종 열거 → 사행성, 미풍양속 저해만 포괄적으로 금지

▪ 투자기업의 상장을 촉진하기 위해 창업투자회사와 벤처펀드의 기업인수목적회사(SPAC)* 투자를 명시적으로 허용**

* Special Purpose Acquisition Company : 다른 기업을 인수하여 상장시키기 위해 유가증권 또는 코스닥 시장에 상장된 페이퍼컴퍼니('09년 도입), 금융업으로 분류

** 현행 금융업 투자금지, 상장기업 투자제한 → 투자허용, 상장기업 투자로 미간주

- (투자방식) 실리콘밸리식 투자방식(SAFE*)을 허용

* Simple Agreement for Future Equity : 기업가치 산정이 어려운 초기기업에 적합한 투자방식으로 先투자자의 투자지분이 후속투자 시 결정되는 투자방식

- (투자의무) 창업투자회사 자본금과 펀드별로 각각 부과하던 투자의무 기준을 총 자산(자본금+운용펀드, 3년 이내 펀드는 제외)으로 유연화

* (예시) 2개 펀드 운용 시, 하나는 창업투자를 전담하고 다른 펀드는 후속투자, 해외투자 등 수익성 중심으로 운용이 가능

▪ 창업투자 의무를 펀드규모별로 차등화하여 운용 자율성을 확대

* 펀드규모별 창업투자 의무비율을 추후 하위법령에서 규정

(예시 : 일정규모 이상 창업투자가 이루어진 대규모 펀드는 창업의무비율을 하향하여 적용)

③ 복잡다기한 투자제도를 단순화·체계화하여 수요자 편의성 제고

- 창업법(창업투자조합)과 벤처법(벤처투자조합)으로 이원화된 벤처펀드를 일원화하고 벤처투자제도를 전체적으로 체계화

벤처법	창업법		벤처투자 촉진에 관한 법률 (법률 제정)				
모태펀드 벤처투자조합 개인투자조합	창투사 창업투자조합 액셀러레이터	⇨	전문엔젤 개인투자조합	액셀러 레이터	창업 투자 회사	벤처투자 조합	모태펀드 한국벤처투자

- 일원화된 벤처투자조합 중 모태펀드가 출자한 펀드는 정책목적에 따라 투자하고, 민간자금으로 결성된 펀드는 최소규제 원칙 적용

3. 모태펀드 : 민간투자 후원 및 시장 친화적 운용

□ 주요내용

① "획일적 투자견인 → 민간투자 후원"을 통해 민간자금 유입을 촉진

- 민간이 투자분야.조건을 제안하는 민간제안 펀드 도입 ('18년 2천억원)
- 모태펀드에 대한 민간출자자의 콜옵션을 대폭 확대(20 → 50%)
- 연기금 등 기관투자자의 투자확대 유도를 위해 우선손실충당 확대
- 성과중심의 펀드 운용을 위해 성과.관리보수의 자율설계 허용

② 모태펀드는 시장실패 영역에 집중하면서 충분한 규모의 자본을 공급하여 민간투자의 마중물로서 기능

- ‘18.3월까지 정책목적 펀드 1.8조원 조성 (’17. 추경 8천억원 출자사업)

* 분야(억원) : 청년창업(6천), 4차산업혁명(8천), 재기지원(3천), 지방(350), 지적재산권(180)

- ‘18년 모태펀드 출자사업 등으로 1조원의 정책목적 펀드 조성

* 분야(억원) : 혁신창업(6,100), 소셜임팩트(1,000), 민간제안(2,000), 여성 등 시장실패(700)

③ 모태 지원을 받은 운용사에 대한 정기 성과평가와 일자리 창출 우수펀드에 대한 인센티브 확대로 펀드운영의 책임성.효과성 강화

- 불공정 계약 요구, 반복적 규정 위반 시 창투사 등록취소 등 강력제재
- 외부 전문가 그룹을 활용한 정기적 VC 실태조사, 시정권고 등 필요조치
- 일자리 창출 우수펀드는 모태펀드 수익의 10~15%를 성과보수로 지급하고, 펀드 운용사 선정 시 우대

〈참고문헌〉

제2장

문영복.조준희, 현대중소기업론, 도서출판 대경,2008.

박상범, 중소기업론(제3판), 탑북스,2015.

이경의, 한국중소기업의 경제이론, 지식산업사, 2014.

이경의, 한국중소기업론, 지식산업사,2014.

박상범.김계인, 중소기업경영론, 탑북스, 2013.

박주영.이상호.박경원, 중소기업경영론,2009.

이윤보, 중소기업경영, 경문사, 2013.

중소벤처기업부(www.smba.go.kr)홈페이지.

중소기업기본법 및 중소기업기본법 시행령.

제3장

William Bygrave & Andrew Zacharakis, ENTREPRENEURSHIP, WILEY, 2010.

김수현외6, 성공창업과 창조경영, 도서출판 예스폼, 2014.

김익성, 한국 중소기업의 경영자특성과 경쟁력에 관한 연구, 중소기업연구원,2006.

김진수외4, 기술창업론, 탑북스, 2015.

안세연.조동성, 창업이념의 각인효과와 기업의 장기 생존에 대한 탐색적 고찰, 기업가정신과 벤처연구, 제14권 2호. 2011.5.

양현봉외2, 창업기업의 행태 및 성과분석, 산업연구원 보고서, 2009.

이민화.이현숙(역), 기업가정신(ENTREPRENEURSHIP), 동서미디어,2013.

이춘우외6, 기업가정신의 이해, (재) 한국청년기업가정신재단, 2014

제4장

Eric Ries, The Lean Startup, INSIGHT Press, 2012.

Martin Reeves, Your Strategy Needs a Strategy, BCG, 2015.

W. Chan Kim and Renee Mauborgne, BLUE OCEAN SHIFT, Hachette Book Group, 2017.

Peter F. Drucker, The Practice of Management, 1954.

Peter Thiel, ZERO TO ONE, EYA, 2014.
김대일(역), 전략의 교실(스즈키 히로키 저), 다산북스, 2015.
김만수(역), 전쟁론(마알 폰 클라우제비츠 저), 갈무리, 2005.
김수현외6, 성공창업과 창조경영, 도서출판 예스폼, 2014.
김수현, 중소기업경영전략, 한국방송통신대학교 강의자료, 2016.
김정환(역), 손정의 제곱법칙(이타가키 에인켄 저), 한국경제신문, 2015.
김정환(역), 경영전략 논쟁사(미타니 고지 저), 메가북스, 2013.
김호종, 실용트리즈, 진샘미디어, 2012.
김현기(역), 손정의 경영스토리(에도 유스케 저), 평범사, 1996.
문직섭(역), 마틴 리브스 외2, 전략에 전략을 더하라, 한국경제신문, 2016.
문영복.조준희, 현대중소기업론, 도서출판 대경, 2008.
송병락, 전략의 신, 쌤앤파커스, 2015.
박상범, 중소기업론(제3판), 탑북스, 2015.
박세훈, 손자병법 그리고 삼십육계, 박북, 2014.
박주영.이상호.박경원, 중소기업경영론, 2009.
안성철(역), 전략사전(랄프 쇼이스 저), 옥당, 2008.
안세민(역), 블루오션 시프트(김위찬·르네 마보안 저), 비즈니스북스, 2017.
이경의, 한국중소기업론, 지식산업사, 2014.
이윤보, 중소기업경영, 경문사, 2013
이정환(역), 최강의 손자(모리야 아쓰시 저), 국일증권경제연구소, 2001.
이재규(역), 경영의 실제(피터 드러커 저), 한국경제신문, 2006.
이지연(역), 제로투원(피터 틸 저), 한국경제신문, 2014.
이창수·송우일(역), 린스타트업, 인사이트, 2012.
(주)휴맥스 홈페이지 및 기업체 탐방자료.

제5장

Alexander Osterwalder & Yves Pigneur, Business Model Generation, 2010.
William Bygrave & Andrew Zacharakis, ENTREPRENEURSHIP, WILEY, 2010.
김수현, 창업의 이해와 창업실무, 형진사, 2013.
김수현외6, 성공창업과 창조경영, 도서출판 예스폼, 2014.

김진수외4, 기술창업론, 탑북스, 2015.

김익성, 한국 중소기업의 경영자특성과 경쟁력에 관한 연구, 중소기업연구원, 2006.

이민화.이현숙(역), 기업가정신(ENTREPRENEURSHIP), 동서미디어, 2013.

이춘우외6, 기업가정신의 이해, (재) 한국청년기업가정신재단, 2014.

임춘수, 창업하여 3년 이렇게 버티기, 한솜미디어, 2008.

유상호(역), Business Model Generation(Alexander Osterwalder & Yves Pigneur), 타임비즈, 2011.

한국벤처창업학회, 창업론, 명경사, 2012.

온라인법인설립시스템(www.startbiz.go,kr).

http://k-startup.go.kr(창업넷).

http://sg.sbiz.or.kr(시장정보시스템).

http://kipris.or.kr(특허정보검색시스템) .

6장

6-2

김수현외6, 성공창업과 창조경영, 도서출판 예스폼, 2014.

김수현, 중소기업경영전략, 한국방송통신대학교 강의자료, 2016.

김유미, 인사노무관리 전략노트, 새흐름, 2016.

박성후 외4인, 디지로그 시대의 인적자원관리, 박영사, 2016.

손원준, 중소기업 인사노무, 지식만들기, 2015.

이원희, 3일 인사관리, 중앙경제, 2016.

중소기업중앙회, 2015중소기업실태조사, 2015.

한국노동법학회, 소규모사업장에 대한 실용적 노무관리 혁신기업 연구보고서, 2010.

6-3

김수현외6, 성공창업과 창조경영, 도서출판 예스폼, 2014.

김수현, 중소기업경영전략, 한국방송통신대학교 강의자료, 2016.

박상범, 중소기업론, 탑북스,2015.

이영찬외1, 중소기업을 위한 생산관리, 홍릉과학출판사, 2006.

이순용외2, 생산운영관리, 법문사, 2016.

이윤보, 중소기업경영, 경문사, 2013.
정선우(역), 생산관리 테크닉99(스가마 쇼지 저), 비즈니스맵, 2003.
중소기업중앙회, 2015중소기업실태조사, 2015

6-4

김수현외6, 성공창업과 창조경영, 도서출판 예스폼, 2014.
김수현, 중소기업경영전략, 한국방송통신대학교 강의자료, 2016.
박상범, 중소기업론, 탑북스,2015.
유순근, 중소기업마케팅, 북넷, 2016.
이윤보, 중소기업경영, 경문사, 2013.
중소기업중앙회, 2015중소기업실태조사, 2015.

6-5

강효석 외2, 기업가치평가, 홍문사, 2001.
김수현외6, 성공창업과 창조경영, 도서출판 예스폼, 2014.
김수현, 중소기업경영전략, 한국방송통신대학교 강의자료, 2016.
김종일 외2, 기업가치평가, 인피니티 북스, 2009.
김철중, 기업가치 중심의 경영분석, 명경사, 2009.
박상범, 중소기업론, 탑북스,2015.
선우석호, 재무관리, 율곡출판사, 2010.
선우석호, 핵심재무관리, 율곡출판사, 2016.
이윤보, 중소기업경영, 경문사, 2013.
중소기업중앙회, 2015중소기업실태조사, 2015.
한국거래소(KRX), 2018 유가증권시장 상장심사 가이드북.

제7장

김수현외6, 성공창업과 창조경영, 도서출판 예스폼, 2014.
코스닥협회, 코스닥저널, 2016.
한국거래소, 2015년 KRX상장심사가이드북, 2015.
한국거래소, 코넷스시장의 이해, 2013.

한국거래소(KRX), 2018 유가증권시장 상장심사 가이드북, 2018.
중소벤처기업부(www.smba.go.kr)홈페이지.
중소기업진흥공단(www.sbc.or.kr)홈페이지.
소상공인시장진흥공단(www.semas.or.kr)홈페이지.
창업넷(www.k-startup.go.kr)홈페이지.

제8장

김혜선, 중소기업 인증 바이블 84, 2016.
김수현외6, 성공창업과 창조경영, 도서출판 예스폼, 2014.
조달청, 우수조달물품 지정제도 안내, 2016.
국가표준인증 통합정보시스템(https://standard.go.kr)

제9장

중소기업청.한국중견기업연합회, 중견기업 범위해설, 2016
중소기업청.한국중견기업연합회, 2016년 중견기업 조세지원제도 안내, 2016
중소기업청, 중견기업 참여하는 국가R&D지원사업 안내, 2015

제10장

중소기업청·중소기업중앙회, 2015 중소기업 가업승계 안내서(가업승계 A에서 Z까지), 2015
중소기업청·중소기업중앙회, 한눈에 알아보는 중소기업 기업승계 핸드북, 2015.
중소기업중앙회, 중소기업 가업승계 실태조사 보고서, 2014.
중소기업중앙회, 중소기업 가업승계 실태조사 보고서, 2018.

제11장

문영복.조준희, 현대중소기업론, 도서출판 대경, 2008.
박상범, 중소기업론(제3판), 탑북스, 2015.
박주영.이상호.박경원, 중소기업경영론, 2009.
성광원, 중소기업론, 행법사, 1996.
유세준·임동환, 중소기업의 이해, 법문사, 2001.

이경의, 한국중소기업론, 지식산업사, 2014.
이윤보, 중소기업경영, 경문사, 2013.
이진화, 중소기업 정책 환경 중장기 변화 및 대응 방향 연구, 중소기업연구원, 2015.
중소기업연구원, 중소기업정책의 변천과 혁신, 2006.
한국정책학회, 중소기업 정책 50년사와 중소기업 정책의 미래, 2012.
대한민국 헌법.